佳朋风景三千岁

杨闻宇 著

线装书局

图书在版编目（CIP）数据

佳丽风景三千岁 / 杨闻宇著. -- 北京：线装书局，2013.12

ISBN 978-7-5120-1248-6

Ⅰ.①佳… Ⅱ.①杨… Ⅲ.①女性－名人－列传－中国 Ⅳ.①K828.5

中国版本图书馆CIP数据核字（2014）第004786号

佳丽风景三千岁

作　　者：	杨闻宇
责任编辑：	李　琳
装帧设计：	祥昀时代
出版发行：	线装书局
地　　址：	北京市西城区鼓楼西大街41号（100009）
电　　话：	010-64045283　64041012
网　　址：	www.xzhbc.com
经　　销：	新华书店
印　　制：	北京市宏泰印刷有限公司
开　　本：	890mm×1240mm　1/16
印　　张：	19.75
字　　数：	150千字
版　　次：	2014年4月第1版第1次印刷
定　　价：	32.00元

序言：烙印于灵魂的文字

代人写序者，一般为关系亲密者，或是权重名闻者，像我这样无名且又迷恋隐居的写序者，是否是天下第一人呢，不得而知。

学养丰厚、沉稳大气、襟怀云水者，便会以平视的心态来对待他人。与杨先生的文字相遇，是一种机缘。未曾与先生谋过面，他对我可谓是一无所知。先生曾问过我的简历，真诚地回答是，爱读闲书的女人，不求甚解，过目即忘。作为晚辈，我欣然为杨先生的《佳丽风景三千岁》一书写序，原因很简单，是这本书里飘溢出来的千年香魂萦绕在心间，久久地让我感叹、思考、回味、反省……

女人谈女人，进一步去感受美丽的女人，是一种什么样的情怀呢？在青春时代，准确地说是少女时代，我曾写过不少赞美女人或女孩的文字，因为涉世肤浅，不了解社会，想象中的种种纯净、美好，宛若天空中的一道七彩长虹。现在，回眸那个时期的文字，只能尴尬地微笑了。

而今已是中年的我，生活在还是男权的社会中，体会到了女人的艰辛、酸疼和种种不幸。诚如先生所言：一般女性都愿意跟个当官为宦的男人，自己好做官太太。实际呢，当上官太太之日，也就是纯挚爱情消亡之时。爱情是飘荡在旷野上的纯洁高尚的雪花，官帽是豪门府第中绚丽摇曳的花簇，繁盛之乡，缤纷、炫目之时，雪花就于无形中融化得干干净净……（《两行红粉一时回》）这样清醒的语言，是来自于先生心灵深处的声音，它会以雪落无声的方式融进读者心灵深处的。

透过历史的尘埃，一个个妙龄韶华、风姿绰约的美女，虽然倩影已逝，驾鹤远去，但她们的香魂依然滞留在东方大地上……虞姬、卓文君、小乔、关盼盼、谢小娥、朝云、李清照、朱淑真、董小宛、梁红玉、柳如是、严蕊、秋瑾、赵一曼、丁玲等美女、才女，在先生的笔下，不唯再现了一尊尊动人美丽的身影，而且以各自的方式重演了她们悲欢离合、曲折跌宕的人生。历史文化散文，要写好并不容易，原因很简单，是需要有深厚的历史、文化、美学、哲学上的学养，还要充分发挥文学的想象力。真正的艺术，无不蕴含着人类深厚的情感；无情则无艺术，唯真情方可动人。杨先生以史为基，以叙述为体，以描写、诗词为枝叶，以议论、抒情为花蕾，把自己深厚的感情蕴含渗透于字里行间，从这样的文字里飘溢出的是最迷人的芬芳——那就是对女人的同情、理解和挚爱！桃李无言一队春，自其文字里走出的是一个个风彩迥异、个性卓然而真正具备着中华民族的"国色天香"的女性。

在《聪慧闺秀 误国女皇》里，先生分析道，慈禧登上了权力顶巅，却未必就是一个自由自在的幸福者，因为最高权力对任何人也未必就意味最高享受。信修明（老太监）发现，慈禧太后"时常暗泣"。权力至重，血凝龙椅，她作为一个女人，本性势必受到别样的压抑和扭曲,会严重地影响其天赋的本色与个性,慈禧的乖戾与反复无常,与她"时常暗泣"是自然对应着的。慈禧个人很像是从巨大的封建废墟里开放的一支罂粟花:落日残照,血色黯然,活气有限,与封建王朝的最后沉落形成了一个色调统一的整体。本来,我对慈禧是很反感的,但是正因为有了先生这段深刻独特地理解,让我第一次从一个女人的角度上去理解她,一个女子,在那个独特环境的逼迫下,为了合理生存而异化成了多年以后仍被唾骂鄙弃的人,整个封建王朝的沉沦与灭亡,难道是她一个女人的罪过吗?

《不该摔碎的绿珠》里,先生用平静的口气叙说了西晋的石崇用三斛珍珠换来的绿珠,为石崇这么一个不值得去爱的人殉情。谈到她的无知,先生一针见血地指出,是她智识上的天然局限。先生写道,战乱年月,权要豪强自众人的鲜血里逐鹿问鼎;太平时世,富贵人家则从众多少女的毁弃里寻欢作乐。世道是波荡起伏的,人的青春是短暂的,女性之美貌一旦陷入金钱与权力融汇成的巨大旋涡,整个生命的进程便更其短暂。这样的提醒,不仅仅是针对绿珠的。今天的社会,物欲横流,全球扰攘,人心更其浮躁,道德整体性的下沉,而那些秀色夺人的年轻女性要经得住诸种现代化与高科技的诱惑,更需要具备淡定非凡的自制力。

《风刀霜剑逼严蕊》,叙说了严蕊被朱熹严刑逼迫招认与台州知府唐仲友有私情,严蕊宁死也不愿意说假话来伤害他人,她把自尊、真诚看得比生命还重要。并吟出了"若得山花插满头,莫问奴归处"的千秋佳句!她所追求的那一种真爱与大爱，将永远感动着后继的千百万儿女。我是每每读来，泪水潸然……先生满含深情地写道，天地间优秀的女性，温柔与刚烈在其躯体上是和谐统一的。严蕊其人，至少有以下超越凡俗的气质：令人销魂的姿韵，叫人惊叹的才情，极具魅力的美德，磊落坚卓的节操和意志。面对严蕊，古今中外所推重的"女神"，不过尔尔。

每一篇里，都有一个卓异的美女撼动着读者去思考，去反省……阅读三千佳丽，也好像在审读自己，虽然不是美女、才女，因为我也是一个女人，在忖度她们的命运际遇的同时，也在忖度着自己……红颜俱薄命，才女常早夭，还真是一条无可抗御的命运规律！一次次涌出的泪水，为自己，也为天下所有的女人！深深感动，竟然还能有杨先生这样的男人去理解、来体悟。

在前一个夜晚里，与朋友电话谈起这本书的内容，谈了很长的时间。说着说着，竟然直接读起了书中的片段给她听，她和我，竟然在电话的两端呜咽抽泣起来……面对这些砸人心扉、烙进心灵深处的文字，再去谈论文章的风格、结构、语言色彩之类的技巧手段都是多余的了。我相信，这些文字，还会在许多读者的心湖里激荡开一层层瑰丽的翻卷的浪花。

清泉 慧子

2013/12/13 夜

目 录

序言：烙印于灵魂的文字 …………………………001

一笑相倾国便亡 …………………………………001
一代妖姬　千古谜团 ……………………………005
西子无辜沉江底 …………………………………009
千古艰难唯一死 …………………………………013
虞兮虞兮奈若何 …………………………………016
吕雉岂是等闲辈 …………………………………020
月地私奔卓文君 …………………………………024
独留青冢向黄昏 …………………………………029
并蒂于汉宫的罂粟花 ……………………………033
试探"天作之合" …………………………………039
龙虎风云戏貂蝉 …………………………………043
小乔卸甲晚妆红 …………………………………046
青梅趣话 …………………………………………050
铁蹄权杖践甄妃 …………………………………054
不该摔碎的绿珠 …………………………………058

小怜玉体横陈夜…………………………061

清溪河水送丽华…………………………065

寻觅"萧娘"………………………………068

溯源娘子军………………………………076

远见卓识的长孙皇后……………………080

"冤家"解读………………………………084

远上雪域的天使…………………………089

好一个女皇武则天………………………094

一代才女上官婉儿………………………098

碧玉红粉宜深藏…………………………101

解语之花　杨玉环………………………104

爱河波荡柳青娘…………………………109

才高命厄"女校书"………………………113

燕子楼别议………………………………119

谶语天降杜秋娘…………………………124

精卫鸟乃女儿魂…………………………128

两行红粉一时回…………………………133

自恨罗衣掩诗句…………………………136

磐石下的诗性爱情………………………139

花明月暗笼轻雾…………………………144

天阶夜色凉如水…………………………148

箭穿花蕊费疑猜…………………………152

襟怀云水的草原"细娘"…………………156

才女钟情诚可罪…………………………161

篇目	页码
天遣朝云护东坡	166
小楼杏花第一枝	170
风尘蛇虺缠惜姣	179
暗香盈袖的李清照	184
江风擂鼓的梁红玉	188
玉骨成尘　沈园留香	191
断肠才女朱淑真	195
风刀霜剑逼严蕊	199
妙手补天的马秀英	203
未曾相见尽关情	207
扑朔迷离的一幕畸恋	210
苏三恸哭洪洞县	216
悔也无及柳如是	219
三生有幸董小宛	223
六代绮罗成旧梦	228
孽火蹂躏陈圆圆	231
草原奇葩数孝庄	235
聪慧闺秀　误国女皇	240
洪宣娇与冯婉贞	244
红颜薄命的赛金花	248
英雄最难一知己	252
蛾眉性比男儿烈	258
性烈命薄秀贞女	263
视死如归的张挹兰	267

不熄的燔火 ································· 271

穿越风云的灿亮星辰 ······················· 277

还俗观音陆小曼 ··························· 281

情失所爱奔月去 ··························· 285

慈悲与姻缘无涉 ··························· 289

蝴蝶是一朵会飞的花 ······················· 293

敢与蛇蝎相搏的少女 ······················· 297

名花莫临浊水照 ··························· 301

后　记 ··································· 305

一笑相倾国便亡

在中国历史的文字记载中,褒姒大约是最早出现的一位美女。《辞海》里对她有记述:

> 周幽王的宠妃。褒国人,姒姓。为幽王所宠,被立为后,其子伯服也被立为太子。申侯联合曾、犬戎进攻,幽王被杀,她被俘。

50余字的词条里,"宠"字出现两次,事实上,也正是由于这个"宠"字,褒姒才成为后人在2700年里经常评议的一个角色。

褒国作为西周的诸侯国,位于当今的陕西勉县,因受秦岭阻隔,穷乡僻壤,国势不盛,加之蜀国不断扩张,逐渐受控于蜀,不能正常地向周王室进贡,周幽王便决定出兵讨伐。褒国国君无力与之抗衡,只好向幽王奉上许多珠宝、美女以求宽恕,这奉上的美女行列中,就有年仅14岁的褒姒。

含苞欲绽的褒姒,亭亭玉立,光彩照人,周幽王一下子震惊了,被迷住了,命其朝夕不离左右,常常数十日不理朝政。更紧要的是,褒姒受到专宠,申后被丢在一边,无人理睬。为了争宠，申后兴师问罪，还令太子派人大打出手，褒姒被辱，且又受了难堪的皮肉之苦，为了性命，也为了腹中胎儿，她向夫君哭诉，夫君帮她出了口气。不久，褒姒生下一子，取名伯服，幽王对之更是溺爱有加。申后见褒姒有幽王护持，且又更严重的威胁到自己的地位，便暗中派出杀手，杀掉了褒姒的养父、养母。

性情孤寂、从来不笑的褒姒得知养父母被害，更为郁郁不乐。公元前777年，幽王为了博得褒姒的欢心，不听众臣劝谏，废掉申后，又废太子宜臼为庶人，立褒姒为后，立伯服为太子。宜臼恐幽王仍要加害自己，便逃往外公申侯的封地。

事已至此，理应高兴的褒后，仍是高兴不起来，终岁不见一笑。幽王惋惜地说："你有如此美貌，若能笑笑，会更加娇媚动人。"

褒后说："贱妾生来就不喜笑。"

幽王决心设法博褒后一笑，便命人表演歌舞，褒姒却说道："这种演唱，连撕裂缯帛之声也不如。"幽王一听，便命人搬来百匹缯帛，命一群宫女撕扯给褒后听，可她仍是没有一丝笑容。幽王无奈，贴出榜文：天下如有能博褒后一笑者，重赏千金。

佞臣虢石父献上一策："早年西戎强大，先王在骊山设置烽火台数十座，西戎入侵，即放狼烟，诸侯看到烟烽信号便会发兵前来救驾。如今天下太平无事，大王若与王后同游骊山，突燃狼烟，援兵到来，却是空跑一趟。王后看见众多兵马你拥我踏，必有一笑。"

幽王照虢石父所说行事，各路诸侯果然纷纷领兵前来。到了镐京，不见犬戎一兵一卒，只见幽王和褒姒在城头对饮作乐。幽王对各路人马传旨道："烽火台久未试用，今天特意演练一场，各位跋涉远至，可以回去休息了。"诸侯们怨气满腹地撤兵返回。褒姒见千军万马招之即来，挥之即去，形同儿戏，终于笑了……幽王见褒后笑了，很快赏给虢石父1000两黄金。这就是中国历史上"千金买笑"的由来。

公元前771年，申侯联合犬戎举兵进攻镐京，周幽王慌忙下令点燃烽火，霎时狼烟四起，各路诸侯却以为天子又在和褒姒嬉戏，全部按兵不动。犬戎兵截住奔逃中的幽王车马，将其就地杀死，并且砍杀了太子伯服。美丽惊悸的褒姒成了亡国奴，被犬戎主掳回帐中取乐，最终自缢身亡。

我国第一部诗歌总集《诗经·小雅·正月》里写道："赫赫宗周，褒姒灭之。"大约是"红颜祸国论"最早的源头了。李商隐在《北齐》里写道："一笑相倾国便亡，何劳荆棘始堪伤。"同样咏叹的是褒姒之事。从褒姒到李商隐，1600年过去了，诗人对"红颜祸国论"的看法即使有所变迁，这变迁也是幅度有限，而且节奏也太缓慢了。

西周的内忧外患及至灭亡，难道全是由褒姒所引发的吗？

褒姒来到周幽王身边，是被作为礼品送过去的。有着性价值的、可供君王恣意享用的玩物，因为美丽，算是尤物吧。

褒姒因受到专宠而引发内争，势所难免，不能不争，否则，她会被申后与宜臼弱肉强食，未来只有死路一条。

幽王因为宠爱她而亟欲逗其一笑，褒姒终因一笑而使宗周倾覆，她倘是面对烽火里的千军万马而仍旧不笑，保持冷美人的原型，西周就不会灭亡么？

　　事情很显然，祸难的源头压根儿出在周幽王身上。褒姒只因为长得秀丽，便生的苦、入宫苦、下场苦，降生到人世就是一个苦命的女子。苦命而不愿意笑，不喜欢笑，从来不笑，本是情理之中应有之义；偶尔被人逗惹得破颜一笑，难道就得背上数千年"祸水"的黑锅？这样的中国历史，对女性而言，也太残酷了吧！

一代妖姬　千古谜团

春秋时的夏姬是郑穆公的女儿,郑国与周同姓姬(先秦时的妇女以国姓为名),所以,夏姬也算是出生于王族。

夏姬初嫁子蛮,不知何故,子蛮早早去世。

她的第二个丈夫是陈国大夫御叔,生下的儿子叫征舒(字子南)。御叔不久也死了,夏姬便与陈灵公及大夫孔宁、仪行父私通。过了年把天气,灵公与孔宁、仪行父在夏姬家饮酒,可能是酒喝多了,灵公对仪行父说:"征舒的模样长得像你一样。"仪行父醉眼蒙眬地答道:"我怎么看着也像你。"征舒见他们将私通的玩笑开到这步田地,羞恼地涨红了脸,愤愤然离开了客人们东倒西歪的酒桌……等席散之后,灵公他们高一脚低一脚地出门时,征舒悄悄地从马房的窗口扯开了弓箭,一箭将灵公射倒在地,孔、仪大惊,酒也吓醒了,仓皇逃到了楚国。灵公死后,征舒自立为君,他在为君时自言自语:"酒桌上不是说我长得像你陈灵公吗,我代你当这个君主,天经地义。"

孔、仪奔楚,请楚师伐陈。诸侯们随楚兴师,陈不是对手,征舒被杀,其母夏姬成了楚庄王的俘虏。这个女子实在是长得太出色了,楚庄王想把她变成自己的妻子,申公巫臣谏曰："不可！你率各路诸侯伐陈，是讨伐陈的罪过，陈之灭亡是罪有应得。你如果纳了夏姬，我们出兵征讨的性质就成了贪恋女色。贪色为淫，如果这样，楚国将会受到更大的惩罚。"听了巫臣的谏言，庄王便打消了这个念头。庄王刚罢手，司马子反又想娶这个女俘，巫臣又回过头来开导子反："是不祥人也。是夭子蛮（即郑灵公），杀御叔，弑灵侯，戮夏南（即征舒），出孔、仪，丧陈国……天下多美妇人，何必是！"子反听到这个话，咽了口唾沫，也不吭声了。庄王见这个女俘实在娇媚，于是便将她赏给连尹襄老为妻。襄老婚后上了战场，一下就让人给杀了，连个尸首也找不回来。襄老的儿子黑要见父亲已死，便强行与夏姬私通。

就在黑要与夏姬私通之际，那位谏阻庄王、规劝子反的巫臣暗地里示意夏姬："你如果回到娘家郑国，我便来娶你。"夏姬看透了天下男人的灵魂，对巫臣的暗示，她不为所动。巫臣以托词诈骗的方式又自郑国召唤夏姬："你丈夫襄老的尸首可以得到，但你这个当妻子的必须亲自来接取。"夏姬请示庄王，庄王便遣夏姬返回娘家。诡计多端的巫臣在得到郑伯的允许后，终于娶到了夏姬。过了不久，巫臣便带着夏姬逃亡到晋国，在邢地做了大夫。子反原本想娶夏姬，被巫臣给搅黄了，眼看巫臣自己带着夏姬到了晋国，他由此心生恨意。楚共王即位后，子反他们便杀了巫臣的族人，瓜分了他们的家产。巫臣入晋不久也死了，晋国叔向又欲染指夏姬，叔向的母亲连忙劝导儿子："子灵（即巫臣）之妻杀三夫（指御叔、襄老、巫臣）一君（即陈灵公）一子（即征舒），而亡一国（指陈）两卿（指孔宁、仪行父）矣，可无惩乎？吾闻之，'甚美必有甚恶。'"

人说春秋无义战，从夏姬辗转周折、颠沛流离的经历中，也足证春秋无爱情。

夏姬只因为长得媚丽，竟导致那么多有权、有势、有地位的人钩心斗角，彼此残杀，死伤奔逃，最后沉淀下来的结论却是：三次为王后、七次为夫人的夏姬是"甚美必有甚恶"的一代妖姬。刘向在《列女传》里就这样评价："其状美好无匹，内挟伎术，盖老而复壮者。三为王后，七为夫人，公侯争之，莫不迷惑失意。"

认为夏姬的状貌美好无匹，自然没错。夏姬的故事始见于鲁宣公九年（前600），末见于成公七年（前584），首尾也就16年时间，灵公与孔、仪在征舒家饮酒胡闹时，夏姬充其量40岁左右，风华正好。"甚"者极度之意，"甚美必有甚恶"，意思是非常美丽的女性必然具有非常歹毒的功效，故而为"妖姬"，这就更是莫须有的诬陷之词了。夏姬与陈灵公、孔宁、仪行父私通时，40岁上下，至楚共王即位，巫臣携之奔晋，已是10年以后，夏姬当年逾半百了。在此10年间，她与楚庄王、子反、连尹襄老、黑要、巫臣他们又闹得不可开交，这或许能证实夏姬是一位"内挟伎术，老而复壮者"，而更能证明的是，春秋时代，贵族社会的婚外性关系显然是非常公开的，夏姬作为典型的贵族妇女，在性关系上相当开放，这也是不争的史实。

顾颉刚在《春秋三传及国语之综合研究》中写道："是此

妇一何殊异如此！则其事之传奇性强，诚难证实者也。"先生说得好，2600多年前的事情，捕风捉影在所难免，后来者要诋毁一个人也是很容易的。"积毁可销骨"，好在夏姬终局不明，后人所见仅仅是"空留纸上声"而已。相反，美色一如醇酒，明眼人倒是能从中清晰地鉴照出男人（尤其是权势在握者）的心态与灵魂。

西子无辜沉江底

因为秀美俏丽，人们在西施这个女性身上所添加臆造上去的成分太多了，及至严重地扭曲了西施本身的形象。

西施的经历其实简单而明了。春秋末年，她是越地苎罗江畔（浙江诸暨南）一个普通的山村女子，因为长相俊俏，越王勾践对之经过专门训练之后，作为礼品献于打败了越国的吴王夫差，西施遂成为夫差的宠妃。在越王反手击败吴国之后，西施被沉江底。

后人认为，这个西施是典型的红颜祸水，因其妖娆妩媚，夫差才荒废了政事，导致亡国；其次，有人认为这个女子是色情间谍，向夫差进谗，使夫差疏远并杀害了身边的忠臣良将伍子胥，使吴国失去了栋梁支撑；另外，这个女人工于心计，将夫差蛊惑了许多年，毁掉了吴国之后，她自己随着心上人（从前的情人）范蠡携带了许多钱财远赴他乡，神仙那样悠游自在地游山玩水去了。

西施是"红颜祸水"吗？凡是君王，身边无不有成群结队的妩媚女性，君王们多数没有亡国，亡国者终究是个别的。哪位女子陪伴了亡国之君，她就必须戴上"红颜祸水"的帽子吗？西施是一个来自山村的纯情少女，在勾践手下接受短期训练也属于姿色型的交际培养，不可能是什么政治型的特务训练。到了吴国，渐渐地希冀得到虚荣的宠爱与享受，这是很自然的，与夫差多年相处中产生感情甚至是爱上了他，也不无可能，有意识、有目的地让夫差去荒废朝政，以达到陷落吴国的企图，则纯粹是加上去的罪名。西施不可能有这么深的城府，在越受训时也培养不出这么深的胸襟。

至于夫差疏远伍子胥的事，归咎于西施，也实在牵强。伍子胥助阖闾夺取王位，整军经武，吴国日盛。阖闾之子夫差当政之后，不听伍子胥乘胜灭越之决策与建议，允许勾践求和，君臣之间在西施入吴之前就有了隔阂，嗣后子胥日益疏远，最后夫差赐剑迫其自杀。伍子胥自杀于公元前484年，此时，西施入吴约有10年之久了。这10年里，子胥谏阻夫差不要沉溺于女色是可能的，年轻的西施作为后宫佳丽阵列中的一员，即使对子胥的谏言怯惧或者不满，让她由此而去唆使夫差除掉先王重臣伍子胥，则有些玄乎。退一万步讲，即使西施吹过这样的枕边风，夫差真的就因这枕边风而赐剑逼子胥自裁吗？子胥自杀的原因，主要是君臣之间政见不和，彼此矛盾渐渐加深。由子胥自裁而给西施扣上色情间谍的帽子，是红颜祸水论的延伸与深化，是为了给祸水说寻求更充分的证据。孟子有言："西子蒙不洁，则人皆掩鼻而过之。"（《离娄下》）2 000多年过去了，历史证实，"祸水"是泼向女性最浑浊的一瓢污水，这污水也只能来自男性群落，倘要究其源头，一种是所谓忠良之臣的封建卫道者，他们不敢触惹帝王，就在帝王身边的女人身上大做文章；另一种是为祸水说推波助澜的人，也很可能是吃不上葡萄就说葡萄酸的角色，他们从潜伏于心底的妒性出发，认同于祸水之论，更乐意认同色情间谍之说。

西施随范蠡悠游于烟水的结局，是东汉那个袁康最先捏造而成的一个乌托邦。中国文化人天生就喜欢才子佳人有个"大团圆"的结局，范蠡是比文种更智慧的大才子，西施为尽人皆知的大美女，索性撮合为一体，让他们去过谁也摸不着底细的神仙样的日子去吧。

《吴越春秋》载："吴亡后，越沉西施于江，令随鸱夷而终。"最为可信的收局是越王班师时，"携西施以归"，勾践带回了客观上对越立有大功劳的西施，心底或许也有些喜爱这个女人的意思。女性之间更为敏感，勾践之夫人担心年轻美貌的西施一旦受宠，自己的地位势必会受到威胁，"越夫人潜使人引出，负以大石，沉于江中"，她趁着勾践不留意时，暗地里命人将西施绑架而出，在其身上捆上石头，放船入水，沉之于深深的江底。李白有一首《越中怀古》：

> 越王勾践破吴归，义士还家尽锦衣。
> 宫女如花满春殿，只今唯有鹧鸪飞。

凯旋的勾践能将"越女天下白"摆成一道"盛宴"犒劳自己的将士，他自己为什么就不能享受这个出自苎罗江且又倾城倾国的西施呢？越夫人在"宫女如花满春殿"之际对西施暗暗地下此毒手，也完全是针对着丈夫勾践庆功时的另一种隐秘心态。

美是真诚的、质朴的。"西施之沉,其美也。"(《墨子·亲土篇》)一个"美"字,比巨石还要沉重,它简直是从西施生世之日起,就开始往其身上捆绑的一方无形的巨石,终于将西施拖进了幽深、昏暗的江底……美,永远也不可能真正地了解她自己,从出嫁的新娘到被捆沉江的女俘,西施一直也弄不清个中原委。

对于西施之美,世无异议,古代四大美女,她是排在首席地位的。苏东坡写过这样一首诗:

水光潋滟晴方好,山色空蒙雨亦奇。
欲把西湖比西子,淡妆浓抹总相宜。

此诗成后,"西子湖"遂成为西湖的别名。苏东坡自己对这首诗也很自负,很欣赏,将其意三番五次地进行使用。自然山水以其美好与和谐,愉悦着人类的生活,人间的瑰丽与至美也正是孕育于苍茫的山水之中,浩渺烟波西子在,水底的西施之灵若还有知,她大概也能感觉到自己生命本身所具备的神秘与魅力。

苏东坡出神入化的一杆笔,仿佛有意在摆脱复杂、肮脏的政治纠葛,早就在探索着人与自然的微妙联系,竭力恢复着西施的本色面貌。去过杭州西湖的人们,眼福不浅,也都见到了眼波潋滟、含笑不语的西施姑娘。

千古艰难唯一死

王维有一首诗,题为《息夫人》:

莫以今日宠,能忘旧日恩。
看花满眼泪,不共楚王言。

据《左传·庄公十八年》载,贪恋女色的楚文王听蔡哀侯称赞息侯的夫人长得十分俏丽,于是就突然出兵,消灭了这个弹丸小国,将息妫掳掠而归,据为己有。

托尔斯泰也认为女性之妩媚在于一笑。佳人之笑属于至美。对于美女,讲究"千金买笑"。而息妫到了楚文王身边,别说笑颜,数年间,就像满眼含泪的哑巴似的,一句话也不说,像个精致的"机器人"。原因是息妫一直牵挂着她的丈夫息侯的下落,心底在思念着、盼望着破镜重圆的那一天。国破了,家亡了,爱的火焰却依旧燃烧在息妫的灵魂深处。

终于有那么一天,息妫在城墙上偶然见到了衣衫褴褛的息侯。当年恩恩爱爱的丈夫,一表人才,前呼后拥,而眼下作为俘虏,正在充当守城门的仆役。最后的一线希望破灭了、断绝了,凄泪交睫的息妫痛苦地长嚎一声,一阵疾风似地从高巍的城楼上扑了下去,摔死在丈夫的身边。息侯见妻子已死,自己再也没有活下去的希望和勇气,也就很快结束了自己的生命。

湖北黄陵县东有一座息夫人庙,因为息夫人着实妩媚,此庙又称"桃花夫人庙"。唐代诗人杜牧为此庙题有一首诗:

> 细腰宫里露桃新,脉脉无言几度春。
> 至竟息亡缘底事,可怜金谷坠楼人!

这首诗,被有的人称为咏史绝句里的范作。因为"桃生露井上"(《宋书·乐志》),这里的"露桃新"暗喻着息夫人"看花满眼泪"的娇面,多年"脉脉无言",表达出她故国故君之思及失身为奴的痛苦的内心创伤。情与景难解难分,意与境则水乳交融。

第三句突为转折:息国之亡,不正是因为这个女人的露桃之色吗?数年间忍辱苟活,息夫人即纵无言,心里的愧疚是无可比拟的。末句的"可怜金谷坠楼人",又引出晋代豪富石崇家的绿珠,与息夫人两相比照,杜牧认为,息夫人的软弱受害诚然可悯,在品位上却不及以死抗争而令人钦佩的绿珠了。

且不说绿珠比息夫人晚后几近千年,绿珠为之殉情的那个石崇,是个什么东西呢?他杀人越货而致富,富而不仁,奢侈至极。有一天在家摆宴,安排许多美女歌舞劝酒,一位客人王敦故意不饮,石崇便一连杀了三个劝酒的美女。豪门斗富斗到"杀人如草不闻声"这个份儿上,绿珠还值得为这个石崇献身吗?

当楚王追问息夫人为什么始终不说话时，息答："吾一妇人而事二夫，纵弗能死，其又奚言？"其情着实可悯；而绿珠呢？杜牧末句诗里的"怜"字，似应改为"惜"字或者"悲"字了。

还有第三句"至竟息亡缘底事"？息妫如果姿色平平，不美丽也不出色，难道息国就长治久安，不会灭亡了吗？各朝各代的盛衰兴亡，一旦与女性有涉，几乎全都是"祸水"所致。

时至清代，邓汉仪又写了一首《题息夫人庙》：

楚宫慵扫黛眉新，只自无言对暮春。
千古艰难唯一死，伤心岂独息夫人？

委婉细致的诘问句，好像是对妇女的贞洁观而发，实际上，诗人的更深用意是悄然隐伏着的。清初文化人经历了明朝覆亡的巨大变动，常于文字中寄寓个人怀念故国的情绪。面对清朝文网的压力，诗人在说，古时一个弱女子在亡国受辱之际，即纵有无言的抗议，尚且知道未能及时以死抗争的愧疚。当今这些屈膝降清的明朝旧臣，有奶即是娘，能不受到良心的谴责么！面对这样晦暗的现实，历史上最伤心的，天底下难道只有一个息夫人？

如此发问，言浅而旨远，蕴藉沉重，语意双关，发人深思，也耐人寻味，从中可窥知诗人强烈的爱国襟怀。

虞兮虞兮奈若何

《史记》除本纪第九专写吕后之外，总体上所记的全是关乎男性的文字，对虞姬其人，是放在项羽的配角位置里稍带了几笔：

> 项王军壁垓下，兵少食尽，汉军及诸侯兵围之数重。夜间汉军四面皆楚歌，项王乃大惊曰："汉皆已得楚乎？是何楚人之多也！"项王则夜起，饮帐中。有美人名虞，常幸从；骏马名骓，常骑之。于是项王乃悲歌慷慨，自为诗曰："力拔山兮气盖世，时不利兮骓不逝。骓不逝兮可奈何，虞兮虞兮奈若何！"歌数阕，美人和之。项王泣数行下，左右皆泣，莫能仰视。

夜里，楚军被汉军包围数重，而数重之外又到处是楚地民歌之音，楚地显然是已经被汉军全数占领了。项羽自忖气数将尽，无法入眠，起坐帐中饮酒浇愁。面对总是形影不离的美人虞姬，酒酣耳热的项羽本来认不得几个字，这时也开始冲动，激昂地吟诗悲嘘，接连叹息，虞姬一边为他斟酒，一边也吟诗应和。过了会儿，一贯勇迈强悍的项羽悲恸之极，突然间泣哭起来,热泪滚滚,帐里的将士受到感染,突然间也哭成一片,没有谁个能抬起头来看一眼自己的主帅项羽……为项王连续斟酒的虞姬流泪了吗?司马迁在这里未着一字,看这景况,整个军帐里就这个女人还没有泣哭流泪(女儿有泪不轻弹,是为女神)。她见项羽悲歌慷慨中用烈酒也将愁闷浇不下去,就主动地提出她要唱歌舞剑,用宛转的舞姿和美妙的歌喉为项王解闷、消愁。在一片无法抑制的泣哭声中,虞姬舞至最高潮、唱到最热烈之际,突然将舞成一团烂银的利剑往自己白嫩的脖子上一抹,鲜血喷溅,一下跌倒在地,倒地之后,眸子里还满含着笑意……当时的情景只能是这样。

《楚汉春秋》里记载虞姬当时所和之诗是"汉兵已略地,四方楚歌声;大王意气尽,贱妾何聊生",前两句是废话,后两句倘真是这样,她很可能来不及自刎,手中剑就被边上的人夺下来了。当年,项庄舞剑,意在沛公,在场之人心里全都明白;虞姬舞剑,意在自裁,在场之人谁也料想不到——一个美丽女子会这等刚烈。

项王悲伤流泪,是为自己被注定了的败局而下泪;虞姬的自裁,从项羽的《垓下歌》来看,是在项羽"逼迫"之下所酿成的结果。"我空有扛鼎拔山的盖世气魄,形势却极为不利;乌骓马这般时候还不愿离开我,它不离开我可不好办啊(因为有你在,我怎能轻装上阵)。虞姬虞姬,我的心肝宝贝,你看这如何是好啊!"聪慧过人的虞姬,她能听不懂泪下如雨的项羽在进退两难中所要表达的意思吗?她的展袖自刎,既是主动自觉的,也是由处于窘境里的项羽在绝望中所促成的。项羽应该知道，他只要吟出这28个字，虞姬就会明白自己应当怎么办。拗断了担当与牵挂，能强化独来独往的超然与洒脱；斩绝了温柔与缱绻，会促使义无反顾进一步白热化。"善解人意"一词，在东方语库中是专门用于女性的，是要她们善于体会男人心里萌生的最细微的意念。

　　项羽最后时吟出28个字，他的身边最后也仅剩下28骑。战场交锋中的溃败如山倒或勇烈如霹雳，往往是由微妙的、意想不到的"细节"促成的。虞姬刎后，项羽与最后28骑是不再下泪，个个喋血，全数英勇地战死，分明是在这样刚烈的女性面前，男儿们别无选择，应当如此，也只能如此。因为血色中的虞姬像一面旗帜那样为泪眼蒙眬的男儿们指定了最后位置与最终归宿。

　　胜败为人生常事，失败的男儿们是一层一层的，有几人宁死不肯过江东而如项羽呢？美女被视为尤物，每一场战争之后都会形成这等"战利品"，又有几个在应当做出最后抉择时视死如归如虞姬呢？项羽挺首兮，天下丈夫尽堪羞；虞姬喋血矣，众多美女难抬头。尽管司马迁对虞姬惜墨如金，后世仍视虞姬为最本色的美女。历史在向前推进，李清照的"至今思项羽，不肯过江东"；董小宛的"拼将一命酬知己，追伍逐波做鬼雄"；秋瑾的"身不在，男儿列；心却比，男儿烈"，在生命的极终追求上，仿佛都在身不由己地步着虞姬的后尘。美丽的女人稍纵即逝，爱与美的交融却留下了永恒的火焰与不灭的光辉，世界的存在，正以此为养分而成长、前行。

　　西方战争舞台上也有过这样那样的爱情纠葛，像项羽、虞姬这样决绝、忠贞、惨烈的生离死别之举，似犹未见。

> 楚歌四面布清霜，虞兮展袖饮剑芒；
> 马背生涯石与火，千秋青史却留香。

英雄、美女这面在风云中招展的大旗，或许，就是这样最先在东方土地上升起来的。

吕雉岂是等闲辈

吕后名雉,字娥姁,父亲吕公为山东单县人,因与沛县县令关系密切,为躲避仇家,就随这位县令到了沛县,定居下来。吕公喜好给人看相,偶尔见到身无分文、喜说大话的刘邦,就当面许亲,要把吕雉送给他做妻子。吕公回到家里,夫人抱怨道:你总是说我们这个女儿很奇特,将来要许配给贵人。沛令与咱家关系不一般,他主动求婚你都不答应,今天为什么随随便便就把女儿许给一个泗水亭长呢?吕公说:"别问了,这不是你个妇道人家所能懂得的事情。"从这里也可以推知,吕雉也是姿色齐备而能够归入蛾眉(对美女的代称)之列的美女,倘是丑陋,沛令不会主动求婚,"好酒及色"的刘邦也不会娶她。沛令、亭长,大小总是个官儿,俱不属平头百姓,在姿色上也还是很看重的。

楚汉相争初期,吕雉被项羽俘虏,数年后才将其释还。《史记》称"吕后为人刚毅"。这显然与被俘期间的艰难磨炼有关,在项羽所设置的虎穴狼窝里,吕雉是逐渐地开了眼界,认识了权力、谋略在政治角逐中的重要性。冠其以"刚毅"二字,是司马迁笔底一个审慎、持重的概略之词。

刘邦之好色,吕后自然管不住,也不能去管,但她可以换个角度,寻找机会,对丈夫所宠幸的、威胁到自己地位与权力的女人横行报复。刘邦得到定陶的戚姬,"爱幸,生赵隐王如意",常欲废太子孝惠(吕雉之子)而立如意,吕后便极端怨恨戚氏母子。刘邦下世,她对如意"使人持鸩饮之",继而又"断戚夫人手足,去眼,煇耳,饮药,使居厕中,命曰'人彘'"。连儿子孝惠也认为"此非人所为",一见之后萎靡不振,长期患病。美貌本是和善良天然一体的,但在进入宫廷而认准了一个"权"字的吕后身上,则不能不发生异化。再者,嫉妒是一把隐藏着的残酷的软刀子,一旦权力到手,这刀子就淬过火似的刚硬起来,闪射出凶光来了。

毒杀如意,即以淮阳王刘友(其他姬妾所生)为赵王,将吕氏女子配为王后。刘友不爱这个王后而爱别的姬妾,王后就去吕后前告状,吕后便派兵包围了赵王府邸,刘友在围困中被生生地饿死。接着又封梁王刘恢(仍是其他姬妾所生)为赵王,且又将一个吕家女儿嫁他为王后。刘恢没有自由,只好自杀。在对待涉及权力核心的王位问题上,吕后似一只高踞山崖而极度警惕的鹰隼,目不转睛,控制得极严。哪里风吹草动,她就立即向哪里闪电一样进击。

有人说男人能征服世界,女人则可以通过征服男人去征服世界。而吕雉,正是凭仗"征服"刘邦这个男人去进一步控制皇权,号令天下,主宰世界的。刘邦在世时,吕后"佐高祖定天下,所诛大臣多吕后力"。功高位重的韩信、彭越等诸侯,多数都是被这个吕后一个一个分头干掉的。刘邦暂且外出时,吕后巧妙地杀了韩信。韩为帅才,刘邦曾问他能指挥多少军队,他答"多多益善",刘称说自己带不了兵,韩立即说刘虽不善将兵,却善将将,能掌握住像他与彭越这类带兵的人。吕后设计杀了这个帅才,刘邦归来,"见信死,且喜且怜之"。司马迁遣词用字实在高明,韩信死了,刘邦极为高兴,他的老婆能替他除掉这个心腹大患,他当然是更加怜爱自己这个美丽又能干的老婆。这夫妻二人里应外合,默契如一,在处置重臣良将上配合得天衣无缝。"且喜且怜"一字千钧,将刘邦喜韩信之殁与怜爱吕后之能的心态刻画得惟妙惟肖。正因为吕后在政权问题上如此善解圣意,把握得恰到火候,又如此"刚毅"果决,属于地地道道的铁腕人物,所以才在刘邦下世后实际掌握了16年的政权。刘邦他们打下的江山,仿佛也不能不交给吕后这样的人来主持,来操纵。

孝惠乃吕后之子。后宫女人要将政权最后拿到手里,生个儿子做太子(继承人)举足轻重。吕后生下孝惠,等于是触及到了皇权的把柄,而别的后妃所生下的儿子,当然是与孝惠进行竞争的一连串对象。吕后为了自身利益,得将这些个竞争对手逐个儿拔掉。赵王如意被毒杀,刘友饿死,刘恢自裁,在吕后视野中,早就是设定了的结局。吕后的这两手血腥气,并没有因为她的下世而轻易地挥发消散,在她死后大约过了80年,汉武帝刘彻巡幸河间(内蒙古河套地区),得到了一个极其美丽的女子——勾弋夫人,带回后安顿在甘泉宫内,深受宠爱。在勾弋夫人生下的儿子刘弗陵8岁时,年事已高的刘彻忽又担心自己死后,弗陵太幼,勾弋夫人也有可能继吕后之后尘,成为一个妄图改易刘氏天下的专权者,便留子去母,下令让勾弋夫人自尽。皇帝强暴了一个清白女儿，自个儿也乐于在她的怀抱里恣意享乐，但又因其生子而可能染指最高权力，便下旨将其除掉，这等残忍的魔鬼逻辑，竟是从吕后身上扯出线头的。勾弋夫人因为美丽，又因为很正常地生了个儿子，自己就简直死得莫名其妙。

对这个始终陪伴刘邦、洞悉其秉性且熟悉其王朝天下、操持住国柄、进而又想把刘氏天下全面弄进吕氏手中的吕雉，司马迁是如何评价的呢？写完《吕后本纪》，最后总结时写道：

> 孝惠皇帝，高后之时，黎民得离战争之苦，君臣俱欲休息乎无为；故惠帝垂拱，高后女主称制，政不出房户，天下晏然，刑罚罕用，罪人是希，民务稼穑，衣食滋殖。

这61个字，描绘出的是一派安宁太平的景象。倘细加品味，人们会觉察出这实在是一则顾左右而言他的精短妙评，很有点像是后来的武则天立于乾陵的无字碑，让后代之人回味不已。

月地私奔卓文君

　　司马迁的《史记》惜墨如金,其中对男女情爱的描述,尤为罕稀,可在列传里写到同姓的辞赋家司马相如与卓文君的恋情时,一落笔就展开了700余字的描写,而且是一段机趣横生又难能可贵的文字。

　　司马相如捐钱谋了个郎官在孝景帝手下任武骑常侍时,不甚如意,就借口生病回到了一贫如洗的成都老家。在成都百多里外的临邛县当县令的王吉是相如交情很深的朋友,便去信约请相如:"你是蜀中大才子,长期在外不遂心,就到我这儿来散散心吧。"

　　相如刚到临邛,王吉派车马相随,招摇过市地在县城里转了一遭。骑在马上的相如仪容丰美,雍容闲雅,临邛的男女老少大大地开了个眼界。兜了一圈后,相如不住县府,却住在城外行客歇脚的一个凉亭里。王吉装作很恭敬的样子每天前去拜访。过了些天,相如推说有病,让随从谢绝王吉的拜访,而王吉照样拜访,而且显得更加恭敬⋯⋯临邛城有许多财主,家有奴仆800人众的首富卓王孙与另一财主商议:县令既然来了贵客,我们应盛宴招待一番,并请县令大人作陪。

　　王吉应约准时来到卓家,来客已经上百,午间去请相如,相如却称病不来。相如不至，王吉不敢进食，于是就亲自赴凉亭郑重接请。相如佯装不得已，勉强赴宴。卓王孙之女儿卓文君，颜色姣好，通晓音律，"眉色如望远山，脸际常若芙蓉"（《西京杂记》），年纪轻轻正好新寡在家。宴席上酒酣耳热之际，王吉捧上一具琴对相如说道："众人知晓你精于音律，大伙都希望你弹上一曲助兴。"相如略加推辞，终于弹了一曲《琴歌》。

> 凤兮凤兮归故乡，遨游四海求其凰。
> 时未遇兮无所将，何悟今夕升斯堂。
> 有艳淑女在闺房，室迩人遐毒我肠。
> 何缘交颈为鸳鸯，胡颉颃兮共翱翔。

仔细检点、品味相如赴临邛的全过程，分明是王吉与相如背地里设计于先，明里有企图、有计划地糊弄趋炎附势的卓王孙，暗中则有预谋、有步骤地勾引秀婉聪慧的卓文君。席终人散，也就在这个晚上，实现了"文君夜亡奔相如，相如乃与驰归"的终极目的。

滔滔爱河里，西方人吟的是玫瑰之曲，中国人唱的是凤凰之歌，诗经《大雅》中就有过"凤凰于飞，翙之其羽"的歌唱。自从司马相如成功地弹奏了《琴歌》之后，"凤求凰"之所以会成为中国语汇中表示男子求偶的专门用语，正是由于卓文君的月夜私奔为这首《琴歌》添进了画龙点睛的一笔。从此以后，"私奔"一词，惊世骇俗，自然而然地隐伏了东方女性追求爱情自由的强烈的叛逆色彩。

卓王孙是个老朽，哪里能听懂寓意微妙的《琴歌》呢？当他得知女儿与相如已经私奔到成都时，非常愤怒："我女儿太不成器，我虽不忍心杀之，可我一文钱也不给她！"老财主自以为钱财是人生命脉，握住了钱财，女儿就翻不出自己的掌心。

成都相如家徒四壁，住了些时日，文君果然有点撑持不住了，便对相如说道："我们一块回临邛吧，何必这样苦熬自己。"二人回到临邛，买了一家酒店，文君当垆卖酒，相如穿了犊鼻裈和酒保庸役洗盘擦碗。卓王孙听到此事，大伤脸面，深以为耻，由此连家门也不敢出了。城里的老兄弟们便来开导卓王孙："你只有一儿两女，万贯家财怎么也用不了。文君业已许身，相如虽穷，却是个可依赖的人才，况且又是县令的挚友，你何必要这样地轻视人家呢？"卓王孙不得已，只好分予文君上百奴仆，钱百万，及其嫁时衣被财物。文君与相如目的既达，仍返回成都过逍遥日子去了。

卓文君实在聪明，其父倘若是个没有脸面可顾惜的穷光蛋，她才不会怂恿相如回临邛卖酒呢。卓王孙虽是富有，灵魂里却又势利得狠。后来，汉武帝看中了司马相如的《子虚赋》、《上林赋》，拜其为中郎将奉使西南，"至蜀，蜀太守以下郊迎，县令负弩矢先驱，蜀人以为宠。于是卓王孙、临邛诸公皆因门下献牛酒以交欢。卓王孙喟然而叹，自以得使女尚司马长卿晚，而厚分与其女财，与男等同"。直到这时，卓王孙才发觉自己的女儿委实是目光深远，识力过人。当年私奔，简直是巾帼英雄必有之壮举……

女色的诱惑力是非凡的。男人啊,一阔心就变,就连司马相如这等能上(曾任武骑常侍)能下(曾穿犊鼻裈打杂)、早就打破了名利机关的大才子,似乎也有把持不住自己的时候。《西京杂记》载:"司马相如将聘茂陵人女为妾,文君作《白头吟》以自绝,相如乃止。"

且看《白头吟》:

> 皑如山上雪,皎若云间月。
> 闻君有两意,故来相决绝。
> 今日斗酒会,明旦沟水头。
> 躞蹀御沟上,沟水东西流。
> 凄凄复凄凄,嫁娶不须啼。
> 愿得一心人,白头不相离。
> 竹竿何袅袅,鱼尾何簁簁。
> 男儿重意气,何用钱刀为?

相如在世61年,拟聘茂陵女为妾之时,卓文君很可能满头银丝了,当年私奔之际,她就立定了"愿得一心人,白头不相离"的意愿,相如之老年变心,留给文君心灵上的创痛是无可比拟的。此诗的基调是"怨而不伤,哀而不怒",在感情的拦截上，能收到"相如乃止"的效果么？成都市有一琴台，据说是司马相如当年鼓琴之地。900年后的杜甫写下了一首《琴台》诗：

> 茂陵多病后，尚爱卓文君。
> 酒肆人间世，琴台日暮云。
> 野花留笑靥，蔓草见罗裙。
> 归凤求凰意，寥寥不复闻。

杜甫落笔审慎，从这首诗里，看不出责难司马相如的意思。

"野花留笑靥，蔓草见罗裙。"杜甫对卓文君大胆追求爱情和自由的"私奔"行为却是暗中称许的。当今时代变迁，"私奔"一词正在泯灭和消亡，而作为历史美谈，卓文君的形象永远是青春活泼的，也是可爱可敬的，理应是中国女性最自然、最坦率、最真实的化身。

2000多年过去了，如果中国的女权主义者要在爱坛上推出一位自由女神，我投卓文君一票。

> 王吉、相如城府深，赴宴并非乱弹琴。
> 可叹乃父糊涂甚，失却爱女复赔银。
> 风雪夜走豹子头，月地私奔卓文君。
> 千秋憎爱燃圣火，谁是传薪第一人。

独留青冢向黄昏

青冢为昭君墓，位于呼和浩特市南郊。传说四外之草在秋天里尽皆枯黄泛白时，唯有昭君墓上的草仍呈绿色，故称青冢。为什么此墓不改其青呢，大约是因为埋葬着一个经历最为周折、坎坷的美丽女性的缘故。

王昭君是西汉南郡人，名嫱，字昭君，晋时避司马昭讳，改称明君或明妃。昭君被选为长安的宫女之际，是被送进后宫的数千名美女里普通的一员，是万紫千红中平凡的一点。她与别的宫女一样，翘首企盼，日日夜夜静等着汉元帝的召幸。当时的皇后是王政君，皇后以下有14个品位的妃嫔，妃嫔即妾，各有昭仪、美人、良人、婕妤之类的封号，妃嫔之下，才是浩浩荡荡的宫女队伍。在这样浩浩荡荡的队伍里翘首而待，如果得不到那位汉元帝的恩宠，宫女的命运将注定毫无希望获取出头之日。她们所面对的皇帝只有一个，精力有限，绝大多数宫女的最终收局呢？诚如一首古诗里所描述的那样：

尽是离宫院中女，苑墙城外冢累累。
少年入内教歌舞，不识君王到老时。

数千宫女盼星星盼月亮似地期盼等待，所盼待的那位汉元帝是个什么角色呢？此人36岁上下，由于长期好色而无节制，精神委顿，隐疾闪现，直至萎靡得甚至不能去亲自挑选他所要临幸的宫女。于是，便别出心裁地设置了一个挑选美色的中间环节：让画师们绘出宫女的图样，由他在心血来潮时"按图索骥"，中意哪一个，指头略微一点，便通知他所点示的画面上的那一个。

为昭君画像的画师叫毛延寿。他的绘画技术当然不错，可因绘的宫女多了，却渐渐养成了因宫女召幸心切而暗中收受贿赂的毛病，他私地聚财，贪得无厌。第一次面对王昭君花中之蕊似的美貌，他也曾不由自主地咽了一口"惊艳"的唾沫。而王昭君"自知明艳更沉吟"，自恃姣美明丽，不愿意像别的宫女那样出资贿赂眼前这个画师。利欲熏心的毛延寿在离开后宫时，心里很不受用，私下便又在画像上巧妙地、轻轻地做了点手脚。元帝爱美色，画师爱金钱，爱钱的画师便利用这个中间环节侮弄王昭君，同时也蒙蔽了汉元帝。依照常规，事情过去也就过去了，毛延寿彩笔下这样轻轻一点，昭君下一步也很可能化作"苑墙城外冢累累"里的一个小小土坟。

汉朝当时的对外背景是：汉初国力不济，北地的匈奴屡屡南侵，刘邦即用和亲的方式换取边境安宁。刘彻时国力强盛，则用武力征服匈奴。公元前60年后，匈奴内讧，五单于争立，呼韩邪单于投靠汉朝，希图得到后盾之力，在汉朝帮助下，他于公元前35年重新统一了匈奴，出于感激，呼韩邪单于在公元前33年入长安朝见元帝，主动提出愿意为汉朝的女婿，人家自动降低身价以示感戴，元帝何乐而不为呢，便当即答应了他的求婚要求。

然而，那么荒远、偏僻、风俗迥异的草原毡帐里，打发谁去呢？散朝后，元帝让手下官员去后宫征求意见，寻找自愿外嫁的宫女。得到这个消息，昭君的心情难以平静：与其把青春消耗、虚掷在后宫这不见天日的活地狱里，倒不如去遥远的边陲。此时的王嫱，虽闹不清自己将要去的地方是好是坏，但她非常清楚，时下所处的后宫只能是活活地捂死一条路。于是，她"请掖庭令（掌管后宫之长官）求行"。这位秀外慧中、意志坚强的女子，既不屑贿赂画师冀图召幸，更不甘心就这样幽死在活地狱内。性格决定命运，她便在关键时刻勇敢地亮出了自己倔强而磊落的性格。

呼韩邪单于回返草原前夕，汉王朝为之举行盛大的欢送会，当王昭君由四个盛妆的宫女簇拥着款款上殿向汉元帝辞别谢恩时，王安石这样描述："昭妃初出汉宫时，泪湿春风鬓角垂。低回顾影无颜色，尚得君王不自持。"此时的昭君仿佛一道灿烂的朝霞照亮了整个未央宫，左右为之竦动，汉元帝两眼发直，惊诧地张大了嘴巴……然而此时此地，这个至尊的汉元帝也只有强颜苦笑，忍痛舍之，眼睁睁地看着年逾半百，又大喜过望的呼韩邪单于携着王昭君飞马而去……

路漫漫其修远兮！昭君一行经过北地郡（甘肃庆阳）、上郡（陕北榆林）、西河郡（内蒙古东胜县）、朔方郡（内蒙古杭锦旗）、五原（内蒙古包头），历尽风雪严寒，越过千山万水，最后到达了单于的朝廷里。

王昭君他们走后，未央宫里安静下来了，汉元帝这时则恼羞成怒，大发雷霆，怪罪后宫里的画师欺君罔上，当追查出王昭君的肖像出自毛延寿之手时，便立刻下令将其斩首弃市。王安石的《昭妃曲》里写道："意态由来画不成，当时枉杀毛延寿。"前一句是事实，后一句则未必。毛延寿倘是没有因钱财而做什么手脚，而是汉元帝自己在观画时有眼无珠，或许倒真是"枉杀"了一个艺术人才。

汉元帝是未能享用美色而动怒，毛延寿是因为侮弄美色而挨宰，美丽绝尘的昭君本人呢？她在众多宫女中得到的是凄凉而周折的遭际。在当时的中外交往上，她在客观上仅仅是一宗高雅无尚的尤物，属于礼仪往来中的极品而已。

大约正因为昭君的性格决定了她一生中从长江畔到黄河边的坎坷命运吧。有人做过统计，古来咏昭君的诗作竟有600多首，李白、杜甫、白居易、欧阳修、王安石、苏东坡这些大手笔都围绕王昭君留下了脍炙人口的诗作。诗作之所以如此众多，因为这件事涉及民族关系、边塞安危，触及君臣关系及帝王与后宫的隐秘，也牵扯到金钱与艺术的关系，而且那么曲折，又那样深刻地触及到了一个美丽少女千里万里、大起大落的性格和命运。

王昭君倘是苟活偷生于后宫，没能在塞外留下一座引人瞩目的青冢，她能引起史学家与文学家如此注目吗？神秘青冢之耐人寻味，2000年里仿佛超过了中国大地上众多的帝王冢陵。在中国数千年的历史长河里，青冢显然是一个特例。

并蒂于汉宫的罂粟花

赵飞燕、赵合德是一对双胞胎姊妹,母亲姑苏郡主是刘邦之子刘建的孙女。郡主的丈夫是江都中尉赵曼。出身如此高贵,而其生父却是音乐家冯万金。冯经常出入赵家,与郡主勾搭而致使其怀孕,郡主怀孕不敢告诉丈夫,回娘家生下这对姊妹,出生后也不敢收养,"初生时,父母不举,三日不死,乃收养之"(《汉书》卷97下)。

冯万金穷困抑郁,只教小姊妹学习些歌舞,自己早早病故了。她二人白天卖艺,晚上为集市上打点草鞋。有一天买到2斤米回家时,天降大雨,到家时干柴也淋湿了,二人只好脱下湿衣,紧紧地搂抱在一起互相取暖。姐姐名叫宜主,妹妹叫合德,妹妹醒来时,发现仅有的一条薄被全都裹在了自己身上,姐姐赤条条地蜷缩在旁边……冯万金死后,阳阿公主(史书未见其名)的管家赵临收养了赵氏姊妹。成了阳阿公主家的舞伎之后,宜主苦练轻功,跳起舞来如仙女一般,阳阿公主特别喜爱这个女子,便把宜主改名为飞燕。鸿嘉三年(前18)的一天,成帝刘骜与富平侯张放到了阳阿公主家,宴席之间,"自为太子时,以好色闻"(《资治通鉴》卷30)的刘骜"见飞燕而悦之",被其俏丽容颜及优美舞姿迷住了，阳阿公主在轻快的舞乐声中说道："她是我府中的歌伎，陛下若不嫌，我把她献给陛下。"飞燕跪下谢恩，被轻车载回未央宫，册封为婕妤。

飞燕入宫后，"大幸"。她有了病，成帝就先含一口药，口对口地送到飞燕嘴里，而且不时赏给她珍珠财宝。由于飞燕得宠，阳阿公主对合德也格外照顾，合德能经常由此得到一些宫里的消息，内心很羡慕宫中的生活。

有一天，合德对阳阿公主说道："我们当年流落街头，全靠公主收留；姐姐能进宫，也靠公主安排。我不知该如何报答你的大恩大德。"

公主笑了："你跟飞燕一样漂亮。有了机会，我会在陛下面前为你美言的。"

果真，阳阿公主去富平侯那里称道了合德的美妙。张放知道成帝喜欢美女，就建议成帝将合德也迎进宫中，但刘骜却怕飞燕生气，有点犹豫。一天，成帝终于按捺不住了，偷偷地派人去迎合德入宫。

合德见到使者，却说出这么几句："请转告陛下，合德早想入宫，只是不敢同姐姐共同侍奉皇上。"

这欲擒故纵的一手，弄得成帝欲迎合德的欲望更强烈了。一天，他问飞燕："你在宫中没一个亲人，感到寂寞吧？"

"有陛下相陪，我不寂寞。"

"朕听说你有个妹妹，我打算把她也接迎进宫，跟你做个伴儿。"

飞燕陷入了思索：成帝现有许皇后、班婕妤，班婕妤已有身孕，自己虽然得宠，却迟迟未能怀孕，别说皇后的宝座难及，现在这个地位也未必稳当。合德是亲妹妹，进到宫里总能帮自己一把。她终于说道："陛下，你替我着想，我当然盼望妹妹进宫了。"

合德接到姐姐的旨意，阳阿公主前来道喜："我不明白，上次陛下派人接你，你怎么推辞？"

合德笑道："越是难得的东西，人越珍惜，轻易到手的东西，很不值钱。"

合德入宫，也被封为婕妤，双凤戏龙，刘骜与姊妹二人形影不离。晋人葛洪在《西京杂记》中说，赵飞燕"体轻弱腰，善行步进退"；赵合德则"弱骨丰肌，尤工笑语"。许皇后、班婕妤呢？二人"皆失宠，稀复进见"。

飞燕与合德入宫后皆未怀孕，二人很着急。班婕妤虽生了个皇子，但又夭折了，赵氏姊妹心里暗暗称快。现在她二人只需要对付许皇后了。"赵飞燕谮告许皇后、班婕妤挟媚道祝诅后宫，詈及主上"（《汉书》卷97下）。不分青红皂白的刘骜便废了许皇后，脑子略为清醒的班婕妤"恐久见危"，只好以"供养太后长信宫"为由，伤感地离开了后宫。

"许后之废也，上欲立赵婕妤"。然而，成帝的母亲王太后（即王莽的姑妈王政君）以赵氏姐妹"所出微甚"为由，不同意立飞燕为皇后。合德为了让姐姐当上皇后，对成帝说道："我姐妹从小与父母失散，我母亲是江都王的女儿，我和姐姐早就姓赵，陛下可以封赵曼为侯。"成帝答应了合德之请求，合德又用重金收买了皇太后姐姐的儿子——权倾朝野、深为太后信赖的淳于长,淳于长不时在王太后那里吹风,夸赞飞燕贤惠,王太后也只好同意立飞燕为后了。

合德念及当年姐姐对自己的疼爱,极力协助姐姐争取皇后之位,就这样,赵飞燕终于成为六宫之首,即孝成皇后。

后宫里的斗争与政坛上的一样,从来都是一浪推一浪的。"皇后既立,后宠少衰,而弟绝幸,为昭仪"。汉时,昭仪的地位仅次于皇后。合德被封为昭仪,实得宠幸却居于姐姐之上。纠纷矛盾之形成,自然难免。

姊妹二人能歌善舞,每逢饮宴,飞燕当先,而且能站在侍者的水晶盘上舞个天花乱坠。但次数多了,成帝便喊停。而合德轻歌曼舞,适可而止,成帝反感到意犹未尽,妙不可言。

合德有时在夜里闭上房门,点起蜡烛,入巨盆洗浴。成帝隔门缝偷看,雾腾腾里光洁如玉的胴体仿佛朝霞里的莲花,成帝觉得很有味道。飞燕知道后,也在夜里燃烛而浴,让侍女请成帝来欣赏,成帝在房中热得通体冒汗,赤裸的飞燕又瘦如麻秆儿,他站起身又回到合德的昭阳馆去了。飞燕委屈,伤心落泪。

实在气不过,飞燕有次把一口痰"呸"地吐在合德身上,合德不气不恼,反而笑道:"小时候我常把姐姐的衣服弄脏,姐姐从来也没骂过我。"一句话,说得飞燕低下了头。

成帝常常临幸昭阳馆,飞燕便向成帝请求别置一室,不准外人擅入,她要祈祷早降贵子,成帝同意了。其实,是飞燕对成帝彻底失望了,她开始勾引宫廷乐师冯无方。祈祷之求,只是与人"幽会"的托词。飞燕在侍郎、宫奴中专寻多子的人幽会,想生个儿子,可仍是不见怀孕。宫中一些人尝得了凤体之乐,常在酒酣饭饱时含含蓄蓄地以此为艳遇美谈。

让赵氏姐妹最发愁的,是姊妹俩"卒皆无子"。为了巩固专宠,合德对其他女人生下的皇子横加迫害。元延元年(前12),成帝临幸过的曹姓宫女生下儿子后,合德假借刘骜名义,当即将曹氏关押并处死其子,曹氏不得不自杀身亡,出世仅11天的婴儿也被合德指使人害死。次年,刘骜临幸过的一位许氏生下一子,刘骜得知许美人生下一子,极为高兴。合德闻讯,质问刘骜:"你常哄我说从皇后(即飞燕)处来,怎么许美人会生下你的儿子?这样哄我,是不是要立许美人为皇后?"说罢,"以手自捣,以头击壁户柱,从床上自投地,啼泣不肯食"(《汉书》卷97下)。她寻死觅活,比飞燕可厉害多了,这样闹腾的结果,最后仍是刘骜妥协,弄死了可怜的婴儿。

《资治通鉴》记载,对于合德得宠,当时一般人都是敢怒不敢言,只有一个名叫淖方成的女官,有一次站在刘骜身后,唾着口水骂道:"此祸水也,灭火必矣!"形容漂亮女性为"祸水",或许即源于此。

绥和元年(前8),刘骜侄子、被他收为养子的定陶王刘欣,通过奶奶傅太后出面贿赂赵氏姊妹,很快被立为皇太子。翌年初春的一天,"素强,无疾病"的刘骜起床后弯身穿袜子时,忽然倒下,"不能言,昼漏上十刻而崩"。刘骜猝死,朝野议论纷纷,"民间归罪赵昭仪"。皇太后马上召来娘家侄儿、时任大司马的王莽,让他查明成帝死因。迫于众怒,合德在昭阳馆自缢。这一年,她刚过30岁。

刘欣登上皇位,即汉哀帝。哀帝多次保护赵飞燕。元寿二年(前1),哀帝驾崩,飞燕即被废为庶人,随后自缢而亡。

试探"天作之合"

相传,阴丽华是辅佐齐桓公"九合诸侯,一匡天下"的管仲的后代,公元4年出生于南阳新野,俏丽非常,美艳与贤惠在南阳是远近闻名的。许多豪贵子弟曾向尊贵的阴家郑重求亲,均被无情地拒之门外。

刘秀是蔡阳(今湖北枣阳西南)人。23年昆阳大战后,刘秀与其兄刘縯名声大震,更始帝刘玄不放心刘家兄弟,便找个借口将刘縯杀害。刘秀这时表现出常人难以思议的冷静和克制,立刻赶回南阳(宛城)向刘玄赔不是。私下又放出这样的话来:"仕宦当作执金吾,娶妻当得阴丽华。"执金吾是西汉九卿之一,天子出行时前行先导,八面威风,仿佛这就是刘秀政治上的最高追求。和刘秀并肩作战的阴家兄弟,深感刘秀不是个等闲之辈,暗中说服了家人,将美慧过人的阴丽华热热闹闹地嫁给了刘秀。此时,刘秀29岁,丽华19岁。刘玄见刘秀抱负如此,不过是个高于"十亩田地一头牛,老婆娃娃热炕头"的纨绔子弟而已,便依然让他带兵出征。

刘秀白日花天酒地,夜间则泪湿鸳枕,为哥哥暗暗流泪。体贴入微的新娘子这样劝解丈夫:看来刘玄是个目光短浅的人。这里不是你久留之地,你还是到别处去发展吧。为了不成为丈夫的羁绊，新婚刚刚三个月的阴丽华便回了娘家。刘秀挥戈入冀，与在邯郸自立为王的王朗交兵对阵，而拥有10多万重兵的真定王刘扬在刘秀劝其归附之际，却提出一个条件，要将其外甥女郭圣通许配刘秀。刘扬也看出来了，刘秀心胸似海，气度非凡，其前途不可限量。郭圣通比阴丽华小两岁，交上桃花运的刘秀这一年入了两次洞房。不过，后一桩婚事更像是政治联姻。

"三代而下，取天下者，惟光武焉。"（王夫之语）公元25年，刘秀建立了东汉，定都洛阳。他不仅实现了娶得阴丽华的愿望，而且还当上了支使"执金吾"的天子。

登上皇位的第二年，光武帝打算立皇后，从年龄、相貌、结发日月及文静、贤惠诸多方面衡量，刘秀欲立阴丽华，可阴丽华则考虑到天下未定，郭家门第烜赫，刘扬握有十万大军，而且郭贵人去年生下了皇子刘强，为天下计，为前途计，她竭力劝丈夫立郭为后。皇帝多矣，后宫大矣，在皇后位置上能主动谦让者，或许只此一个阴丽华，足见其文静贤惠，并非虚语。26年6月，刘秀只好册立郭圣通为皇后，刘强为太子。出于礼仪，阴丽华每次见到郭皇后，都得跪地请安。郭皇后架子十足，非常自得。

东汉刚刚建立，刘秀经常要率兵征战，每当离开洛阳时，为了阴丽华不在郭皇后面前受气，他都带着阴丽华，这位美女仿佛是挥动于征尘中的一面昭示胜利的旗帜……28年，在随夫征讨彭宠之时，阴丽华于军帐中生下了第一个孩子刘庄。

郭圣通身为皇后，看出自己在丈夫眼中比不上羞花闭月的阴丽华，见刘秀对阴丽华别样宠爱，心里很不是滋味。

刘秀从一份进行普查的统计文件里发现一张小纸条，从对小纸条上的文字的理解上又发现刚及10岁的刘庄极其聪颖，便对小儿赞不绝口。郭皇后见丈夫夸赞比太子小4岁的刘庄，委屈怨愤大爆发，与刘秀大吵大闹，闹得飞星溅火，阴丽华为缓和矛盾，只好与儿子移居到洛阳以外的其他宫室居住。

人无分男女，到达一定地位，心境产生变化是必然的，是难以抗御的。郭皇后没事找事与丈夫吵架，继而又将怒火洒在了其他姬妾身上，弄得后宫几无宁日。41年，忍无可忍的刘秀颁了一道废郭圣通改立阴丽华为后的诏书。43年，刘强被改封为东海王，刘庄被册立为太子。从立到废，郭圣通当了15年皇后。阴丽华从立为皇后至刘秀57年下世，当了16年皇后。郭圣通被废以后，在阴丽华的殷殷庇护下，成为中国历史上唯一一位没有被打入冷宫，反而备受优待而得以善终的废后。郭之终局，又进一步衬托出秀外慧中的阴丽华的大不寻常。"秀外慧中"一语出自韩愈的《送李愿归盘谷序》中："曲眉丰颊，清声而便体，秀外而惠中"。"惠"与"慧"通，指内质的聪颖敏慧（这与才女是两码事）。韩愈的文字仿佛正是为阴丽华在画像。

刘秀为刘邦九世孙，二人之间相隔200年之久。论传于后世的名气，汉武比光武要大得多，若是比较能力，就不好说了。

刘邦的发妻吕后在丈夫宠爱戚姬及其子如意时，恨之入骨，大权到手之日，醋意化成毒酒，幽禁戚姬，砍其手足，烧耳，挖眼，丢进茅厕，称曰"人彘"，其状惨不忍睹。吕后当政15年，历史上也颇有作为，但后人一提起她，印象最深刻的反倒是这毒辣、残忍如蛇蝎的一幕。吕雉与郭圣通在心理上很有相似之点，郭圣通如果有本领将大权抓到手里，阴丽华很可能就得步戚姬之后尘。

纵览史册，各代帝王的婚姻是有些烈火烹油之盛的景象，但终局却往往以血腥来收场。刘秀在史册中是个例外，与阴丽华成婚17年后，竟然在诏书中称自己对阴丽华一往情深，而且在30余年的龙椅上能将郭、阴二后的关系料理得这样平和，阴丽华固然是重要因素，刘秀个人的深情、质朴、善始善终，显然比其祖刘邦高出一筹了。

后来的女性要达到阴丽华这样的襟怀、境界，固然不易；而后世须眉，在爱情上要做到刘秀这般明智，也颇见难度。

天地之间的婚爱长河里，"天作之合"的话仅限于祝福与祝愿，实际生活里实为罕有。而2000年前的刘秀与阴丽华，大约够得上是"天作之合"的型范了。刘秀在南阳时所说的"仕宦当作执金吾，娶妻当得阴丽华"之言，而今收进了《辞海》里的阴丽华条目，后人或许也认可了这一层意思吧。

龙虎风云戏貂蝉

对貂蝉其人，史料记载很扼要。《三国志·吕布传》里只一句："布与卓侍婢私通。"《资治通鉴》里引用了这句话。《三国志·关羽传》里有一段注提到：曹操与刘备合围吕布于下邳，关羽禀告曹操，求娶吕布之妻，曹操应允了；下邳将破时，关羽又一次向曹操提这档子事，曹操忽然间起了疑心，破城后，操先派人迎看，见布妻有异色，遂背弃了对关羽的最初许诺，自己将布妻笑纳了。

由上述情况看来，貂蝉作为董卓侍婢，吕布之妻，姿色明显是超乎寻常的。正像从险恶山道上周周折折走下来的人大为欣赏河畔水湄摇曳多姿的花柳那样，从血火中厮杀出来的人，格外向往女性的美丽与温柔。董卓、吕布、关羽、曹操，这些风云中的强手上将皆着迷于貂蝉，难怪这个连姓名也语焉不详的女子在后世1800年的反复筛选中进入了"四大美女"的行列。

貂蝉之誉满天下，究其最闪光的亮点，是因为她成功地实施了连环计。在司徒王允的导演下，她在董卓与其义子吕布之间巧相周旋。在吕布眼里，她对他情有独钟，可惜是董卓强行霸占着她；而在董卓目中，是吕布在放肆地调戏自己的爱婢，终于导致二人火并，董卓之专权土崩瓦解。

在《三国演义》及元杂剧《云锦堂美女连环计》中，施行连环计这一招是一致的，诸种戏曲里的《小宴》、《连环计》、《凤仪亭》，名目各异，演出的也都是这么回事。

至于貂蝉的结局，就很不一致了。有的谓其姓佟，山西忻州木耳村人，原已与吕布成亲，汉灵帝选宫女时选入宫中，因执掌貂蝉冠而得名；不久，汉灵帝将其赐给丁建阳，丁将其转配义子吕布，小夫妻得以团圆；后来夫妻战场失散，貂蝉流入丞相府，成了王允的养女。有一天她偶见吕布骑马过街，遂暗中焚香祝祷，祈求重聚。王允偶见其焚香暗祝，这才引出巧施连环计的念头。有的人认为，白门楼吕布被杀之后，貂蝉落入乱世枭雄曹操手里，收进了铜雀台自为享用。也有人说是曹操为笼络关羽，终将貂蝉赐赠，貂蝉也真心爱着关羽，而关羽的最初想法又变了，变成了"美色祸英雄"之疑云，欲杀之而不忍，貂蝉最后削发为尼，远却红尘，青灯伴老。

不论怎么说，吕布、董卓、曹操、关羽都喜爱貂蝉，倒是应了张学良晚年在美国夏威夷说的一句话："自古英雄皆好色，不好色者非英雄。"这是一个经历非凡的百岁老人在谢世前夕说的话，他似乎感觉出来了，伟人、英雄之好色，古今中外都属于一个深至的哲学命题，"殆天意，非人力"，仿佛是造物主深谋远虑的一项安排。

陆游诗云："长安貂蝉多，死去谁复还？"这里的貂蝉，指汉代侍从官员帽上的饰物，被诗人用作达官贵人的代称。这位佟姓女子入宫之后，因执掌貂蝉冠而得名，并由此而变成了武夫与权贵之间争权夺势而撕来扯去的一个牺牲品，权势之争注定了她只能是悲剧性的收局。一朵艳丽的鲜花不幸被历史老人扔进了汹涌湍急的流水里，上下翻卷簸荡一通之后，终于被揉搓成碎瓣，纷乱而没。花有香氛，其香氛不散，化成了艺术素材。留传下来的有关的戏曲剧目，其所以盛演不衰，也因为貂蝉凭仗自己天赋的姿色与聪慧的性格所实施的连环计，在重大的政治角逐中利用了人性中最为隐秘的素质，这在中外历史上是任谁也无从复制的一页。

有人声称："战争让女人走开。"其实，女人是走不开的。女人介入了战争，战争这幕活剧反而上演得更加有声有色。倘是从另一角度去看，战争又是个其大无比的牢笼，处于那样（命运将其置于牢笼之中）的时代，谁也别想挣扎出来。

小乔卸甲晚妆红

一个伟大的男人身后必有一个优秀的女人。

三国时,吴之周瑜24岁即任中郎将,少年得志,名贯天下。刘备叹息他是"文武筹略,万人之英";曹操83万大军被周瑜挫败于赤壁,曹只好这样来掩饰自己人生中的一大败笔:"赤壁之役,值有疾病,孤烧船自退,横使周瑜虚获此名。"周瑜对朋友直、谅,东吴第一老将程普对人讲道:"与周公瑾交,若饮醇醪,不觉自醉。"连那位在周瑜帐中上了大当的蒋干也认为:"瑜雅量高致,非言词所能间。"从各方面的评价可以推知,誉满遐迩的周瑜,是很了不起的一位青年将领。

赤壁鏖兵之前,周瑜在九江市的"甘棠湖"操练水军,准备迎击魏国的大军,因为忙于军务,整整七天没能回府。他的夫人小乔念夫心切,命婢女翠娟把府中的古琴特意抱到湖边去弹奏。此琴是周瑜家中的宝物,称"焦尾琴",据传有人烧桐木煮饭,著名文学家蔡邕听到火焰烧裂木头之声,判断出那是一根罕见的良木,急忙从灶里抽出,用水浇灭,并请名匠将此木制成一把琴,音质果然清脆悦耳,有水火天成的最佳音质,遂取名曰"焦尾琴",赠予爱女蔡文姬。后来,这件宝物传到了周氏府中。

周瑜深谙琴曲，当时吴地就有"曲有误，周郎顾"的传闻。有的美女窃慕周瑜，很想让周瑜注意一下自己，"鸣筝金粟柱，素手玉房前；欲得周郎顾，时时误拂弦"，足见雄姿英发的周瑜在少女们心目中的位置。

正在甘棠湖里忙于军务的周瑜听到悦耳动人的琴声，循声而至，见翠娟弹得入神，站在一旁静静地听罢之后，问道："这么晚了，你怎么还在这儿弹琴？"翠娟答道："都督数日未归，夫人怕你过度劳累，损坏身子，便命我到这儿弹奏，好让你消乏解累。"周瑜微笑颔首，领会了夫人的意思，迅即交代了各项事宜，与翠娟一同回府。"小乔卸甲晚妆红"的情景，正应当发生在这样的富有诗意的夜晚。元代王实甫写的《西厢记》里，张君瑞在月地里弹琴，勾引崔莺莺，显然就逊色于甘棠湖畔小夫妻体贴关爱的这一幕情景。不似戏曲，却胜于戏曲，生活本身的美学含量比艺术创作要丰富得多，生动得多。

大乔嫁于孙策，小乔嫁于周瑜，二英联辔驰骋，双美并峙吴中。杜牧诗云："折戟沉沙铁未销，自将磨洗认前朝。东风不与周郎便，铜雀春深锁二乔。"虚拟典故，婉喻二乔之美。刚柔互济兮相摩相荡，曲伸感应矣互利互生，造化如此安排，简直将绵柔温馨的女性美化成了英雄豪杰的大"后方"……

英雄与美女的结合，也有高下文野之分，周瑜与小乔，是和谐而高雅的一例。有感于斯，本人曾写过一篇《小乔之美》，现附于后：

中国古代四大美女之外，小乔也算是一位公认的美女。这小乔美在何处？除了她的夫君周瑜，任何人赞叹其美，都属于想象、妄猜，跟瞎子摸象差不了多少。

我去过小乔墓，坟墓在洞庭湖畔一圈环形的围墙之内，与后起的岳阳楼相隔数百米，与800里洞庭湖中的君山上的湘妃墓遥遥相望。历代诗人、文豪想象力丰富，费尽心思想象过小乔如何翩翩如鸿地行步，如何明目皓齿地谈笑，纤巧蛾眉下何样秋波烁动的眼神……总之，是在设想她如何美丽，美丽得令人痴迷。

想象美女的空间被前人想尽了，在这小乔墓畔，我却在揣测军旅、战争与女人的关系。各朝各代，艳丽的女人太多了。小乔匆匆一生，有姓氏而无名字，她是被沿着长江上下卷动的硝烟、战云所烘托出来的一轮明月、一位美女。

1800年过去了，小乔身上为什么总含有一种神秘莫测的魅力呢？

她的夫君周瑜，雄姿英发，风流倜傥，懂韵律，又能打仗，尤其是赤壁一战，以少胜多，青史留名。而这位一代名将，却又英年早逝，病死在巴陵（岳阳）。是她的爱妻小乔，煎药护病，含泪送终。这叫生死不渝。

岳阳位于赤壁上游75公里处，从长江下游的吴国柴桑（今之九江）到这长江上游的巴陵，不能不经过赤壁。郭沫若先生曾经在1982年11月16日的《光明日报》上撰文谈道："在赤壁之战时有小乔参加。"郭老是一位考古权威，其考证应当是有依据的。小乔参加赤壁大战，即便没有像梁红玉那样戎装上阵、击鼓调兵，却在营帐里为周郎做伴，也许从侧面有所协助吧。

出奇制胜的战事与出类拔萃的夫君，为小乔生色匪浅，这景况直惹得杜牧、苏东坡他们朝暮遐想、思思念念，写下了"铜雀春深锁二乔"、"遥想公瑾当年，小乔初嫁了"这别样多情的诗词，挥动文学巨斧，让小乔这颗灼亮的星辰在战争的天幕上镶嵌得更深切、更牢固，也算是文武之道相辅相成吧。文学的塑造功能、传世之力使得杜牧、苏东坡这类大手笔也未必就次于周瑜和那个死也觊觎着小乔的曹操，生前死后，小乔从文武对峙的悠长峡谷里流逝而过，如流星之划过夜空，无形中更添风采，更有光芒。

战争与女性的关系历来是很特殊的。后人深深地怀念小乔，这小乔显然有别于那遍地流行的"四大美女"。怀念者呢，多数也恐非庸常之辈；地摊文学上那麇集的目光，大概也不敢抬头仰视这一颗别致的星辰，她的光芒委实是逼人、灼眼的。

风起云涌的时世与往复交递的战云，可以大幅度为有出息的女性补充美质。天上的小乔仿佛在叮嘱大地上后来的女伴：爱情，也要勇敢地走出温馨小屋，参与硝烟烽火，介入风云大事。唯有这样，才不至于堕为金钱与强权的玩偶与尤物。

青梅趣话

> 魏武行役失汲道，军皆渴，乃令曰："前有大梅林，饶子，甘酸可以解渴。"士卒闻之，口皆出水。乘此得及前源。
>
> ——《世说新语》

英雄好色，此言非虚，但其好色迥异于西门庆式的性欲狂徒，英雄真正喜好的是善解人意、志存高远，又勇于在风云里搏击的女性中的佼佼者。曹操雄才大略，足智多谋，史载其妻妾有十多位：丁夫人、刘夫人、卞夫人、环夫人、杜夫人、秦夫人、尹夫人、王昭仪、孙姬、李姬、周姬、刘姬、宋姬、赵姬、陈妾等，而曹操最钟爱的是卞夫人。

东汉末年，政局动荡，民不聊生，年近20岁的卞氏继承祖传的卖艺职业，作为一个歌舞伎随父母从琅琊开阳（今山东临沂）辗转飘零到谯县（安徽亳州）。曹操任顿丘令期间，因受妹夫牵连而"从坐免官"，称病返回老家读书放猎，韬光养晦。他酷爱音律，见卞氏色艺俱佳，清丽过人，便将其纳为第三房小妾。嗣后，曹操任洛阳北都尉期间，卞氏又返回谯地待产,公元187年生下曹丕。

189年,任骁骑校尉的曹操刺杀董卓未遂,"微服东出避难",有人赶到谯县传来曹操已死的凶闻,曹氏一家上下大乱,许多旧部都收拾行装准备离开曹家,另谋生路。这时,28岁的卞氏站出来说道:"曹君吉凶未可知。今日还家,明日若在,何面目复相见也?正使祸至,共死何苦!"(《三国志·魏书》)众人听后哑口无言,遂决定留在曹府继续效力,听从卞氏差遣。卞氏沉着冷静,处变不惊,临危不乱,为夫君在乱世中成功地保留了一支有生力量。

曹操的发妻丁氏不能生育,复娶刘氏,刘氏生下曹昂,不久身亡,丁氏即尽心抚养曹昂。曹昂随曹操攻张绣时,不幸阵亡,丁氏以泪洗面,痛不欲生,曹操一时恼怒,送丁氏回娘家将息。此时还是侍妾的卞氏劝解曹操一定要亲自去接丁氏回府,曹操也顾念旧情,专程到了丁氏娘家,见丁氏正失魂落魄地坐在织布机前,曹操抚着她的背问道:"愿意跟我一同乘车回家吗?"丁氏不理不睬,曹操非常难堪。公元216年,曹操被汉献帝封为魏王,219年,曹操立卞夫人为王后。丁氏是一位固执骄傲的女人,早年常对卞氏恶言讥讽,欺辱卞氏母子,而卞氏扶正后,却不念旧恶,常命人给丁氏馈赠东西,有时趁曹操不在,把丁氏接回府来,"延以正坐而己下之,迎来送去,有如昔日。丁谢曰:'废放之人,夫人何能常尔耶!'"作为女性,襟度如海,卞夫人这样做是太难得了。

有一次,曹操得到几副精美耳环,带回王府,让卞夫人首先挑选,卞氏看了一会儿,只取了一副中档次的,曹操问其故，卞氏对曰："取其上者为贪，取其下者为伪，故取其中者。"宫廷斗争是极为剧烈的，在曹丕与曹植争当太子的博弈中，卞氏不闻不问，委诸天命。当曹丕最终成为太子时，有人很快向卞夫人道喜，她淡然而答："王自以丕年大，故用为嗣，我但当以免无教导之过为幸耳，亦何为当重赐乎！"曹操听到卞氏这样的话，叹曰："怒不变容，喜不失节，故是最为难。"

卞氏进入许昌后，每逢暮春，常常想起家乡的青梅，兵荒马乱之年，哪有机会品尝故乡的青梅呢？曹操见其长吁短叹，忙派人从乡下移来许多梅树，种在相府附近的九曲河畔。每到梅子成熟季节，满园香气弥漫，卞夫人高兴得眉开眼笑……曹操在梅林里建造一亭，全用梅木雕刻，且亲书匾额"青梅亭"，时用以作为接待宾朋最高礼遇之所。贤淑女性是拂动在男儿心地上的春风：其风姿能驱散烦恼的阴霾，其神韵能使男人的信心与欢乐更为强烈，其笑容能悄然抚平男人额上的皱纹。卞夫人正是这样的女人。

《三国演义》第21回的"曹操煮酒论英雄"中，曹操让许褚、张辽等人将正在后园浇菜的刘备请到梅林小亭中，曹操说道："适见枝头梅子青青，忽感去年征张绣时，道上缺水，将士皆渴；吾心生一计，以鞭虚指曰：'前面有梅林。'军士闻之，口皆生唾，由是不渴。今见此梅，不可不赏。又值煮酒正熟，故邀使君小亭一会。"这是《三国演义》中相当精彩的回目，也是罗贯中先生的得意之笔。

曹操迁刘协都许昌，自任司空，是公元196年的事情，率兵攻击张绣，是 197 年之事，而"煮酒论英雄"，应是 198 年的事了，那么，为卞夫人而植的梅林，应当更是多年前的事情了，"枝头梅子青青"，短短三五年内，恐怕是难以形成这等清雅境界的。

曹操 220 年病故，卞夫人于曹魏太和四年（230）病故，"其年五月，后崩。七月，合葬高陵"。这样的爱情，长期动乱中默相契合，戎马里情意殷殷，颇耐人寻味。

遥想当年，让一代英雄曹操一见倾心的弹唱女子，随着夫君在乱世中颠沛流离，历经磨难，终于渐渐地褪却罗衣，放射出高贵瑰丽的内在光芒，且能留下一片碧绿的梅林证之于史传中，也属时代风云中难能可贵的一页。

> 青梅煮酒论英雄，
> 英雄襟抱古来同。
> 霹雳一声杯落地，
> 仰视凤凰舞长风。

铁蹄权杖践甄妃

如果要在美女群落中找出一个最语焉不详的女人，人们很可能会选中甄妃。曹操与两个儿子曹丕、曹植，文学史上称为"三曹"，三人俱是如雷贯耳式的人物。父子三人同追甄妃，足见甄妃在那个动乱时世里是个很了不起的女人了。

《世说新语》中载：太祖（曹操）下邺，文帝（曹丕）先入袁尚府，有妇人披发垢面垂涕，立绍妻刘后。文帝问之，刘答："是熙妻。"使人揽发，以巾拭面，姿貌绝伦。既过，刘谓甄曰："不复死矣！"遂见纳。

从曹丕在袁尚府内"使人揽发，以巾拭面"的一连串行动可以看出，他很有可能就是直奔着觅取甄妃而杀过来的。找到了甄妃，目的既达，他也就不再胡乱杀人了。据传，就在甄妃被曹丕带走之后，随后赶到袁尚府第的曹操叹息了一声："我就是为这个女人才打这场仗的啊！"他的这句话令后人揣摸不透，文韬武略的曹操，究竟是为了讨个儿媳还是为给自己纳一宠妾，这才大动干戈的呢？甄妃小曹操29岁，可比曹丕还大3岁哩。做父亲的爱此小妾，为子的又不嫌其长，可见这个女人是极具魅力的。好在曹操非等闲辈，他襟怀云水，没有像董卓与义子吕布那样，为夺一个女人而彼此翻脸，掷戟相拼。再者，吕布只是个临时认下的政治干儿，曹丕可是个真米实粞的亲儿子。

甄妃之美丽，连小曹丕5岁的弟弟曹植也亟欲染指。对于到手的尤物，曹丕可没有其父那么大度。他很清楚，兄弟之间，谁能将父亲的王位最后弄到手里，甄妃最后就是谁的（曹操有一度曾想立曹植为太子）。兄弟二人斗法斗智，最后是曹丕夺得了继承人的地位。王位到了兄长手里，弟弟还敢觊觎这个"嫂嫂"么？"美的事物是永恒的喜悦"（英·济慈语），爱情的力量（包括单相思）可使人将生死置之度外，曹植其人，更是如此。

帝王们都是暴殄天物的高手。在皇室内，他们能将女性之腰玩细，谓之柳腰，将其双足玩小，称曰金莲；宫内从无"离婚"一说，却又常见一个"废"字，不高兴了就让女人报废，幽囚、赐死，仅是不同的报废方式。曹丕将甄妃用了数年之后，"遣使赐死"（《三国志》），"赐死"的因由，我们不得而知。我们只知道美是灼目而短暂的，越是美丽的女人，越易于招致残忍、悲惨的收局。《汉晋春秋》载，甄氏下葬时，"被发覆面，以糠塞口"，这说明曹丕既不想见到她，又不让她多嘴。并且在这个女人香消玉殒之后，曹丕又别出心裁，将其用过的枕衾赐予了悒郁终日的曹植。那个生时为曹丕所拥有的女人，曹丕竟用她死亡之后留于枕上的余温、衾间的香泽去"慰藉"曹植那颗破碎、落寞的灵魂，这不是恩赐，而是残酷地向一个尚在流血的伤口撒盐。由此可以推知，曹植对甄妃日日夜夜的希冀与追慕，曹丕是了然于胸的（甄妃之死，也可能从这里埋下了伏线)。香魂已灭而赠去枕衾,从精神领地上,等于是赠去了一杯用甄妃血泪拌和着的毒酒,这远不限于是一种无情而剧烈的精神侮弄……

甄妃,是曹植美学冥想之唯一对象。绝望地向往着、思念着甄妃的曹植是太痛苦了,美在向往她的人的心里,比在那拥有她的人的眼里,会闪烁其更动人的光芒。曹植很可能是面对着斯枕斯衾,才写下了一篇《洛神赋》,此赋流传1700余年,在中国文坛上属于久传不衰的名篇。赋中的洛神是神还是人,若是人,会是甄妃其人吗,后世之专家们论说纷纭。

美是艺术家在心灵的重创中,由混沌的世界塑造出来的不可思议的东西,这就决定了爱恨交织而成的文字,最有穿透力。倘是没有枕衾的极度刺激,《洛神赋》能问世吗?一旦能够将人间至美燃成艺术的火焰,可将后人引入精微、玄妙、绝佳的意境,而这等诗文的形成,分明又不是偶然的。《洛神赋》的出现,进一步揭示了这一艺术奥秘。司马迁于痛苦中完成的《史记》,曹雪芹"泪尽而终"时写下的《红楼梦》,或前或后,与《洛神赋》的形成皆有相似之处。既然说到曹植之赋,这里也不妨提一下李煜之词。李煜之受人责难,由其亡国,这个亡国之君又格外引人注目,则因他写出了美妙超群的词作。而李煜之词的成功之处,又几乎无不闪烁着个人爱情生活的光点。艺术之源流与女人、与爱情、与人生的浮沉跌宕,究竟是什么样的关系呢?

上天赋予女性娇美与温柔,而战争与强权又为男人提供了攫取美、亵渎美、摧残美的机遇与借口。逐权者几乎没有一个不好色的，逐权又猎色，似为题中应有之义。世称美色为尤物，尤物可以引发人类战争，而战争又一丝不挂地剥夺了尤物们关于爱情的权力。原因很简单，尤物终归是物，已经脱离了"人"的范畴。不管怎么看，甄妃之生也罢死也罢，能同时燃烧好几个非同寻常的男性的灵魂，而最后迸射出的火星儿又能化成上好的文字，这实在是一种令人惊讶的魅力。

不该摔碎的绿珠

对美色的掠夺与攫取,并不限于宫廷与王室之内,或买或夺,在官场上下是有普遍性的。财势愈大,攫夺时愈显有力。杜牧《题桃花夫人庙》的末句为"可怜金谷坠楼人",便是个广为人知的殉情悲剧。

西晋的石崇,在荆州刺史任上时,搜刮民脂,劫掠客商,聚敛了大量不义之财,他与晋武帝的舅舅王恺斗富,王恺竟然斗不过他。石崇修建了富丽堂皇的金谷园,买来了众多姿容秀丽的乐伎,靡昼靡夜,灯红酒绿,打发着淫逸的日月。宾客满堂时,他就命乐伎上前劝酒,客人倘是不饮,他就立即下令,让男仆将劝酒之伎拖出门外,砍下头颅;及至为了饮一杯酒,有一次竟有三个美女相继被砍倒在血泊之中。石崇认为美女是活的玩物,玩得不如意,不过瘾,就可以随意地打碎、废弃或是扔掉。这是富人最卑劣的一种根性,比兽性有过之而无不及。

乐伎之中有个绿珠,是石崇用三斛珍珠换到手的,绿珠美艳异常,又善吹笛,石崇对之钟爱有加,置于金谷别馆。别馆藏娇的石崇,在财富上斗败王恺之后,又忍不住要向外炫耀自家的绿珠盖世无双。这个天下首富到处称赞自己手里的绿珠,绿珠的芳名就极为响亮。世上一切娇贵之物皆处于毁灭的劫数之内。女性之娇贵于先，且又在名望上不断升级，势必要毁弃于后。

孙秀是西晋皇胄司马伦（赵王）的佞幸，风闻了绿珠的媚丽可人之后，就派人前去石崇处索要。石崇对前来索要绿珠的使者说：我这里所有的美妾，你可以任意挑选，而"绿珠吾所爱，不可得也"。恰在这时，司马伦又夺得了皇位，趁此形势，孙秀就矫诏下令，派兵去收捕石崇。收捕的理由，很可能是说石崇对新皇上怀有二心，蓄有异谋。

石崇正在高楼上饮酒作乐。在围得铁桶似的兵戈面前，石崇叹息着对绿珠说道："我今为尔得罪！"绿珠含泪表示，她愿意死在他的面前，说罢，当即刚烈地坠下高楼，摔死在花草丛中。石崇及母、兄、妻子等共15人皆被诛杀。在这个世界上，女人越美，魅力越大，她本身也就越是值钱。三斛珍珠换绿珠，绿珠一碎，为石崇所带来的几乎是集体性的家破人亡。

绿珠之殉情，如果说她真与石崇有深挚的感情，我倒想问问：秀媚的女子面对一个对自己的同行姊妹恣意蹂躏、无情残害的野兽一样的暴徒，值得去爱，而且直爱得不惜为之去献出生命吗？就算有这样的情分，这情分能算是真正的爱情吗？如果说绿珠之献身，无所谓爱，仅限于报答知遇之恩，用今天的眼光去看，女为悦己者容尚无不可，以"士为知己者死"的方式去献出自己美丽的生命，显然不值。也就是说，绿珠徒有其表，在智识上是天然不足。

智识之增，读书乃一条重要渠道。古往今来，美丽的女性大抵是不读书的。上帝赐给了她姣好的姿色，这姿色天然地占尽风头，即使处于山乡僻壤，也有价值连城的潜在值。她们在太多的社会诱惑面前眼花缭乱，用不着去读书，也没有静下心来读书的客观条件。也就是说，美貌于女性是一种天赋的资本，而这些资本又直接地、本能地拒绝理性与才能的介入。

绿珠其人，我怀疑她就是个特别招人注目的绣花枕头，知道简单的报恩，却不懂得什么是爱情，被财势的巨掌枉然地从金谷园的高楼上摔了下去。她之跳楼，纵非一时冲动，也属于傻气得不行。绿珠之美，仅限于姿容表象，内在的档次很为有限。杜牧的"可怜金谷坠楼人"，这"可怜"二字里，或许含有可悲可叹的意味于其间。然而，话又说回来，当此之际，你不让绿珠去跳楼，"绿珠绿珠奈若何"，又让她怎么办呢。进到孙秀那权势更重的府第里去充当玩物吗？美如有大小之分，绿珠之美，仅属小美。

战乱年月，权要们自他人的鲜血中问鼎逐鹿；太平时世，富室豪门则从对女性的蹂躏与毁弃中寻求欢乐。世事波荡起伏，人的青春是短暂的，女性之美一旦陷入金钱与权力组成的巨大漩涡，整个生命的进程则更其莫测，更其短暂。

小怜玉体横陈夜

北齐后主高纬是历史上至为荒唐的一个帝王。高纬8岁时继位为帝,在他13年的帝王宝座上,先后册立了解律氏、胡氏、穆邪利三个皇后。冯小怜(或作小莲)原是穆邪利身边一名侍女,因为长相风流,多才多艺,"能弹琵琶,工歌舞",便为高纬所迷恋,两人"坐则同席,出则并马"(《北史》卷14),形影不离。高纬甚至发誓,愿与之"生死一处",这样,穆邪利反而遭到了冷落。

武平七年(576),北周大军逼近山西临汾境内的平阳,眼看就要包围晋州,高纬却还带着冯小怜在外面悠闲地取乐。晋州守军一日三次差人前来告急,高纬看到一道道急报,也想赶回,怎奈玩兴正浓的冯小怜却要继续打猎,"帝将还,淑妃(即小怜)请更杀一围,帝从其言"。时任右丞相的高阿那肱也竭力迎合小怜,反而狠狠地训斥报急的使者:"大家正作乐,边境小小兵马,自是常事,何急奏闻!"天黑之时,使者又报,平阳已经失陷。

次日,高纬与小怜回到晋州,"及帝至晋州,城已欲没矣"(《北史》卷14)。高纬无奈,忙命兵士"作地道攻之",兵士奋力挖掘,终于"城陷十余步,将士乘势欲入",

高纬这时却突然下令停止攻城,"帝敕且止,召淑妃共观之"。周军趁冯小怜梳妆打扮之机,很快又将缺口"以木拒塞,城遂不下"。在这万分危急的时刻,冯小怜听人说过晋州城西的一块石头上曾有圣人遗迹,便执意要去看看,分不清缓急轻重的高纬也就答应了小怜。由于北周军队扼守着他们必经的一座桥,高纬"恐弩矢及桥",急命士兵在周军箭矢射不到的地方临时架桥。临时凑合而成的桥无法行走,"帝与淑妃渡桥,桥坏,至夜乃还"。回来后,高纬又荒唐地说是冯小怜"有功勋",拟立她为左皇后,且找来皇后服让小怜临时换上,准备第二天一早与小怜一起"并骑观战"。

翌日,两军交锋,激战正酣,冯小怜被士气正旺的周军吓坏了,惊慌失措地大叫一声"军败矣"!北齐军士听她这么一喊,真的是兵败如山倒,"帝遂与淑妃奔还"。待他们逃到洪洞营地,冯小怜又极其认真地打扮自己,"淑妃方以粉镜自玩"。就在他们上马继续奔命之时,有人将为冯小怜量做的皇后的新衣送至,"帝为按辔,命淑妃着之"。接着,在众人的呵护下,高纬先一步进入邺城。

"帝奔邺,太后后至,帝不出迎。淑妃将至,凿城北门,出十里迎之。"不管太后而又偷偷地出迎冯小怜,可见高纬心里想的是什么。他们在邺城也待不下去,高纬"复以淑妃奔青州"。跑到半路上,北周大将军尉勤抓住了他们,北齐王朝遂亡。

北周宣政元年(578),高纬被武帝宇文邕杀害,"及帝遇害,以淑妃赐代王达"。冯小怜嫁给宇文达后,又受宠幸,

"甚嬖之"。一次弹琵琶，琴弦忽然断了，冯小怜吟诗曰："虽蒙今日宠，犹忆昔时怜。欲知心断绝，应看胶上弦。"冯小怜人见人爱，嫁谁谁宠，她的多才多艺，仿佛纯然是为她在这个世界上享受人生而服务的。冯小怜为宇文达所宠爱，便又千方百计地整治宇文达的原配妃子李氏，"达妃为淑妃所谮，几至于死"。为争宠而倾轧，在王妃群落里仿佛是天赋的一种本能，无论多么美丽的女性，任谁也摆不脱倾轧的公式。

后来，宇文达"以谋执政被诛"，而冯小怜在北周灭亡后依然活着。隋代北周后，文帝杨坚又将小怜赐给宇文达原配妃子李氏的兄长李询，李询之母对这个曾为皇后、两次嫁人，又整死自己女儿的冯小怜极为痛恨，"询母逼令自杀"。冯小怜凄惨地结束了自己的一生。

200多年后，唐代诗人李商隐写过两首《北齐》诗，其中有这样一句："小怜玉体横陈夜，已报周师入晋阳。"作者将高纬与冯小怜的欢昵情状放在周师入晋阳的危急时刻，是艺术上的着意安排，以此显示荒淫必然导致亡国的客观规律。艺术手法是高明的，历史寓意自然是深远的。作者写的是历史上的旧事，讽喻鞭挞的却是当时的现实，因为晚唐的武宗李炎极好女色，酷爱畋猎，与当年的高纬颇有相近之处。李商隐所用的"玉体横陈"一词，却是有来头的。高纬每次上殿议政，常将冯小怜搂在怀里，弄得大臣满面通红，语无伦次；高纬见状，索性命小怜裸体躺在大殿上，命大臣们花千金前来买看。前边提到的那位右丞相高阿那肱，我疑心就是个花千金的买看者之一。

怎么看待冯小怜呢？帝王后宫佳丽如云，没有惊人的美丽和独到的"媚功"，要让专制皇帝集诸多宠爱于一身，依之顺之，听之随之，肯定是办不到的。冯小怜能从高纬与宇文达处夺得超常的宠幸，当然是色冠天下、艺压群芳了。冯小怜这样的女性，难道就是天造地设要负兴亡责任的"红颜祸水"吗，这就只能用鲁迅先生的话来回答了："向来男性的作者，大抵将败亡的大罪，推在女性的身上，这真是一钱不值的没出息的男人。"

高纬的确是个典型的"没出息的男人"。凡是视女性为祸水的男性，不妨以高纬为鉴照一照自身，忖度一下自己有多大的"出息"。

清溪河水送丽华

1400年前,江南陈朝的张丽华是名满天下的一位美女。她发长七尺,漆黑泛亮,坐在楼上的窗口梳妆时,宫中的人们远远望见,像是看见了出没于云天之上的仙女一般。

隋文帝杨坚当政时,他的儿子晋王杨广,率领贺若弼、韩擒虎的部队打进了南京城,摧毁了陈朝。陈朝的皇帝陈叔宝(即陈后主)企图躲过这一劫,藏进了鸡鸣寺外的一眼枯井里,躲难之际,什么也没带,只领了两个美丽的女人——孔贵妃和张贵妃。在陈后主心目中,江山可以丢,什么都可以不要,但这两个美女不能不要,如能侥幸躲过这一劫,还有艳福可享,因为人间艳福是所有欢娱中最顶级的享受。

晋王杨广作为风流太子,此时是攻打南京的前线军事总指挥。从枯井里抓到了这三个人,杨广极为兴奋,尤其兴奋的是这三个俘虏中有个丽压江南的张丽华,此时此地,他有足够的权力将这个女人据为己有。可杨广万万没有想到,就在他忙于军务而暂且疏忽的当儿,他麾下的大将高颎悄悄地带一彪人马将张丽华押到清溪河边,一刀砍下了那颗美丽的头颅。

月夜悄然刀与兵,密领军符心地明。

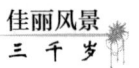

蛮吟青溪河畔水，揉碎梨花不闻声。

杨广大怒，质问高颎时，高颎拿出了杨坚预先下给自己的密旨，平静地回答：圣上有旨，命我对张丽华斩立决，臣不敢有违圣命。看到高颎手里所捧的圣旨，杨广差点给气昏了。

知子莫如父，杨坚早就知道儿子风流成性，也知道杨广取下南京，必将张丽华据为己有。殷商亡于妲己，周朝毁于褒姒，吴国毁于西施，他岂能让大隋王朝葬送在这个张丽华手里。女色祸水，在那时已成定论。让高颎以神出鬼没的突然袭击的方式收拾了这股未来的祸水，正显示出杨坚深谋远虑、防患于未然的缜密韬略。杨坚不具备曹操的襟怀和气度。曹操也喜爱甄妃，儿子捷足先登之后，就大度地让儿子占领了这个女人。因为在"祸水"二字上认识有别，曹与杨便襟度有异。

从枯井里抓来的三个俘虏，按说陈叔宝是头号战犯，为什么不杀这个陈叔宝呢，因为陈已构不成对隋王朝的丝毫威胁。为什么也不杀同是贵妃的孔贵妃呢，显然是孔贵妃没有张丽华生得美丽，谁让她张丽华发长七尺、誉压江南呢！佳人绝代，很难善终。她的被杀，纯粹因为她是个绝代佳人的缘故。

历史上的绝代佳人，是可以优先获取最奢华的生活享受。张丽华之美，在南朝政坛上也为自己带来过巨大的享受与欢愉。陈后主原有沈皇后，贤静端庄，聪明而有才华，只因后入宫的张丽华受到宠幸，沈皇后渐被冷落，在陈后主打算废掉沈皇后而立张丽华时，沈皇后只好去天静寺出家为尼。张丽华正要为后，杨广的大军攻占了南京，这位未来的皇后只好躲进枯井，从枯井里被抓上来，就掉了脑袋。张丽华所得到的超乎寻常的欢愉，仿佛是用她生命中所有的诸多幸福一层层地折叠了起来而进行一次性消耗的，消耗得剧烈而短暂，欢愉到顶，其生命也就到了尽头。

杨坚杀了张丽华，隋朝的江山也仍然是短命的，自杨广始，也才坚持了15年。从枯井里吊上来的那个陈叔宝，反倒是当了多年的太平俘虏。这个陈叔宝还记得张丽华么，他恐怕与杨广忘却得同样迅速，早丢到九霄云外去了。张丽华作为美女，对一个政权形成的潜在威胁居然胜过一个抓到手的头号战犯，这在中国封建历史上也属特例。

女性固然是应当长得好的，但又不宜在美丽上出类拔萃。兰含香而遭焚，蚌怀珠而致剖，绝代、绝色、绝美，越是美丽者越易于人头落地，绝对的美丽只能迅速地将自己送上绝路与绝境。对于进入封建政坛而人见人爱的美女，用雨后彩虹来比喻她们炫目而短暂的生命，概括她们的一生，也还是恰切的。

寻觅"萧娘"

> 《辞海》萧娘条注明:唐人以"萧娘"为女子的泛称。倘要落到实处,"萧娘"究竟应指何人?
>
> ——题解

一

元代卢挚写过一首《蟾宫曲·萧娥》:

晋王宫深锁娇娥,一曲离笳,百二山河。炀帝荒淫,乐陶陶凤舞莺歌。琼花绽春生画舸,锦帆飞兵动干戈。社稷消磨,汴水东流,千丈洪波。

曲里的萧娥,指隋炀帝的皇后萧氏,在隋唐换代时的大风大浪里,萧氏沉浮流离,坎坷多舛,可就其总体命运而言,仍不失为险恶风涛里一个罕见的侥幸者。

二

著名文学家萧统的孙子萧岿，在梁朝已散时依旧打着"梁"的旗号在荆州、襄阳称王，史称后梁。公元581年，杨坚称帝，坦率地表示愿次子杨广能娶到一位后梁公主。杨广"美姿仪，少敏慧，高祖及后于诸子中特所钟爱"。皇后独孤氏相当厉害，对未来的儿媳百般挑剔，最后选中了被萧岿遗弃于民间的四公主。萧氏的真名史无可查，只因她婷婷袅袅、美艳绝伦，后人便以"美娘"称之。开皇二年（582）成婚时，新郎13岁，新娘12岁。朝野上下将晋王（杨广被封为晋王）伉俪视为自天宫下凡的金童玉女。

当时的太子是杨广的胞兄杨勇。为了挤垮兄长夺取接班人的位置，杨广韬光养晦的手段极为巧妙。为取悦父母，他摸透了杨坚与独孤氏的心理。杨勇"多内宠"，老婆刚刚病故，他就迫不及待地与小老婆厮混，且在大庭广众之中"自比倡优，进淫声，秽视听"，他不在乎其母独孤氏的反感。杨广则不然，在父母幸其宅邸时，"悉屏匿美姬于别室，唯留老丑者，衣以缦彩，给事左右；故绝乐器之弦，不令拂去尘埃。上见之，以为不好声色。还宫，以语侍臣，意甚喜"。待人接物方面，杨勇非常牛气，杨广则是一团和气，"上及后每遣左右至广所，无贵贱，广必与萧妃迎门接引，为设美馔，申以厚礼。婢仆往来者，无不称其仁孝"。应当挑明的是，杨广在这里施展的是矫情饰行以钓虚名的奸雄手腕，萧美娘的知礼、随和却是良知与本能的自然流露。

萧美娘虽生于王者府第，可她落地那一天是农历二月二日，"江南风俗，二月生子者不举"，美娘尚在襁褓中时，萧岿担心其命途多舛甚至会妨碍自己，便将其视为灾星而送给了远房堂弟萧岌，托其收养。美娘从小聪敏，萧岌教其写字，一点就通，便对夫人说道："这孩子的前景不可限量，我看她不是待在咱这小地方的人。"美娘8岁时，萧岌夫妇先后去世，她又被舅舅张轲收养，像贫苦的乡下女儿一样，穿布衣，吃野菜，咀嚼人生，乡野淳朴的风习、民间朴素的智慧不露痕迹地嫁接在这个花季少女的身上。12岁那年，萧岿是将其视为天降的"福星"接回王宫的。

杨广31岁那年取代杨勇当上了太子，36岁时登上皇位。在他矫饰欺世的23年里，婉丽贤惠的萧美娘对丈夫百依百顺，一块频频进出，在父母眼里，"不是一家人，不进一家门"，正因美娘为衬，杨坚、独孤氏对二儿的印象也愈来愈好，20多年呀，杨广的伪饰不为其父母觉察而终于登上了龙椅，萧美娘无形中所起的掩饰作用是别人所无法取代的。否则，弟弟能否击垮兄长，杨广是否能取代杨勇，也许还属于未知数之列。

三

杨广当上了皇帝，立即露出了封建昏君挥霍享受的本相。这里不谈别的，只说说东都洛阳的营建吧。先建显仁宫，接着又建西苑，西苑包括16个宫室：景明院、迎晖院、栖鸾院、晨光院、明霞院、翠华院、文安院、积珍院、影纹院、仪凤院、仁智院、清修院、宝林院、和明院、绮阴院、降阳院，从天下美女中选出16位封作四品夫人，分别主持各院。接着又选出320名美女学习吹弹歌舞，分配到各处亭台楼榭充当职役。之后又建造精巧别致的"迷楼"，内分四阁：散春愁、醉忘归、夜酣香、追秋月，三千美女轮流入阁值夜，任杨广随意寝宿，恣性玩乐。

萧皇后和众大臣见杨广将一切军国大事当儿戏，自然要婉言规劝。杨广对众大臣言道："人生自古谁无死，年过半百不为夭。"萧皇后让他揽镜自照，他照着镜子对皇后说道："贵贱苦乐，更迭为之……好头颈，谁当斫之？"杨广简直就是个参破红尘、醉生梦死、不拿生命当回事的"哲学家"。

杨广是个"爱河饮尽犹饥渴"的帝王。小萧后7岁的宣华夫人在独孤皇后去世后得到杨坚的专宠，六宫粉黛无人能比。杨坚在仁寿宫被害之后，杨广当天晚上就逼幸了这个身为庶母的女人。杨坚病倒于仁寿宫中，与他过于宠爱宣华夫人大有关系。眼下，新皇帝杨广又几乎夜夜沉溺在宣华夫人的寝宫里，即使从爱护丈夫的身体考虑，萧皇后也不能不理。萧皇后终于找了个借口，将宣华夫人逐出了皇宫，送她到仙都宫居住，想要使之远离杨广。可自从宣华夫人出宫之后，杨广郁郁不乐，脾气日益暴躁，萧氏无奈，只好又同意将宣华夫人从仙都宫接回来。

杨广大喜，让使者飞马仙都宫去宣召，可使者只带回一首宣华夫人所写的《长相思》：

> 红已稀，绿已稀，多谢春风著地吹，残花离上枝。
> 得宠疑，失宠疑，想要为欢能几时，怕添新别离。

杨广明白对方的心思，当即和词一首：

> 雨不稀，露不稀，愿化春风日夕吹，种成千万枝。
> 思何疑，爱何疑，一日为欢十二时，谁能生死离。

云雨狂欢从来也不会长久，宣华夫人回宫仅仅一年，便因病去世，年仅29岁。37岁的杨广下令厚葬宣华夫人。

针对萧美娘，《隋书》有这样的话："父子之间，尚怀猜阻；夫妇之际，其何有焉！"杨广是个刚愎自用的性欲狂，贤惠的萧美娘再有头脑，终究是回天无术。

四

杨广说过，"年过半百不为夭"，恰恰就在他50岁的那一年，右屯卫将军宇文化及策动禁军，在江都寝殿之西阁缢死了这个天怒人怨的隋炀帝。作为一国之君，死时竟然连个棺材也没有。泪流不已的萧皇后让宫人拆下几块床板，草草拼成一副薄棺，敛尸下葬。宇文化及目不转睛地打量着萧美娘这个呜咽哭泣的"女俘"，神不守舍，公然提出欲纳其为偏房。萧氏粉颈低垂，默然无语。《隋书·宇文化及传》这样写道："化及于是入据六宫，其自奉养，一如炀帝故事。"这一年萧美娘49岁，步入中年，仍能让宇文化及垂涎、神往，其俊美秀色可想而知。翌年（619），宇文化及跑到魏县（今河北大名西南）自立为许帝，称萧氏为淑妃。

许帝没当上几天，自称"大夏王"的窦建德打着为杨广报仇的旗帜杀来，大夏王兵强马壮，在聊城杀死了宇文化及。《旧唐书·窦建德传》载："建德入城，先谒隋萧皇后，与语称臣。""称臣"是假，接管是真，作为农民义军领袖的窦建德既已称王，还能拿捏不住一个女俘身份的女人么？也就是说，萧氏很难逃脱又一次被纳为妾的命运。

这时节，北方突厥人的势力迅猛发展。20年前，文帝杨坚将宗室之女义成公主嫁给了启明可汗，启明可汗亡故，义成公主改嫁给儿子辈的处罗可汗。从杨广方面论起，义成公主得叫萧氏为嫂子。在义成公主怂恿之下，处罗可汗从窦建德手里要走了萧氏。窦建德不敢和突厥正面冲突，只好忍痛割爱，送走了萧氏。《隋书》对此带了一笔："突厥处罗可汗遣使迎后于洺州（今河北广平），建德不敢留，遂入于虏庭。"萧美娘一入虏庭遂又被纳入了处罗可汗的寝帐。后来，处罗可汗死了，姑嫂二人又依照胡俗，一块被纳入了处罗可汗之弟颉利可汗的寝帐……在草原月光下的帐篷里，萧美娘又度过了10余年。

五

贞观四年（630），兵部尚书李靖出兵马邑（山西朔州），大败颉利可汗，突厥灭亡（义成公主被杀），萧氏又一次成了"战俘"，被送回长安。然而，因为身份特殊，却又意外地赢得了大唐的礼遇。

回溯当年，杨广是李世民的亲表叔，李世民还娶了杨广的女儿大杨妃，萧妃自然算是李世民的长辈。另外，李世民的重臣萧瑀又是萧氏的亲弟弟，李世民也得给臣子一个像样的面子。萧氏回唐，李世民破格接风，为之举行了一场盛宴。唐太宗笑呵呵地向萧氏道："眼前这个排场，您以为比隋宫如何呢？"

当年隋宫夜宴，殿前烧着几堆檀香木的篝火，廊下悬挂有上百颗硕大的夜明珠，对照眼前的宴会，让萧氏怎么说呢？她和悦地笑笑，答道："陛下乃开基立业的圣主，怎可与那位亡国之君相比？"这话十分得体，李世民感到非常受用，望着这个饱经沧桑、见惯了诸种风雨的老妇人，唐太宗决计要奉养到底，让她度过一个安乐的晚年。

就这样，在长安城里，萧氏深居简出，安静地生活了18年。《资治通鉴·唐纪》载："（贞观二十二年）庚子，隋萧后卒。诏复其位号，谥曰愍；使三品护葬，备卤薄仪卫，送至江都，与炀帝合葬。"从570~648年，萧后在世78年。1300多年前，处身于一个风云多变的时世里，一个美丽绝尘而又性格温婉的女性在风云龙虎的争斗中能活到这样的年纪，实在是造化的安排。

有好事者认为，李世民倾慕萧氏，将其奉为昭容。萧氏归唐时60岁了，再如何善于保养，有可能打动后宫佳丽逾三千的李世民么？以这等夕阳红式的传闻来强调萧美娘之美，反而会让人猜疑这个女人会不会是妖精幻化。

"萧娘"二字其所以在千余年间会成为美好女性的泛称，显然与萧美娘很有关涉。

> 风雨风月兼风云，
> 天地八荒留香痕。
> 度尽劫波萧娘在，
> 虎豹龙蛇化为尘。

世间真正的美好之物，是不会轻易泯灭的。

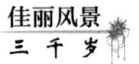

溯源娘子军

由于天造地设的原因,女性与战争的关系从来都是微妙而间接的。进入20世纪,海南岛上出现过"红色娘子军",她们是艰苦奋战在岛上的琼崖纵队里的一支。娘子军使我想到了晋冀交界方位的娘子关,我国960万平方公里的土地上关隘多矣,只有山西平定县东部的这个关隘是以女性命名的。娘子关处于两省要冲,地居山腰,形势险要,有"三晋门户"之称。为什么称"娘子关"呢?因为唐初的平阳公主曾率娘子军驻扎于此。

李渊是隋朝的开国功臣之一,在平定江南的战争中功勋卓著,其夫人窦氏生有二男一女,即建成、世民,女儿最小,取名三娘(即后来的平阳公主)。李渊是武将,窦氏也有一手难得的马上功夫,夫妇二人仅此一女,视其为掌上明珠,三娘从小也便跟着父母学了一些武艺。

平定江南时,李渊曾让自己麾下的大将高颎执行隋文帝的密旨,在清溪河畔暗杀了文帝次子杨广(即后来的隋炀帝)所喜爱的陈后主的宠妃张丽华,与好色的杨广结下了怨恨。文帝晚年,长安城里出现了这样的童谣:"杨花谢,李花开;扫尽杨花落,天子季无头。"文帝听到了关于这首童谣的密奏,禁不住起了疑心……而满朝臣僚之中，文武全才的李渊威望最高，"季"字无头者当为天子，这未来的天子不是很明显么！杀了李渊吧，朝中诸将多是李渊旧部，一旦动手，势必引发动乱；再者，李渊之母又是文帝的独孤皇后的胞妹，这种世戚关系也让隋文帝左右为难。天下没有不透风的墙。不久，李渊也知道了文帝有疑他之心，于是趁机上书，乞回太原原籍养病。此举正中文帝下怀，于是御批照准，削去兵权，给了他一个太原留守的虚衔。

当李渊一家东出长安而翻越骊山时，半山峭壁下的丛林中突然涌出上千人马，黑纱蒙面，刀枪闪烁，对着李渊一家杀将过来。厮杀危急之际，因为山东好汉秦琼手舞双铜鼎力协助，李渊一家才脱出险境。

李渊一家过了骊山，清点车辆与轿子，别的皆在，唯独不见了载着三娘（那时她才9岁）的那辆轿车及服侍三娘的佣人。李渊急得冒汗，窦夫人更是痛哭不已，他们唯恐又有追兵赶来，只好驱车飞奔，兼程而行，直奔太原。

三娘与佣人呢？双方厮杀之时，佣人怕三娘有失，吩咐车夫勒转车头，躲到了僻静的一片柳林之内。双方厮杀结束，彼此散去之后，那车夫见年及30的佣人还有几分姿色，便连哄带骗，转过山脚，又从东南方向折向了长安城，拐进了平康里，将佣人和幼小的三娘分别卖到了两家妓院里。

李渊夫妇与女儿失散之后，到处派人打听和寻找，直如大海捞针，半点儿信息也没有。李渊整日无精打采，窦氏则日夜烧香许愿，全家人无不牵挂着三娘的下落。

三娘刚入妓院,鸨儿就发现这个是天生的美人胚子,便教她学诗写字,鼓动她学舞习武,而且为之取名"夏继芳"。一年又一年,到三娘14岁时,她已出落得眉清目秀,亭亭玉立,一头黑发乌亮鉴人,简直是长安城里活脱脱的又一个张丽华。不同的是,江南的张丽华如花似玉,温软如水,李三娘却柔中蕴刚,绵里藏针。

三娘住室的楼下临着大街,街旁有一破帐,一位面色慈祥的老者带着几个少男少女舞刀弄棒,耍枪刺剑,凭薄艺挣点观众的施舍。三娘从窗棂俯看多时,时常在老者对众拱手时扔点碎银下去;时日略长,她也不时地扔去金簪之类的贵重之物……有一次扔饰物时,她顺便装了一封书信,委婉而巧妙地挑明了让老者拯救她出苦海的意思。

一个月色朦胧的拂晓,老者独自在楼下接应,三娘手脚利索地从事先备妥的一条布绳上溜了下去。天色大亮时,小屋里早就没有了三娘的踪影。偌大个长安城,当时堪称世界第一大城,三教九流多的是,一个卖艺老者在手下的少男少女里藏掖一个女扮男装的少女,可真是大海藏针了。

有卖艺老者协助,三娘终于回到了太原家人的怀抱里。这场劫难,使她深深懂得了习武防身的重要价值。后来,三娘嫁给了在长安太子府担任警卫要职的柴绍。公元617年,李渊起兵反隋,柴绍前往太原随岳父起兵,三娘潜往陕西户县自家的庄园里聚兵策应,麾下人马竟发展至七万余众,因为主帅是李三娘,时称"娘子军"。不久,她率领这支队伍与其兄李世民会师于渭北。

据《平定州志》记载,这支队伍曾经镇守过北方重要关隘苇泽关,这苇泽关也就更名为留传至今的"娘子关"。

远见卓识的长孙皇后

一提起盛唐气象,人们自然会想到历代帝王中享誉最高的唐太宗李世民,并联想到辅佐李世民的名相名臣房玄龄、长孙无忌、魏征、褚遂良……却往往忽略了被李世民称之为"良佐"的长孙皇后。

长孙氏之父长孙晟在隋朝官至将军,公元609年去世;她舅舅高士廉结识了李世民,以为李决非平地上卧的等闲之辈,便在公元613年将"好读书"的长孙氏嫁给了15岁的李世民。出嫁时,长孙氏13岁。这样的新郎新娘,正是刚刚冒出水面的一对小荷,一双清俊纯洁的小儿女。小两口彼此敬重,恩恩爱爱。长孙氏见丈夫爱习武艺,喜拉硬弓,便把家中珍藏的父亲长孙晟的良弓取出交给丈夫,只喜得李世民通宵难寐。

五年后,李渊建立唐王朝,李世民被封为秦王,长孙氏为秦王妃。由于李世民功勋卓著,朝野景仰,其兄李建成与其弟李元吉十分嫉妒,暗中密谋要除掉李世民,李世民迫不得已,决定发动"玄武门政变"。秦王"方引将士入宫授甲"时,长孙氏出面安慰勉励入宫的士卒,"亲慰勉之,左右莫不感激"。也就是说,18岁的长孙氏直接参与了丈夫所发动的这场惊心动魄的玄武门政变。

公元626年，李世民即位，册封长孙氏为皇后。每逢朝政大事，李世民便征求皇后的意见，皇后总是谦虚地推辞："妾以妇人，岂敢豫闻政事。"李世民再三恳求，她才就一些大事适时地进行提醒。

皇后之兄长孙无忌与李世民为布衣之交，玄武门之变时又是李的得力干将，李世民即位后以"佐命元勋"为由，打算任命他为宰相。皇后知道丈夫的想法后，坚决不同意："妾既托身紫宫，尊贵已极，实不愿兄弟子侄布列朝廷。汉之吕、霍，可为切骨之戒，特愿圣朝勿以妾兄为宰执。"（《旧唐书》卷51）太宗不允，皇后又暗中告诉兄长，要他自己提出辞职。直到太宗采纳了皇后的意见，她这才心里踏实。一人得道、鸡犬升天的封建积习，长孙皇后却视为粪土。

贞观之治，或知人善任，从谏如流，或忠诚秉直，犯颜直谏，在历史上形成了一段难能可贵的上下和谐、里外一体的君臣佳话。而李世民毕竟是一位封建皇帝，他也有恼羞成怒的时候。632年3月的一天，罢朝后，他怒气冲冲地回到后宫，口里不住地骂道："会须杀却此田舍翁！"皇后问他生谁的闷气，李答："魏征每廷侮辱我，使我不得自由。"皇后听后，默无一言，退回内房，不一会儿，只见她换上皇后的朝服，出来便向太宗行参拜大礼。李问这是何故，皇后说道："妾闻主圣臣忠，今陛下圣明，故魏征得尽直言。妾备后宫，安敢不贺？"太宗听罢，一阵脸红，心中愧疚，继而转怒为喜，对皇后的聪慧智识由衷佩服。从此，对魏征也更加信任、器重。后世千多年来，魏征作为一代名臣广为传颂，倘无聪颖机警的长孙皇后,这位乡巴佬的脑袋早不知滚落到哪儿去了。

长孙皇后掌握着后宫大权,却从不恃权骄横,对嫔妃、宫女体恤有加,爱惜入微。一天,她陪太宗游幸后宫,见身边许多宫女老弱不齐,精神不振,便问宫女:"你们几时进的宫?"宫女答道:"有的是近时来的,而多数是在隋朝时即已进宫的。"皇后又问:"如今你们多大年纪?"宫女答:"十二三岁进宫,而今已有三十五六了。"皇后听罢,心中不忍,就对太宗说道:"陛下一人,精力有限,何苦用这么多人侍候,将这班青春女子幽禁深宫,实在是苦了她们。不如放出去一些,让他们后半生能过上好日子。"太宗点头默允,长孙皇后即差人按年龄大小造册登记,将3000位年龄稍长者放归民间。这3000名宫女逢见长孙皇后,直如网中的红鲤鱼逢见了南海的活菩萨,叩首谢恩不迭,流泪感激不尽。

贞观九年(635),皇后随太宗闲住九成宫,不幸身染重病。太子承乾床前侍病,心急如焚,见药医无效,便想奏请太宗大赦天下,布道祈福。皇后听到后很不赞成:"死生有命,非人力所加。若修福可延,吾素非为恶;若行善无效,何福可求?赦者国之大事,佛道者示存异方之教耳,非惟政体靡弊,又是上所不为,岂以吾一妇人而乱天下法!"李世民及臣僚们听到这样的话,歔欷长叹,泪流不止。

贞观十年,36岁的皇后病逝于立政殿。弥留之际,她嘱咐李世民:"今死不可厚费。且葬者藏也,欲人之不见。自古圣贤,皆崇俭薄,惟无道之世,大起山陵,劳费天下,为有识者笑。但请因山而葬,不须起坟,无用棺椁,所须器服,皆以木瓦。俭薄送终,则是不忘妾也。"她说到这里,太宗已是泣不成声了。

长孙皇后下世之后,太宗亲自撰写碑文,刊刻于墓旁。因思念爱妻,李世民在苑中筑了层观,以便眺望安葬皇后的昭陵。有一次,太宗拉着魏征登上层观一同眺望,手搭凉篷瞭望多时,魏征说道:"臣下老了,两眼昏眊,看不见呀!"太宗忙指给他看,魏征仍是望不见,可他怕如实说会引起太宗悲伤,忙改口说看到了,这一下又勾起了太宗的思念之情,自不免痛哭失声。哭罢,太宗一挥手,命人毁掉了高巍的层观。李世民是个坚毅的王者,他一生所洒下的泪水,主要是洒给了病逝前后的长孙皇后。

史载,长孙氏是个手不释卷的女性。正因为如此,盛唐的天地间若是有日有月,李世民为日,长孙氏就是月。日月交递,阴阳和谐,君临大地,相辅相成,这才使得大唐时代在历史长河中成为引人瞩目的盛世。

长孙皇后病故后,李世民再也没有册立皇后,以此表示对这位结发之妻的怀念之情。单纯从"爱情"二字着眼,虽然长孙氏与李世民只生活了23年,在滔滔爱河里也算是高难度的夫妻佳话了。

像长孙氏这样德才兼具、远见卓识的女性,中外历史上实为罕见。自幼而"好读书",仿佛也透露出长孙氏之所以不让须眉的内在消息。善于读书、学习的女性,天眼独具,高瞻远瞩,正是降临到人世间的观音菩萨。千余年后出现于中国政治舞台上的江青、叶群式的女性,比照长孙氏,历史会怎么评说呢?

"冤家"解读

"冤家"一词有两层意思，一是仇人，二是恨爱交集、似恨而实爱之人，且多指异性。

唐高祖李渊有三个儿子，长子建成，次子世民，三子元吉。秦王李世民最有才干，战功卓著，齐王李元吉面目丑陋、残忍好兵，常于夜间潜出王府纵淫于民家，连府门也不闭。在长安时，李世民在外浴血奋战，元吉却与兄长建成在京城花天酒地，声色犬马，逍遥奢华之中，元吉将京城里最有名的歌舞伎杨珪媚弄到手，杨氏便成了齐王妃。

爱河永远是流动着的。婚后不久，元吉便对风流妩媚的妻子开始腻味，又去外面猎艳调情，不但将生性多情的娇妻冷落在空房之中，而且冷酷粗鲁，动辄对妻子横加呵斥，齐王妃只能独守着一双儿女，以泪洗面。

在"究竟谁接班"的矛盾尚未激化之前，每当秦王李世民回京晋见父王时，兄弟三人仍保持手足情分，建成、元吉常邀请世民吃喝玩乐。一个暖融融的春日，三户家小同到南郊一面山坡上踏青嬉游。久驰疆场、冲杀陷阵的李世民心情极佳，扬鞭策马朝远山飞驰而去，开始尚有数骑追随，渐渐队伍便跑散，待进入一片葱郁的树林里，李世民回首一看，远远地只有一骑撑了上来,待马匹跑近了,才见马背上居然是弟媳——杨珪媚。因追得太紧,只见她娇喘吁吁,脸庞绯红,发髻、衣衫都有些散乱。李世民赶忙扶她下马,杨氏脚下一软,便歪身倒在了秦王怀里。

杨珪媚体态风流,性情媚柔,且又冰雪聪明,眼眸顾盼间极是摇人心旌。平日酒宴之间,李世民就对这位弟媳有些留心,发觉她在浅笑之深处总是微露出几丝忧郁。一有机会,她总是主动地亲近长孙氏(长孙氏,比杨年长两岁),长孙氏对杨氏也颇有好感。看这个意思,她是对夫兄李世民产生了倾慕之情,一颗芳心暗为李世民而动。世民与元吉比较,判若云泥,彼此反差也太大了。杨氏斜倚在李世民的怀里,双睫承泪,紧紧盯住李世民有些慌恐的眼睛,突然伸出双臂紧紧搂定了他……算是"孽缘"吧,秦王与齐王妃,就隐没在终南山下的春树林中。

李元吉最是不安分的,他见秦王势位日隆,便挑唆太子建成,要联手除掉秦王。父皇李渊在这兄弟三个的竞争中举棋不定,时左时右。公元626年,迫不得已、忍无可忍的李世民终于发动了"玄武门之变",他一箭就射死了38岁的李建成,李元吉连发三箭,因紧张,却没有射中李世民,在他逃跑之际,被尉迟敬德一箭射翻。

建成、元吉被杀之后,其儿女"皆坐诛,仍绝属籍"。接着,李渊宣布立李世民为太子,处理国家一切政务。齐王妃杨珪媚与长孙氏交情莫逆,长孙氏念及旧情,邀其进入秦王府,好言劝慰。正在劝慰之间,李世民进来了。年方23岁的杨氏目睹了丈夫与一子一女惨死在刀箭之下，鲜血淋漓的景象使她一时间无法接受这个昔日的情人，她立即屈膝跪地，疯了一般声嘶力竭地要求李世民赐她一死，长孙氏慌忙劝解，杨氏衣乱发散，娇啼宛转，更显得凄楚哀艳。长孙氏好不容易挽起杨氏，李世民说道："齐王谋乱，与你无关。你就住在我这里吧。"又对长孙氏说道："好在你姊妹二人没有嫌隙，你就耐心地开导她吧。天下事都是逼出来的，我们也是只剩下这一条路可走。"

杨氏虽然在秦王府接受了命运的摆布与安排，面对李世民，昔日的热情却再难唤回，总是像一尊冰雕玉塑的冷美人，以一副冷漠无神的姿态应付着李世民的怜爱与殷勤。

不久，李渊将王位传给李世民，是为唐太宗。有一天，唐太宗屈降尊贵，又在向杨氏低声下气赔不是时，杨氏忽然提出一个要求，要太宗恢复其前夫的爵位及李建成的封号。唐太宗略有沉思，一方面窃念从前的兄弟骨肉情分，一方面也是为了取悦这个昔日的情人，竟然当着杨氏的面一口应承下来，而且很快便付诸实施。

自此以后，杨氏才一改旧态，逐渐回复到以前的情状，唐太宗才又一次从这个刚烈香艳的女性身上领略到了什么是善解人意，什么是柔情万种。一年以后，杨珪媚为唐太宗生下一子，取名李明。元宵节那天，日本送来的贡品里有两顶鲛绡宫帐，薄似蛛网，握在手中像空气，挂在床上里外明彻。李世民收入后宫，一顶赐予长孙氏，一顶赐予杨氏。历来，宫中赏赐没有谁敢等同于长孙皇后。杨氏暗自心喜，贤淑温婉的长孙氏却动了心思。长孙氏见丈夫堕入了温柔乡中，整日迷恋于酒色，便规劝唐太宗要以国家为重。这时，又有人向唐太宗进言：齐王妃可不是个寻常的女性，她之所以极力取悦陛下，是因为她思念丈夫与儿女，伺机要杀害陛下，以雪前仇。唐太宗微微一笑，没有吭声，他心中有数：杨珪媚原本就不是忠于元吉的女人，早在做齐王妃时，就将恋情勇敢地移到了自己身上，天下哪有蓄谋杀害情郎而为怨夫报仇的女性呢！

李世民将他人的进言及长孙皇后的规劝告诉杨珪媚之后，杨氏猛然省悟，德高望重的长孙皇后可是个决定自己祸福的关键性人物。她找了个机会虔诚地跪倒在长孙皇后面前，恳切地表明自己从来没有过取代姐姐的念头，并提出欲将自己与唐太宗生下的儿子李明过继到前夫李元吉名下，以断绝李明日后可能成为太子的机缘。这般时候，杨珪媚已无心于个人的名分和地位了，唐太宗是天地间名副其实的英主，她心甘情愿地守着这个"冤家"，了此一生。长孙皇后是个聪明、宽厚的人，回想到当年曾风闻过的、发生在终南山坡春天树林里的一幕，她和悦地笑了，又一次扶起了泪流满面的杨珪媚。

在长孙皇后的支持下，李世民同意将李明过继到李元吉名下，而且又另立一子为李建成的继承人，使两位被杀的兄弟都有了所谓的"后代"，安抚了天下人心，也平息了后宫里似乎萌动着的风波。

贞观十年（636），36岁的长孙皇后病逝于立政殿。"曹王明，母本巢王（李元吉）妃，帝宠之，欲立为后。"（《新唐书》卷80）谏议大夫魏征谏曰："陛下不可以辰嬴自累。"

魏征的意思是：杨氏曾为齐王妃，人尽皆知；立为贵妃尚且不妥，岂可进一步立为皇后而母仪天下！陛下倘若一意孤行，必会遭到天下人的非议。唐太宗仔细思量之后，立杨氏为后之念只好作罢。

贞观二十三年（649），唐太宗崩逝于长安。自己心中似恨而实爱的人走了，46岁的杨珪媚也就没有了生活的重心，于是，便出家为尼。算是了结了她与李世民充满爱恨恩怨的一段缘分。

远上雪域的天使

唐王朝全盛时期,太宗李世民审时度势对边疆少数民族采取了一系列合理的政策。一方面通过战争手段打击一些游牧民族对中原地区的侵扰与威胁,另一方面又以怀柔方式调理、改善民族之间的关系,任用他们原来的首领担任高级官员,管理本地区或本部落的人民。此外,还多次把宗室女嫁给少数民族首领,加强与他们的联系。例如,太宗之妹衡阳公主就嫁给了率众归降的突厥可汗的儿子,吐谷浑可汗诺曷钵也娶到了唐宗室的弘化公主。大唐的威望大幅度提高,许多部族首领派使者进长安朝贡之时,都向唐王表示了求婚联姻的热切愿望。

当别的首领竞相以迎娶"大可汗"的公主为荣耀时,居住在青藏高原上的吐蕃日渐强盛,松赞干布当上了吐蕃的赞普(国王),强盛的国力也给了这个赞普以实现梦想的资本。

贞观八年(634),松赞干布派出使臣纳贡,归附唐王朝。松赞干布13岁就登上了赞普宝座,他足智多谋、骁勇善战,很快统一了西藏地区,建都逻些(今拉萨),被吐蕃上下尊之为"出世天神"。对他的遣使入朝,唐太宗很为重视,当即派使臣冯德遐前往吐蕃回访。松赞干布见到前来致意的唐王使者,格外高兴,给予隆重接待。他内心非常羡慕别的可汗娶到了唐朝的公主，便准备了丰厚的珍贵珠宝作聘礼，派遣使臣，随同冯德遐再进长安，向唐王求亲。

唐朝的公主不是珍奇的玩具，吐蕃的这次求亲遇到了波折。唐王对外和亲都有政治目的，即希望对方"长是汉家亲"，永远做边疆的屏藩。唐王朝认为吐蕃僻处西南一隅，对唐地的安全构不成威胁，也不是什么对外发展的通道，用不着在那么高远的雪域里去牺牲公主的幸福前程，于是就婉言拒绝了吐蕃的求婚。吐蕃使者扫兴而归，就编造了一通假话应付松赞干布："刚到长安之时，他们对我的欢迎极为隆重；后来吐谷浑王也到了长安，唐王就开始冷淡我了。看这情况，一定是吐谷浑王在唐王面前说了坏话。"松赞干布的自尊心受到伤害，盛怒之下，于公元637年进攻吐谷浑，直将其赶到了青海以北。第二年又率兵20万入侵松州，击败松州都督韩威，而且对左右扬言："迎娶不到唐朝公主，我就直捣长安，不达目的，决不收兵！"面对吐蕃的挑衅，唐太宗委派吏部尚书侯君集率兵征讨。松赞干布骄傲轻敌，大败而返，狼狈地退回拉萨。他直接领教了唐王朝的强大，既害怕又佩服，忙派使者赴唐请罪，同时又重申了求亲的真诚愿望。经过这番较量，唐太宗也认识到松赞干布并非等闲之辈，有必要安抚，便答应同吐蕃和亲。

慎重考虑之后，唐太宗决定将宗室文成公主嫁给松赞干布。

文成公主是唐宗室江夏王李道宗的女儿，被长孙皇后自幼收养宫中。长孙皇后好读书，甚至梳头时也手不释卷，"视古善恶以自鉴"，识大体，明事理。在她身边耳濡目染，文成公主也养成了高贵的气质，知书达理，端庄沉静，具有很高的文化素养。唐太宗对她甚为钟爱，便封其为文成公主。当文成公主知道要远嫁吐蕃赞普时，心情很是复杂，与年轻英雄的松赞干布结婚，使两个民族世代友好，是功德无量的好事，但毕竟要离开繁华的长安，辞别疼爱自己的亲人，而且去的是那么高寒遥远、习俗迥异的生活环境，心中难免忧虑不安。忍痛割爱的唐太宗夫妇，给了女儿许多宽慰、教诲和鼓励。

文成公主明白了自己赴藏所肩负的重大使命，便开始精心准备。她向父皇要了许多耐寒抗旱的谷物种子，而且将蚕种藏在了自己乌油油的发髻里，嫁奁里多是书籍、医药、历法、工技、史书、佛经，还有儒家经典……这哪里是一般的女儿出嫁，其间分明更多地包含、承载着一种崇高的历史使命。仅从这些别人思虑不到的准备工作里，人们就可以窥知这个待嫁的女儿是何等胸襟、何等气度。

贞观十五年（641）正月丁丑日，文成公主起程赴藏。唐太宗派自己的族弟、公主的父亲、胆略兼长的江夏王李道宗护送女儿入藏。随同入藏的有公主的奶母一家，还有官属及其家属、25名侍女、工匠、厨役。为缓解途中寂寞，唐太宗还特地为公主派了一支乐队。这支浩浩荡荡的队伍，就是第一批进入青藏高原的汉族移民。李道宗带领着一支人马精壮的卫队进行护送，旌帜猎猎，衣甲鲜明，使这支庞大的队伍更显行色。

英俊威猛、彬彬有礼的松赞干布在吐蕃与吐谷浑交界的柏海（今青海扎陵湖）恭候多日，盼星星盼月亮，终于迎来了公主的仪仗。一路上，松赞干布指导汉族工匠和吐蕃人民一起为文成公主平治道路，设立驿站，建筑汉式房屋。这条道路后来成为著名的"入蕃大道"。文成公主自这条大道进入吐蕃之后，在青藏高原上生活了40个春秋。

在这40年里，西藏仿佛进入了"改革开放"的新时代。

从前，西藏没有文字，文成公主带来的书籍使松赞干布对中原文化产生了极大兴趣。与文成公主商议之后，派人赴天竺（印度）留学，创制成20个藏文字母的拼音造句法，吐蕃从此有了自己的文字。

从前，吐蕃没有历法，不知道节气规律，只把青稞成熟的季节认为是一年之始。文成公主帮他们参照汉历创造了藏历，对人民生活及农牧业生产的发展起到重要作用。

如今，巧慧勤劳的藏族妇女能够织出色彩富丽、花样繁多的地毯和质地细腻、色泽鲜明的毪子（即氆氇），她们都说这一切技术源于文成公主，对公主感念不已。

文成公主入藏时带去了400多个医方，并向藏族同胞悉心传授医学知识，使这个农牧民族的健康指数大大提高。

此外，吐蕃的酿酒、制陶、造纸、种桑、养蚕、建筑等各方面的工艺技术能得到长足的发展，也是文成公主屡派使者向唐皇索要工匠和书籍来吐蕃悉心传授的结果。

藏族民歌里反复赞颂公主的业绩：

远从汉族地区，来了王后公主，
把3800种粮食，带到咱们藏土，
藏地从此开始，种上各种粮谷。

远从汉族地区，来了王后公主，
把550名工匠，带到咱们藏土，
为这里的工艺，打开发展门户。
远从汉族地区，来了王后公主，
带来了5500种各样的牲畜，
给藏地洁白的乳酪，打下丰产的基础。

而今，西藏地区屹立在雪域里的庄严佛塔，传说都是为纪念文成公主而建立的。

好一个女皇武则天

中国历史上，称帝者564人，女皇就一个武则天。她即位时已61岁，在位二十春秋，在帝王序列里也是个年岁最高的皇帝。历代皇室，南面天下只一人，后宫佳丽逾三千。而武则天作为后宫佳丽之一，可谓唯一的、最大的成功者。

在武则天业已控制朝廷大权而行将正式登基之际，开国功臣徐勣之长孙徐敬业在扬州武装起事，文坛上"初唐四杰"之一的骆宾王为之写了篇讨伐武则天的《讨武曌檄》。徐之起事不到两个月就失败了，而这篇千年以后犹气力撼人的檄文却传了下来，让后人在检阅文学史时，感到徐敬业的这次武装起事，似乎就是为了传诵这篇400余字的文章才闪电式地在历史天幕上一划而过，转瞬即灭。檄文起首百余字，以利镞剑戟式的锋锐之辞指斥武则天60岁之前的宫廷生涯。

武则天最初是以美女身份进入宫廷的。有人说，美的力量可以翻转世界。具体到武则天个人，想要将世界翻转，首先得将主宰世界的那个男人颠倒。骆宾王写的檄文，言事过甚在所难免，但就总体而言，全文也并未背离史实。"入门见嫉，蛾眉不肯让人；掩袖工谗，狐媚偏能惑主。"帝王之前，深宫之内，美女们几乎人人如此，就这，绝大多数也很难争得平安做人的合理权利。武则天倘不这般处事,她能在惊涛骇浪、险象环生的皇室里长期地站住脚吗?在由客观条件所注定了的身份系列里,不同之处是在这些势在必行之事上她比别的佳丽们做得巧妙、高明,而且出色,以这种方式步步登高,直至统摄了天下。

武则天是山西文水人。武之身后15年,杨玉环出生于山西芮城,在晋地一北一南,两地相距也就300公里。武后殁后葬于关中乾陵,杨妃殁后就埋在乾陵之南不到30公里的马嵬坡。这两位女性同处深宫之内,生地相距不甚远,死后墓地更接近。武后生年81岁,杨妃只活了38岁。乾陵气势巍峨,神道前的石阶路就有526个台阶,比南京的孙中山陵还多128阶。1971年美国宇航员从太空发现的九个黑点中,其一即为乾陵。美国人当即拍照告诉了总统,尼克松还以为是什么秘密武器的发射架呢。杨妃墓可就小多了,而且这个小墓中人被后人长期目之为"祸水"。两墓高下对映,为什么就没有人敢称同样善于"工谗"的武则天是"祸水"呢?俗世看风使舵,促红灭黑,在后宫女性身上也套用的是"成者为王败者贼"的逻辑。世情如此,也难怪武后在看到骆宾王的这篇檄文时,一笑了之,不以为意。她对宫廷内外太了解了,太熟悉了,骆宾王这些皮毛之论轻如鸿毛。统观了这些,再去吟诵白居易的《长恨歌》,读者也会自笑,白居易终究是个才情横溢的诗人,他的以诗褒杨与骆的以文贬武,皆是为现实搔痒的书生意气。

不管怎样说,武则天终于是尘世上的一个女人。她自创过一首《如意娘》的曲调:"看朱成碧思纷纷,憔悴支离为忆君。不信比来常下泪，开箱验取石榴裙。"这是写相思的一首诗作。倘非深情的女性，很难写得出这等细腻的文字。令人惊诧的是，武则天的襟怀和气度，历朝历代的众多佳丽是无法望其项背的。她还有一首诗，题为《腊日宣诏幸上苑》："明朝游上苑，火急报春知。花须连夜放，莫待晓风吹。"成群结队的男性帝王，有几人能吟出这等敢于向气象与天候发号施令的文字。大约又过去180年，黄巢又吟下了这样的诗句："待到秋来九月八，我花开后百花杀。冲天香阵透长安，满城尽带黄金甲。"春日帝王气，秋深造反声，武曌与黄巢，掀天揭地风。黄巢之作，很可能是由武则天那首"宣诏"之作引发的。

武则天创造过19个字，其中一字是将"照"改为"曌"，作为自己的名字。其意为日月并临，阴阳化一。她认为这才是宇宙运行的正道，造化中应有的真谛。临终之前，她还在自己墓前立了块高6.3米、宽2.1米、重98.8吨的无字碑，碑头雕有八条缠绕的螭首，碑侧刻大云龙纹，碑座有雄狮、骏马、云纹等精湛的线刻画。对这座碑，人们已经猜测了1300年，至今尚无一确论。笔者以为，倘要猜其本意，还是回归到她自造的"曌"字上为妥：阴阳对等，男女并驾，天地间的光明男与女应各取其半。"曌"是她大彻大悟时为自己取的名字，无字碑是她离开这个世界时特地竖在自己墓前的巨型石碑，碑的谜底，或许正隐藏在命名与辞世这两个关键性的当口。倘真是这样，武则天若能重世，也许会在碑上补写这样的诗句：

> 九州蛾眉恃风雷，男儿为王究可哀。
> 我要天公掀棋枰，日月进退重安排。

杨玉环幸运地进入了四大美女的队列，武则天没能进入。因为她太出格、太特殊了，美女可筛选四个，女皇则独一无二。

武后与杨妃，在中国封建社会的鼎盛之期，用她们脂粉气拌和着风云气的美丽生命，一先一后，接踵联袂，在关中中部的土地上组成了一个巨型的感叹号：乾陵像是感叹号上半部重大的一滴（有点像升空冲天的导弹），杨妃墓像是下半部一个规矩的小圆点，被历史老人天造地设地合为一体，让人感慨系之，也教人叹息不已。

一代才女上官婉儿

上官婉儿的祖父是西台侍郎上官仪，父亲乃上官庭之，父子二人因触犯武则天而被杀。尚在襁褓之中的婉儿随同母亲郑氏被"配入掖庭"。郑氏出自名门世家，有相当好的文化修养。在母亲悉心培养之下，婉儿渐渐出落成一个才色卓异的少女。

从母亲那里，婉儿也逐渐知晓了自己的悲惨家世。14岁那年，她写的一首诗不知怎的被武则天看到了，武则天便召见她，并命其当场作一首"剪彩花"的五律，婉儿一挥而就，此诗的最后一联是"借问桃将李，相乱欲何如？"武则天篡取了李唐江山，她自然一眼就看穿了这个颇富文才却不服尊卑之序且又不畏一死的小女子的心思和用意。一个自小就落于深宫之中、长于妇人之手的少女，就算对武则天怀有恨意，有似于磐石之下的一根小草，又能怎么样呢？武则天没有因这首诗而治婉儿的罪，反而决定将其留在身边，作为贴身侍从，既可用其才，又可以其秀美资质壮女皇之威仪，同时还可以向天下显示自己宽厚仁慈的胸怀。

武后专权，导致了徐敬业事变，这场事变中，不知天高地厚的上官婉儿是参与了"内应"之谋的，事败之后，婉儿为罪上加罪，在外人看来这一次是必死无疑，可武则天又一次饶恕了这个刚刚20岁的心怀不驯的少女。她在思忖：这个无从记得祖父、父亲模样儿的小女子，养于深宫20年，教之者郑氏，养之者武后，为其上辈复仇之心，应当是淡薄如纸的；前些年以诗忤上，武后已是赦免了她，这次再行赦免，等于是给了她第二次生命，她能不为武则天尽心尽职吗？

死罪可免，但得给这个烈性难移的女子留下一个永久性的警策。于是武则天传旨，对其处以黥刑——在她白嫩的额头用尖刀刻画了一朵不大不小的梅花，以朱砂、琉璃糅进刀口，形成一朵永远也无法抹去的黑色的梅花。花形固然是美的，黑颜色则暗示这是戴罪之美，是必须脱胎换骨的一个标记，婉儿自然清楚这一切的含义。她继续为武则天秉笔兰台，制理文告，也代其写诗，要比一般御用文人和宫廷诗人在行中用得多。婉儿像一个有灵性、有天分的异样精致的"机器人"那样，在武则天身边待了20多个春秋。帝王家好色，宫廷对女人向来是以色取之的，也就是说，帝王们要的是美女，才女不合入政坛，因为宫廷里有才干的人物多的是。上官婉儿是个特例，因为女皇武则天在中国封建历史长河中就是个特例。女皇用一个聪明过人的才女，不单是顺手得多，女皇很可能也有向普天下示威之意：男人们能干的任何事情，我们女人会干得更加出色。

武则天死后，中宗即位，在这一次政权转手中婉儿有功，被封为"昭容"。依照唐制，昭容排"九嫔"第二，而婉儿年逾不惑，乌梅在额，仅只有数年的名分而已。有才干的女性,即使熬过四十,也不可能将那颗曾经青春盎然的心熬成一眼青苔衍生的古井。作为在武则天身边待了多年,又长期立身最高层的一个处女,上官婉儿心底是不会安静的。中宗时,韦后专权,中宗被韦后毒死,上官婉儿将一切都看在眼里,她联络别的政治力量,阻止了韦后欲步武则天后尘而登上龙位的称帝之举。及至李隆基起兵,韦后及其党羽纷纷被诛时,正好是夜间,兴奋之极的婉儿闻讯后,急忙忙秉烛迎接李隆基,而李却误认为上官婉儿为韦党,喝令左右杀之。一代红颜才女,就这样倒在血泊之中。灯光下的血泊里,呈示着一朵格外耀眼的黑梅。

婉儿死后约有百年,诗人元稹写了首《宫词》:

寥落古行宫,宫花寂寞红。
白头宫女在,闲坐说玄宗。

玄宗就是李隆基,白头宫女们会叙说什么呢?会说他怎样地宠爱杨玉环,最后又忍心地命人在一株梨树下勒死她;牵扯旧事,很可能会说到兴冲冲秉烛相迎时的上官婉儿,这个女人是如何的笑靥未敛,就稀里糊涂地倒在了玄宗的屠刀之下;扯到婉儿,就回避不开那个对婉儿一恕再恕的武则天了……三个女人一台戏,武则天、上官婉儿、杨玉环所演出的,是一台非同寻常的历史大戏。

碧玉红粉宜深藏

武则天当政时,吏部左补阙(五品官)乔知之家里有个宠婢叫碧玉(又称窈娘),清雅秀丽,能歌善舞,乔知之视为掌上明珠,决定日后娶她为妻。乔家一旦有嘉宾或贵客光临,五品小官虽不具备设置舞姬的资格,乔知之也要让碧玉以自家人的名义出面应酬,她的姿色和演技总能博得满堂喝彩。时日一长,碧玉的艳名也就传遍了整个洛阳城。

俗话说财不宜外露,美不宜张扬,可财富过盛或美色拔萃之家,往往又按捺不住兴奋之情,总是想对外炫耀。似乎外人也称道这样的财富和美色,会使他自己的"享受"更上一层楼。财色迷人心窍,谁占有了财与色,自然也就染上了一种很难克服的、极度虚荣的幼稚病。

"乔家艳婢,美慧无双"的消息不胫而走,很快传到了武承嗣的耳中。武承嗣是武则天的亲侄儿,当时是武家的大红人,深受武则天的赏识,被封为魏王。有一度甚至打算立他为太子。听说乔家有绝色,他便以邀请碧玉到魏王府中教内眷梳妆为借口,将她骗到府内,就再也没有放她出来。这个乔知之也太无知了,自己"美慧无双"的宠婢,怎么就能往虎口里送呢。《唐宋传奇集》里,对碧玉之被拐骗另有一说:"又有窈娘者，武周时乔知之宠婢也。盛有姿色，特善歌舞。知之教读书，善属文，深所爱幸。时武承嗣骄贵，内宴酒酣，迫知之将金玉赌窈娘，知之不胜，便使人就家强载以归。"看这样子，酒宴中设局赌博，碧玉是让五品官乔知之给输掉了。

乔知之的心上人被骗走，他忧愤成疾，写下了一首《绿珠怨》：

石家金谷重新声，明珠十斛买娉婷；
此日可怜无复比，此时可爱得人情。
君家闺阁不曾关，常将歌舞使人看；
意气雄豪非分理，骄奢势力横相干。
别君去君终不忍，徒劳掩袂伤红粉；
百年离别在高楼，一代红颜为君尽。

《绿珠怨》的语义是双关的，诗里用碧玉的口吻说道："我们相处是很幸福的，遗憾的是没有关闭闺房，却将动人歌舞示于外界，想不到引起了强权暴力的横加干涉；与君分离，实在太痛苦了，实不如香消玉殒，与君永诀，为君而死！"

乔知之将这首诗抄在白绢上，设法买通了魏王府的仆人，将诗绢送到了碧玉手里。男女之间关于爱情的诗作，直有"点穴"之功。碧玉读诗后，哭泣三日，水米未进，她偷偷地将这首诗系在裙带上，投井而死。武承嗣让人打捞上尸体，他看见了裙带上的诗绢，十分窝火。当即让人捏造了个罪名，将乔知之关进监狱，四个月后，斩杀于南市。

官场在"猎艳"二字上,可真是"意气雄豪非分理,骄奢势力横相干"。碧玉和绿珠有几个相似之处,名字相近,色艺皆为出众,被劫夺而自裁的遭际也大体一致。

尤其引人注目的,是感情二字。物质、性欲、感情为婚姻的三大要素,诸多美女的特质是极其重情,似乎她们就是为了"爱情"才到这个世界上来的,这等神秘的、珍重的、说不清白的情愫,涉及美女们的品格和生命。绿珠与碧玉之间,也有微妙的差异。如果说生不同时却共为殉情,碧玉之殉情似乎还有一些价值可供后人参照,因为乔知之与石崇比较,乔知之虽是幼稚无知,是个重情的傻气官员,可还不是个动不动糟践、残杀女婢的石崇之辈,碧玉被劫进魏王府后,乔也还珍重感情,忧愤成疾,递诗言志,仿佛还是个值得碧玉去为之献身的角色。

权力的车轮在向女色方向滚动时永远是无情的,石崇与绿珠也罢,乔知之与碧玉也罢,谁阻拦他,抵御他,他就碾碎谁,毁灭谁:男方与女方一并毁灭。

解语之花　杨玉环

历朝历代众多的美女中,杨玉环体态之丰腴当居其首,这是举世公认的。

唐玄宗带杨妃她们去游兴庆宫,召大诗人李白前来写诗,配乐演唱,李白也知道人家要他写什么,趁醉写了三首《清平乐》,一首为:

> 一枝红艳露凝香,云雨巫山枉断肠;
> 借问汉宫谁得似,可怜飞燕倚红妆。

从这首诗推断,杨妃之胖也还适度,仅非"细腰"而已,否则,李白用身轻能为掌上舞的赵飞燕为喻,显然就有嘲讽之嫌了。就这,一直对李白怀有成见的高力士(李白曾让其为己脱靴)还要借这首诗在杨妃面前刻意进行挑拨:

"娘娘知道诗里的'借问汉宫谁得似'是什么意思吗?"

杨妃诧异,就问这到底有什么意思?

"李白这是以赵飞燕的轻盈纤细,讽刺你丰肥迟缓。更恶毒的是,以飞燕之私通赤凤,影射你混乱宫闱呢!"

开始杨妃还不大在乎。有一天,唐玄宗翻到《汉成帝传》

里的赵飞燕如何轻不禁风时,忍不住揶揄了一句:"尔则任风如何吹!"杨玉环这才意识到了自己的体态不尽如人意。重又想起李白的诗句来,于是就渐渐地疏远了李白,给他发了些银两,让这个"斗酒诗百篇"的人物出宫去了。

"后宫佳丽三千人,三千宠爱在一身。"玩笑归玩笑,唐玄宗仍是很喜欢杨妃的,因为杨玉环不仅善歌舞,晓音律,而且对诸般乐器都娴熟精通。她击磬,音质优雅且含新意,唐玄宗命人用天山下珍贵的和田玉为她磨制了一尊磬。她的琵琶,是用温润如玉、光泽熠熠的一种叫"罗沙檀"的木料制作的,弦是用外国进贡的渌水蚕丝做的。宫廷里的诸王、郡主们的夫人争拜杨妃为师,要当其"琵琶弟子",可见杨玉环的弹技也是美妙绝伦的了。杨妃吹的笛子,是安禄山进献的玉笛,唐玄宗还特意命人在骊山专修了座吹笛楼,吃罢从四川飞马传递过来的鲜荔枝,便吹这安禄山从北地进献的玉笛,自然是"此曲只应天上有"了……美丽的杨玉环如此色艺出众,最善于玩乐的皇帝唐玄宗,怎能不对之"三千宠爱在一身"呢?一个秋天,他带杨妃在大明宫太液池前观赏硕大娇艳的荷花时,指着杨贵妃说:"莲花虽美,有形无神,岂能比得上吾这解语之花啊!"从这以后,"解语花"遂成为后世赞颂超级佳丽的特定词语。

因为极度宠爱杨妃,杨氏的家族便接连受到额外封赏。杨妃有姊三人,并封国夫人之号,长曰大姨,封韩国;三姨,封虢国;八姨,封秦国。将其母封为凉国夫人。同族兄弟也都当了大官。堂兄杨钊赐名国忠,封为右丞相,总揽国政大权。合族并承恩泽,权倾天下,出入宫掖。杨家门庭若市,煊赫无比。

天下无论什么样的好事,都无法避免负面效应的暗相滋长。因为一年又一年地封荫过度,一步步地激化了唐朝贵族之间的矛盾,十年一觉繁华梦(杨妃在玄宗身边十年之久),终于导致了"安史之乱"。叛乱突然发生,宫里的正常秩序戛然中断,唐玄宗慌了神儿,带着大批亲信离开长安,从关中西进,溯着为杨妃传送荔枝的方向,向四川逃亡。西出长安不到百里,进入了兴平县的马嵬驿,突然又发生禁军兵变,呼声鼎沸,群情激愤,将士们强烈要求除掉杨国忠,杀死杨玉环。唐玄宗无奈,只好让高力士拿上长长的白绫,在一棵梨树上缢死了神情凄惶的杨玉环。

六军不发无奈何,宛转蛾眉马前死。
花钿委地无人收,翠翘金雀玉搔头。
君王掩面救不得,回看血泪相和流。

白居易由此在《长恨歌》里写下了一些现实主义的诗句。杨玉环想不到事情会出现得这样突兀,她显然是被强行拖出去并活活勒死的,否则,就不会有掉下一只袜子,后被一老妪拾得,再后而至的过客想要看看、把玩,须先付百钱的记载。至于"七月七日长生殿,夜半无人私语时。在天愿作比翼鸟,在地愿为连理枝。天长地久有时尽,此恨绵绵无绝期",则纯粹是白居易的想象之词,不可能是唐明皇的本心与本意。美女于帝王，只能是最高级的享受，断不会有什么真挚的爱情。诗人的想象，生动是生动，实质上是从自我出发的自作多情，借着演绎帝王僵尸的故事，消诗人自己胸中的块垒而已。

杨妃被宠时，人人视之若天仙；她38岁那年被缢杀，后世论者，又转而认为这个女人是红颜祸水，生前死后，舆论上转了个180度的大弯。唐玄宗并未亡国，只是在国内出现了强烈地震式的叛乱，也许，叛乱的发生，杨玉环及其氏族的受宠起到了间接性的引发作用。而"红颜祸水"这顶帽子，却太宽泛了。大凡受宠的女人，个个都有被扣在头上的可能。事实上，在唐代那个历史车轮运转失灵之际，"血泪相和流"的杨玉环只是充当了被涂抹在历史轮舆上的膏油而已，起几丝润滑作用罢了，视之为祸水，将叛乱之责全数推给她，其功用是开脱了那个恣意玩弄过她的唐玄宗的责任。"马嵬兵变"的那些将士，终于是禁卫军、保皇派，他们的愤怒只能将一个艳丽女人勒死在树上，比不得发生于1200年后的"西安事变"，直接以"兵谏"的方式扣押了操持着国柄的蒋介石。

杨玉环美如天仙也罢，红颜祸水也罢，俱是男权社会劣根性矛盾心态的呈示。

美女的事略，有如历史巨屋的窗口前悠悠而过的清澈的流水，时时烁动着诱人的光芒。美女倘是横死，后来的男人们很乐意为之修一个墓，倘没有墓，也要为之捏弄一个出来，一代又一代地反复凭吊。马嵬坡的杨妃墓就在渭水边上，墓后略高些的不远处是五陵原，那里有汉武帝刘彻14丈高的巨陵，其边上也是比杨妃墓大得多的卫青墓与霍去病墓。千余年过去了，杨妃墓园里所排列的与其有关的历代诗作，以及人来车往的热闹红火的程度，远过于她身后那些帝王将相的巨型陵墓……两相比较，那些载在史册上的所谓的大人物，反倒有点儿"门前冷落车马稀"了。

　　对杨玉环，无论生前还是死后，历史之手从不同角度所加在她身上的东西，委实是有些超重。

爱河波荡柳青娘

豺狼夺肉，以期果腹；官场夺色，贪图享受。强权对美色的争夺，在封建中国几乎是历朝历代的通病。

天宝年间，南阳人韩翃的诗写得好，曾写出一首名诗："春城无处不飞花，寒食东风御柳斜。日暮汉宫传蜡烛，轻烟散入五侯家。"韩翃颇有名气，虽属"大历十才子"之一，生活却不富裕，属于穷书生之列。他有个富有的李姓朋友，景仰他的才情，就想将自己家中才貌俱佳的歌女柳小姐介绍给他。李生平时请客，韩翃也在座中经常谈诗论文，柳小姐从门缝窥探过，也偷听诸多才士的谈论，她也认为韩翃不会久居人下，不会这样贫贱下去。李生有一天摆了桌酒席专请韩翃，席间乘酒兴提出了将柳小姐赠送之事，韩翃惊恐起座，连连辞谢。李生却真心实意，决心已定，将柳小姐也一并唤入座中。韩翃见柳小姐姿容出众，又诚心仰慕自己的才华，也就点头应允了。

翌年，韩翃果然中了进士。闲居一年后，柳氏要韩翃回家去看望父母。天宝末年，"安史之乱"爆发，洛阳、长安动乱，柳氏担心自己貌美受辱，便落发为尼，逃到了法灵寺的一座庵中。韩翃回了长安，便在平卢节度使侯希逸的府里出掌军中机要，与郭子仪大军相配合，收复长安。八年后，唐肃宗返同长安。侯部在潼关与安禄山溃军苦战时,韩翃就让去长安的谍报人员打听柳氏的下落,有人说她去一座寺庵中躲难去了。韩翃于是就写下了一首《章台柳》(章台是汉代长安的一个街名),托人在各个寺庵寻访:

章台柳,章台柳,昔日青青今在否?
纵使长条似泪垂,亦应攀折他人手。

藏身法灵寺里的柳氏见到韩词,不禁痛哭失声,含泪回词一首,让来人送给韩翃。韩翃大喜,一回到长安就连忙赶到法灵寺,万万没想到的是,他在这寺里扑了个空。小尼姑为韩翃讲了事情的经过:郭子仪大军早些天收复了长安,郭麾下的大将沙吒利(系吐蕃派来的援军主帅)部恰巧住在法灵寺,柳青娘听说大军已到,出庵门观看,不意却为沙吒利所见,沙惊其美艳,立即命手下将柳青娘劫入军中,当晚即强行留宿。柳氏竭力不从,可一个弱女子,怎禁得沙吒利的暴力。第二日,沙仗自己功高,又霸占了原宰相杨国忠的府邸,命合府上下称柳为夫人。

有一天,韩翃与侯部一些文武朋友聚会,内中有个虞候许俊,勇力过人,豪爽而有侠气,见韩无精打采,问是怎么回事。韩翃痛苦地叙述了事情的原委。许俊捺不住心头怒火,便问韩翃:"沙吒利现在何处?"韩答:"今天朝廷为诸将庆功,他正为歌舞所迷,尚未回府。"许俊略一思索,对韩说道:"你给柳氏写个条儿,我能马上将她给你带回来!"许俊换上一身轻便行装，只带一个随从，直奔沙府而去。到了沙府，他猛个儿冲进府内，一路跑一路喊："将军得了急病，要见柳夫人，谁敢拦我，谁就吃不消的！"穿过大门、小门，一直喊到内室，拿出字条给柳氏看，柳氏尚未完全反应过来，许俊一伸膀子将其挟于马上，快马一鞭，离府而去……

韩翃与柳青娘久别重逢，泪眼蒙眬，直如梦中。冷静之后，韩翃担心可能祸及许俊，连忙去向自己的上司侯希逸求助。侯希逸也惊讶许俊的侠义为人，寻思半晌，说道："我现在就去找郭元帅吧，只有他也许能管住这个沙吒利。"

郭子仪刚刚就寝，一听侯希逸有急事相访，立即披衣出迎。侯对郭谈了事情经过，又补充道："沙若回府不见柳氏，必定大闹，还望元帅做主。"郭子仪笑了："这事交本帅处理就是了。"

郭子仪第二天找来正暴跳如雷的沙吒利，说道："别人抢了你的爱妾，你就这样；你抢了他人的爱妻，人家又将如何呢？"他将韩、柳恩爱夫妻一事和盘托出之后，又说："我知道将军是明理之人，这次又为我大唐立了大功，我已奏明圣上，为你细心访寻更漂亮的美女。"话说到这里，郭子仪见沙吒利依然梗着脖子，便亮出德宗发下的圣旨："沙吒利宜赐绢两千匹，柳氏却归韩翃。"沙吒利这才破颜为笑，连连点头。

在女色之事上，无所谓是非曲直，存在的是皇帝压重臣，重臣压小官，美女在官僚机构之间只是个被撕来扯去的玩物，弱肉强食，更是女人的宿命。命运好的，如柳氏这样，夫妻团聚。命途厄者，息妫、绿珠、碧玉，皆为例证。后人之所以不太关注韩翃和柳氏之间曲折回环的爱情经历，可能是正因为像柳氏这等命运的爱情际遇，千载难逢，百不一遇的缘故。

才高命厄"女校书"

"安史之乱"平定之后,时局仍然不稳,流亡成都的薛郧(昔为京都官吏)与妻子天天在提心吊胆中度日,妻子这时生下一女,薛郧便为之取名"涛",字"洪度",以纪念那一段惊涛骇浪般的历程,也盼望能安度洪流滚滚式的动乱岁月。

薛郧在家无事,便悉心教导这个小女儿。薛涛天姿聪颖,进步很快。薛涛6岁那年,有一日薛郧坐在中庭,对着院里的梧桐忽然有了诗兴,便在纸上题了两句:"庭除一古桐,耸干入云中。"他正在思索下两句时,一旁玩耍的女儿随即续上了两句:"枝迎南北鸟,叶送往来风。"女儿是随便续的,父亲先是为其才思敏捷而兴奋,但很快又陷入了沉思:女儿年幼而俊气,已显出是个未来的美人坯子,她日后的命运,会不会隐藏在这两句诗里呢?汉字通神,对于"诗谶"之说,薛郧向来是半信半疑的。

过了八九年,薛涛的父母相继辞世。一个李姓推官原是薛郧生前好友,怜惜薛涛孤苦无依,就将她带到自己家里,由其妻照顾。公元785年,一代名将韦皋为西川节度使,欢迎宴会上,名利熏心的李推官想巴解韦皋,就上前推荐:"督帅,此地有一少女名叫薛涛,是名将薛仁贵的后裔,是薛郧遗下的孤女,人样美艳绝伦,今日命她前来侍宴如何?"

"这使不得,前任命官之女,怎能让其侍宴?"

李推官说:"她祖上是武将,她自己而今从文,工诗善字,最适合于为督帅佐酒。"别的官员也附和李推官,纷纷讨好助兴,韦皋被说得转了意,便让李推官去领薛涛。少顷,薛涛到来,她一出现,韦皋不由得惊奇,但见她淡妆素裹,颇具优雅之风,叫人一见生怜,不由心动。韦皋发话:"闻你工诗,今日蜀中贵人尽都在座,你当场赋诗一首,让众人看看。"薛涛用纤纤玉指掠了掠蓬蓬云鬓,从容问道:"不知大人以何为题?"韦皋一挥手:"你自己随意。"薛涛想到幼时随父亲走过长江三峡,于是,就题下了一首《谒巫山庙》:

> 乱猿啼处访高唐,一路烟霞草木香。
> 山色未能忘宋玉,水声犹是哭襄王。
> 朝朝夜夜阳台下,为云为雨楚国亡。
> 帷帐庙前多少柳,春来空斗画眉长。

韦皋一看,不但词句晓畅清丽,且大有以女子襟怀惆怅吊古的深意,禁不住拍案叫一声好。众客传看,莫不称绝叹服。

李推官见韦皋眉飞色舞,便近前悄悄言道:"她年方二八,还是一朵含苞待放的嫩牡丹哩,命她今夕侍夜如何?""这……不妥吧,本帅下车伊始,就如此荒唐,况且她是已故命官的孤女,岂不招惹非议?""她已成孤女,就寄居卑职舍下,能有您为之遮荫,是她祖上修下的洪福呢!""既然这样,以她孤苦伶仃为由,我这里先将她入乐籍,成为营妓;往后可以乐妓身份出入幕府,岂不两全。"就这样,薛涛入籍不到三天,就被四十开外的韦皋召入帅府,含着盈盈泪水,夜夜陪侍。

一年以后,韦皋因欣赏薛涛的才情,想让她做些幕僚文案上有价值的事情,于是准备奏报朝廷,让她担任校书郎的官职。府中护军向韦皋进言:"军务倥偬之际,奏请以一妓女为官,朝廷如认为有失体统,岂不连累帅使清誉?即使侥幸获准,红裙入倚,也有损官府威仪,易于给人留下话柄,望帅使三思。"韦皋觉得护军之言不无道理,报任女校书之事就搁置下来了。后世称薛涛为"女校书",即源于此。

成都乃天府之国,每有政界显要及蜚声政坛的大诗人到来,韦皋便让薛涛陪他一起交接应酬。作为风流才女,薛涛与元稹、白居易、牛僧孺、令狐楚、裴度、严绶、杜牧、刘禹锡、张祜等20多位文人名士皆有诗作唱和。因为名声大盛,薛涛自己也不甘寂寞,亲手制作出一种粉红色的小彩笺,用娟秀小楷题诗于上,赠与那些她认为合意的客人,一时之间,这种诗作成了文人雅士收藏的珍品。韦皋嫌其红杏出墙,过于招摇,不免有些醋意,一度借故将她派往偏远的松州。薛涛松州失悔,连忙写《十离诗》向韦皋请罪,韦皋转怒为喜,又将其接回成都。后来,韦皋被封为南康郡王,离开了成都,也便抛下了薛涛。

一代才女容易为情所惑,而她们又从来不懂得诗人多为情场老手，尤其是在与比她年小10岁的元稹交往中，薛涛在爱河里更是不由自主地越了"雷池"。

唐宪宗元和四年（809），年逾30的元稹以监察御使的身份出使蜀地，调查已故节度使严砺的违制擅权事件。严已过世，问题一旦查实，辖下的七州刺史都脱不了干系。刺史们坐在一起想对策，对这个不慕钱财、诗又写得耸动天下的御史大人，只好施行"美人计"了。蜀女多情，蜀中美女如云，一般女色很难打动元稹的心，于是，刺史们便想到了已是徐娘半老（年过40）的薛涛，央求她出马。

元稹20岁时曾娶韦丛（太子少保韦夏卿的幼女）为妻，过了7年韦丛病故，元稹写下了《遣悲怀三首》悼念韦丛。这三首诗情怀细腻，笔致深婉，在汗牛充栋的悼亡诗里属于绝唱。薛涛由诗及人，对元稹从心底是极佩服的。元稹见到薛涛，她的风韵不减当年，加上才情卓异，二人一经交往，两相倾慕，元稹即刻陷落在粉红色的温柔乡里。韦皋大薛涛20岁，元稹小薛涛10余岁，又加上诗情如火，薛涛仿佛这才真正地进入了自己生命中的春天，"勉为其乐难为乐，乐在幽欢是自由"，薛涛这才体味到什么是爱情的真谛。一宵深情之后，元稹也用诗作记录他与薛涛之情事：

> 诗篇调态人皆有，细腻风光我自知。
> 月夜咏花怜暗淡，雨期题柳为歌欹。

两人缱绻、缠绵有四个月之久。洒泪分别之时，元稹告诉薛涛:"你知道,我非薄幸之人。这次回朝复命后,将外放越州刺史,届时我定派人来接你,你只管静候佳音。"

薛涛相信元稹,在成都苦苦地静候佳音,而元稹到了越州,却将金华名妓刘采春弄到了手里。刘采春是一位更年轻的才女,元稹要她为吴道子的一幅画《农家新婚合欢图》题诗,她便信手挥毫:

> 缔得三生石上缘,双双并立翠溪前。
> 谈情月下无穷夜,合坠花间不计年。
> 束发樵郎松作笠,垂环村女葛披肩。
> 朝霞一出开妆镜,点染胭脂笑靥嫣。

元稹极为欣赏,称赞刘采春"言词雅措风流足,举止低徊秀媚多"。女如花而男似蝶,飞来飞去的蝶儿自是迷恋正在绽放得更其艳丽的花朵。大诗人满腔热情地爱上了刘采春,成都的薛涛呢?蝶远去而花寂寥,早被忘到九霄云外去了。信誓旦旦,背弃也何急!

痴情的薛涛,幼年时走过巫山,初见韦皋时吟下过"山色未能忘宋玉,水声犹是哭襄王"的诗句,这个时候在成都,或许还正在涵咏元稹最著名的《离思》之诗:

> 曾经沧海难为水,除却巫山不是云。
> 取次花丛懒回顾,半缘修道半缘君。

后人为纪念痴情的薛涛，在成都万里桥锦江边筑有望江楼，楼上有白居易题的诗句：

独坐黄昏谁作伴？怎教红粉不成灰。

那年在望江楼下，笔者想到的是：
    一武一文，韦皋元稹；
    爵位甚高，貌似情深；
    俱爱薛涛，不讳风尘；
    日月如梭，世态转轮；
    红粉成灰，巫山易云；
    贻于后人，思靡穷尽。

燕子楼别议

> 罗衾自垒怯新凉，无寐偏怜夜未央。
> 生死楼前十年事，砌蛩帘月细思量。
> ——题解

  燕子楼，徐州名胜古迹，位于郊外云龙山麓。唐贞元中，张愔镇徐州时，筑此楼以居爱妾关盼盼。

  盼盼本是歌妓，工诗文，善歌舞，礼部尚书张愔纳之为妾。盼盼特别喜爱白居易的诗作，且将《长恨歌》谱曲之后，作为演唱时的保留节目。美女欣赏才子，视才子为知音，才子也便显得格外多情。白居易官拜校书郎时，特意到徐州张愔处拜访。张愔也仰慕白居易的才华，盼盼更是为这位名满天下的大诗人的到来激动不已，隆重接待的宴会上，袅袅婷婷的盼盼演出了她的拿手节目《长恨歌》。白居易举酒杯而忘其饮，情不自禁地对她叹息："醉娇胜不得，风袅牡丹花！"并连忙将手中杯转敬张愔，祝贺他有如此一位绝代佳人相伴。盼盼得到心仪已久的大诗人白居易的高度赞许，深以为幸。

  尘世欢乐从来是短暂的。数年之后，张愔去世，家里的姬妾一时间风流云散，各谋出路，只有盼盼搬进为她而建的燕子楼，过着简朴、安静的日子。这清幽寂寞的岁月，一下子就流过了十年。

元和十四年（819），白居易任忠州刺史时，张愔的老部下、与盼盼熟悉的张仲素远道去拜望白居易时，白居易关切地问到了盼盼的情景，张仲素便取出盼盼写的《燕子楼三首》诗作给白居易看。第一首写独居斯楼对亡人的怀念，"相思"绵绵。第二首写亡人之墓笼罩在北邙山的一派"愁烟"之中，自个儿十年来心灰意懒，不再歌舞。第三首则这样写道：

适看鸿雁岳阳回，又睹玄禽逼社来。
瑶瑟玉箫无意绪，任从蛛网任从灰。

白居易读罢，感慨系之，也不知出于何种心态，当即步其原韵写了三首诗回复盼盼，第三首如下：

今春有客洛阳回，曾到尚书墓上来。
见说白杨堪作柱，争教红粉不成灰。

此时的白居易年及知命，不知是酒喝多了还是过于伤感，写了三首仍不过瘾，又补了一首七绝：

黄金不惜买蛾眉，拣得如花四五枝。
歌舞教成心力尽，一朝身去不相随。

张仲素将白居易回复的四首诗作带回了徐州的燕子楼,盼盼听说大诗人有诗回复,惊喜万状,迅速打开了信笺,读罢,却如五雷轰顶,目光发呆,一时站不住身!她万万没有想到,自己一直尊敬的大诗人,竟然在诗中刻薄地挖苦她是水性杨花、寡情薄义的贱妓之流。盼盼流泪了:"妾非不能死,恐我公(指张愔)有从死之妾,玷清范耳。"一个妓妾公然为尚书殉情而死,她是担心玷污了张愔的高洁形象。真诚地为心爱的夫君守节十年,想不到却从私心仰慕着的白居易处换来了责难的诗作。盼盼又重读了四首魔幻式的诗句,这简直是从"魔鬼"手底形成的文字。盼盼含着热泪回了一首《和白公诗》:

自守空楼敛恨眉,形同春后牡丹枝。
舍人不会人深意,讶道泉台不去随。

这首诗是一个委婉"含蓄"的抗议:"你的这些诗作是'儿童不识冲天物,漫把青泥汙雪毫'。对于爱情,你这是小儿之见,不仅仅是幼稚、可怜!"平静下来之后,盼盼决定赴死,开始绝食,任凭仆人如何劝解也无效。终于,香消玉殒,饿死于燕子楼中。

白居易曾写下了《上阳白发人》、《陵园妾》、《井底引银瓶》、《长恨歌》、《琵琶行》等那么多的好诗,50岁时又为什么写下这样的诗作,用手中笔勒死了真诚善良的关盼盼呢？白居易以自己的方式害死了一个无辜的女子，不知他内心愧悔过没有。

关盼盼因为有文采而工诗文，便格外欣慕、敬仰白居易的才华，由于盼盼一片至诚，白居易也才钟情于盼盼，并当场为之吟诗，勉励有加。

正因为盼盼久仰白居易，也才在守节十年后写下了三首诗让白居易过目，抒发情怀，以求知音宽慰。可她怎么也想不到，大诗人回复的文字会是含毒的"箭镞"。很显然，是白居易的诗作将一个弱女子推向了绝境，迫其结束了不到40岁的生命（如果盼盼不盲目地、过度地崇仰大诗人，诗人的作品也就不会产生这样致命的杀伤力）。才女与才子之间彼此往来的诗作，以才女之死剖白、证实了女性不寻常的胸襟，同时也验证了白居易的荒唐与莽撞。

白居易与元稹为至交，"江南士女语才子者，多云元白"。元、白二人在对待爱情方面，比肩齐眉，不相上下。元稹对才女薛涛的始乱终弃，与白居易对关盼盼的先捧后掐，殊途同归，揭示了逐权猎艳的官场才子们灵魂深处不堪的一面。

《全唐诗》收录了关盼盼的《燕子楼》诗作三首，一个妓妾的诗作其所以能被后人收录，与白居易《燕子楼诗序》中的一段话很有干系："徐州故尚书有爱妓曰盼盼，善于歌舞，雅多风态。尚书既没，彭城有旧第，第中有小楼名燕子，盼盼念旧爱而不嫁，居是楼十余年。"先有了白居易的诗序，接着也就有了200多年后苏轼为徐州知州时，在元丰年（1078）之秋夜宿燕子楼梦见了盼盼，于是便有了这样的词作：

>天涯倦客，山中归路，望断故园心眼。
>燕子楼空，佳人何在，空锁楼中燕。
>古今如梦，何曾梦觉，但有旧欢新怨。
>异时对，黄楼夜景，为余浩叹。

苏轼在这里别怀心思，明显是以燕子楼为酒杯，顾左右而言他。对逼杀盼盼的白大诗人，也不知苏轼心里是怎么想的。

假设没有白序与苏词，《全唐诗》会收入盼盼的诗作么？倘未收录，嗣后千年间谁又能知道关盼盼，知道徐州的燕子楼呢？对斯人斯楼，我们当今的《辞海》内也分别列有词条。

才女与才子交接深至，对才女未来的福祸吉凶而言，实在是变数太大，不好预测。女性是一个善良而神圣的物类，可她们又差不多总是被人误会，因为被误会，往往又受到恶评。本文题解中的"生死楼前十年事，砌蛩帘月细思量"倒是很耐人寻味，因为这首诗的作者是王微，她是清代的一位著名歌妓，与盼盼身份相类，设身处地而成诗，也便言不凿空，引人深思。

才女与才子之间的交往，才气愈高则情分愈重；情分愈重，麻缠事便愈多。像关盼盼这等要命的情事，实为罕见，值得录以备忘。

谶语天降杜秋娘

唐顺宗年间，浙西节度使李锜是皇室宗亲，拥有重兵，蓄有篡位的野心，时时派心腹前往长安，刺探朝廷军机。有一位杭州刺史，是李锜的心腹，逗留南京时，发现官妓行列中15岁的杜秋娘不仅妩媚俏丽，而且能歌善舞，会赋诗填词，在南京、扬州一带负有盛名。回到杭州后当即向李锜做了汇报。李锜被这位心腹怂恿得神不守舍，迅速驰往金陵，召见金陵的重要官员时，点名要一班官妓带着杜秋娘陪侍。

杜秋娘第一次见到如此盛大隆重的场面，为李锜斟酒时，因为胆怯，将酒不小心洒在了李锜金线刺绣的华美袍服上，李锜故作怒态，杜秋娘战战兢兢跪了下去，说："贱妾该死！"李锜说道："你且起来，久闻你会写诗，就以庭前几树正开的桃花为题，写一首诗上来。"杜秋娘见眼前这位王爷也就20来岁，外表严肃，语气里却透出些温和之意，便用隐喻法写下了一首乐府《金缕衣》：

劝君莫惜金缕衣，劝君惜取少年时。

花开堪折直须折，莫待无花空折枝。

意思是：王爷的金缕衣虽然华贵，终有破旧之时；而青春韶华，则一去不返。人应当珍惜大好年华、宝贵时光，及时努力，这样才不会后悔。全诗造句用字回环宛转，奇思妙想，又深得讽喻之旨（这首诗后来被选入《唐诗三百首》），野心勃勃的李锜怎能不喜上心来呢？对于"花开堪折直须折"，王爷李锜则做了邪门歪道式的理解。他的酒兴和野兴一时涌上，大庭广众之中，一伸手就将杜秋娘一下子抱进了怀里。

第二年，也就是公元807年，李锜以为时机成熟，借口唐宪宗已为群小把持，打着"清君侧"的旗号发兵叛乱。宪宗早已得知李锜谋反的消息，已于暗中在长江上游安排一支重兵，李锜主力北上，这支重兵立即直下金陵，抄了李锜的后路。李锜全师崩溃，他自己仓皇之中成了俘虏。宪宗皇帝下令将李锜就地正法，家属统统押往长安。宪宗早知道杜秋娘芳名远播，特召她入宫。

16岁的杜秋娘着实不寻常。宪宗李纯听她演唱《金缕衣》之后，龙心大悦，又命她"依照原韵"再写一首诗时，杜秋娘写道：

秋风瑟瑟拂罗衣，长忆江南水暖时。
花谢花开缘底事，新梅重绽最高枝。

江南水暖说的是在南京、杭州的岁月，新梅重绽最高枝则指京都长安之时，东南与西北，王爷与皇帝，都不能不拜倒在她的石榴裙下。李纯第二天即传旨，将"秋娘"改名为"仲阳",仲阳乃早春二月,万物欣欣向阳,这一旨意隐约透露出要进一步纳其为妃之意。正宫娘娘谏阻李纯:"此女乃叛逆者之姬,陛下宠幸,臣妾不敢阻拦,但如立之为妃,恐招非议。"于是,李纯便命杜秋娘为官,执掌宜春院。宜春院是御用歌舞班子,皇上公余之暇,将杜秋娘召入宫廷以娱龙颜,直是家常便饭。

嗣后,宰相李吉甫劝唐宪宗再选天下美女充实后宫,宪宗自豪地说道:"我有一仲阳足矣!"言下之意,普天下所有的美女,不论品貌才学及其他方面,都不及杜秋娘。

公元820年,李纯病故,唐穆宗(李恒)即位,遵父遗诏,将年及30的杜秋娘从宜春院调出,让她为年仅10岁的皇子李凑做傅姆,负责教读诗书。李恒在位四年就驾崩了。其长子李湛继位,是为唐敬宗。政治上风云变幻,李湛当了一年皇帝,龙椅尚未暖热,弟弟李昂发动政变,将其废立,是为文宗……公元828年,奸臣郑注用事,李凑被无端地卷入了斗争旋涡,削除王位,贬为庶民,杜秋娘作为傅姆,只是教读诗书,被赐归金陵,算是保住了一条性命。

自从在金陵被李锜宠幸,至进入长安,杜秋娘20年间送过了走马灯似的四位皇帝,其后又能安然地回返金陵,已经是很不简单了。金陵旧家姐妹念其孤苦无依,让她重入青楼,教习歌舞。公元833年,著名诗人杜牧路经南京,看见曾经光彩照长安的杜秋娘又老(时已42岁)又穷,深表同情,便为之写下了五言古风体的长诗《杜秋娘》。"刻意伤春复伤别",

以此来抒发自己怀才不遇、浪迹江湖的感慨。杜秋娘见了此诗，不由悲从中来，回首往事，一如梦中，又凄然地写下了：

红颜薄命实堪悲，况是秋风瑟瑟时。
深夜孤灯怀往事，一腔心事付阿谁？

又过去两年，冬季里的金陵发生了一场乱军哗变，杜秋娘正患重疾，于一个风雪之夜，像祥林嫂那样死在了玄武湖边。三天之后，人们才发现了这位一代佳丽、亘古才女僵硬的尸体。

杜秋娘在15岁时写下的"花开堪折直须折"的诗句，深寓哲理，雅俗共赏，千秋流传，脍炙人口。后世有些聪慧美丽的女子，公开宣称自己美好的生命不宜超过40岁，她们甘愿在40岁以前离开这个世界，或许正是以杜秋娘为鉴戒才形成的悟道之言吧。《辞海》里对"杜秋娘"词条这样写道："旧时用来泛指年老色衰的妇女。"杜秋娘所叹惋的红颜薄命，仿佛是历史和岁月铸定了的格局。

精卫鸟乃女儿魂

陇西人李公佐,大历间在庐州,贞元末自吴入洛阳,元和中历任江淮从事、江西从事。

元和八年(813)春,李公佐从洪州判官的位置上解任,扁舟东泛,停泊于建业(今南京),便去瓦官寺闲游。寺僧齐公一向与之相厚,陪着他登阁眺远,谈古说今。二人说热了,齐公忽然说道:"檀越博闻闳览、聪敏过人,今有一谜语,请檀越一猜。"

公佐笑道:"吾师好学,怎么忽然搞起儿童游戏来了?"

齐公说:"并非游戏。此间有个年轻孀妇,示我12字谜语,说是中间藏伏着仇人名姓,常来寺中求解。老僧不能辨,遍示游客,无人能解。已经好几年了。今日相会,我只好向你求教。"

公佐道:"哪12个字,且写出来,我且试着猜一猜。"齐公取笔把12个字写了出来,公佐念了又念,把头点了又点,靠在窗棂上,手指在空中画了几下,凝思片刻,忽而拍手道:"我猜到了,且万无一失。"齐公正要请教,公佐伸手止住他:"我且未可说破。快招那个孀妇来,我给她分解。"齐公即让行童从妙果寺里找了孀妇过来拜见公佐。小孀妇破衣旧衫，却收拾得齐整可体，公佐见她骨骼清奇，相貌不俗，便说道："齐公说你叫谢小娥。你先告诉我这12字谜的根由，如何？"小娥哽哽咽咽哭了好一会儿，才渐渐说出话来。

"我父姓谢，旧居豫章（今南昌），家有巨产，隐名商贾间，往来经商。历阳侠士段居贞，交游豪俊，也在江湖上做大贾。我父慕其声名，遂将我许配于他。谢段两姓为一家，同舟载货，辎重充盈，往来经济于吴楚之间。八年前，舟行至鄱阳湖中，遇到几只江洋大盗的船，为首的二人跳将过来，一刀一个，先结果了我父与我夫的性命，众盗蜂拥而上，将船上老小尽数杀去，我趁他们胡剁乱砍之际，撺在舵上，一失脚跌到湖里去了。我在水中浮沉漂流，眼见众盗将舟中财宝金帛席卷一空，将死尸尽抛湖中，弃船而去……昏迷中，我漂到一只破旧的小渔船边，渔人夫妇搭救了我。原来谢段之舟疏财仗义，名闻江湖，这渔人夫妇也曾受过些小惠，他们同情我的遭遇，让我调理了几日，送我上岸，由我自行谋生。我流落到建业（今南京），在妙果寺里暂且安身，日间在外乞化，晨昏稽首佛前，心里只是默祷祈求为父、为夫报仇。一天夜里，梦见父亲告诉我：'杀我者，车中猴，门东草。'丈夫说道：'杀我者，禾中走，一日夫。'我怎么也分解不出，我师父说这里的齐公极有学问，是个高师，让我将这12字求他辨析。历年已久，仍不识仇家姓名，我是报冤无门，衔恨无穷。"说罢又哭了起来。

公佐苦笑道："小娥诚动金石，我这里已将仇家姓名审详在此了。"小娥忙忙揩泪，止住哭声。

"杀汝父者是申蘭：车字上下各去一画，是'申'字，申属猴；草下有门，门中怀东，乃'蘭'字也。杀汝夫者申春：禾中走乃穿田而过，田出两头，也是个'申'字；夫上加'一'，下临一'日'，当是'春'字无疑。"

齐公在旁听罢，抚手称快："李公鉴聪盖世，我等数年之疑，今日豁然。"小娥向齐公借了笔，把"申蘭、申春"四字写在内襟一条带上，拆开里面，翻转缝妥，深深地向公佐拜谢之后，向齐公道："愿问此位尊官姓氏，以识不忘。"齐公道："此人是江西洪州判官李公佐也。"小娥顶礼念诵，流涕而去。望着她的背影，公佐闭目摇头，自言自语："如此报仇，谈何容易。"齐公却道："谋事在人，成事在天。此妇坚忍之性，数年之内，老僧颇识之。她是不肯作浪语的。"

弹指间五年过去了，元和十三年（818）六月，公佐在南京家里被召，将上长安，道经泗州，顺便去拜访多曾会过的善义寺尼师大德。大德师将公佐接入客座，只见数十弟子威仪雍容地侍列于师之左右。内中一尼，仔细看了公佐片刻，问大德师："此官人莫非是洪州判官李公佐么？"师点头道："正是。你怎么认得？"此尼当即泪如泉涌，走到李公佐前稽首伏拜。公佐忙忙离座答拜："素非相识，为何谢我？"

小尼道："我叫谢小娥。当年在瓦官寺乞食的小妇人就是我。尊官为我解出了'申蘭、申春'二贼的名姓，还记得吗？"

公佐沉思片刻，方才依稀记起，便问道："后来找出这两个强盗了么？"

小娥详细叙述了事情经过。她女扮男装，重到鄱阳湖边，下水磨工夫从渔民口中终于探知了二位仇人；又经历了一番艰苦经营，以仆人身份取得了申兰的高度信任，抓住了他们行凶劫财的重大证据；在时机成熟时，果断地手刃了醉卧中的申兰；申春并其余党也全部在小娥的告发下落网伏法。复仇既毕，于两个月之前剪发披褐，始受戒于善义寺。大德师细细听罢，最后对着公佐说道："小娥今天在寺里又得遇恩人，岂非天意！"

雨果在《九三年》里写道："只要有了仇恨，一个女人就抵得上十个男人。"谢小娥复仇之艰难有似于填海之精卫鸟，动用一百个男人，也未必能够奏效。李公佐听到整个复仇过程天衣无缝，大为震惊，后来写下了脍炙人口的千余字的《谢小娥传》。此传是典型的传记文学，相继被后人载入《新唐书·列女传》、《太平广记》、《唐人小说》、《拍案惊奇》，鲁迅先生在《中国小说史略》中也作了肯定。正因为这个故事盛传不衰，《辞海》里也有了"李公佐"的词条，他是以文学家的身份进入中国文学史的。

倘是有人问我，为什么在"古道遗韵"上写这样不伦不类的文字呢？"古道遗韵"属于钩沉性质的纪实栏目，而我以为《谢小娥传》属于洵以非虚的传记文字，而不是虚构型的小说，加上此传记题旨重大，揭示了东方女性灵魂里不亚于母性的强悍、刚劲、坚忍的闪光点，况且作者又是甘肃人氏，于是我就信笔由之地写下了这样的几句：

佳丽风景 三千岁

从来天地重赤忱，
鄱阳湖里现女神。
公佐一传千秋笔，
精卫鸟乃女儿魂。

两行红粉一时回

才子好色，已成通例，而好色与忠于爱情却永远不可能是一回事。文人未入仕，或者刚刚当官，或者当的官不大，不昧初衷，对爱情也还忠诚；一旦官当大了，有了身份地位，对爱情很快就淡化了。一般女性都愿意跟个当官为宦的男人，自己好做官太太，实际上，当上官太太之日，也正是纯挚爱情消亡之时。爱情是旷野上纯洁高尚的雪花，官帽是府第中绚丽摇曳的花簇，繁盛之乡，花开之时，雪花就于无形中化得干干净净……

大唐晚期的杜牧，西安人，不唯诗写得好，且曾注曹操所定的《孙子兵法》13篇，以济世之才自负，官也做得可以，算得上一个像样的官僚。他那些抒写自己早年纵酒狎妓的小诗，盛传不衰。30岁前，杜牧仕途并不如意，只作了个屈身人下的小小官吏。有一年在湖州，他看上了一个十来岁的小姑娘，预付了财礼，要她等上10年；14年后，他才当上了湖州刺史，而那姑娘已出嫁三年了，连生了三个孩子。事已至此，杜牧赋诗慨叹：

自是寻春去较迟，不须惆怅怨芳时。

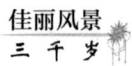

东风落尽深红色，绿叶成荫子满枝。

情如流水，春不待人。从此以后，他在扬州各地纵情声色，进出娼家青楼。后又写下了许多诗歌，内有《遣怀》一诗：

落魄江湖载酒行，楚腰纤细掌中轻。
十年一觉扬州梦，赢得青楼薄幸名。

"薄幸"者，负心，不讲情义。人生似梦，青楼烟雨，借诗自嘲之际，杜牧也不无内疚自责之意，感到自己放浪形骸，逢场作戏，有些对不住那些楚楚动人、以卖身为生的青春女儿。

后来官做大了，杜牧的好色之性就进一步扩展起来了。朝廷派他去洛阳担任监察御史，司徒李愿在家里摆宴时，邀请了洛阳当地的许多名流，因为不摸杜牧的底细，没敢贸然相请。杜牧风流成性，早就听说李司徒家里的歌舞在洛阳首屈一指，他就托人向主家要了张请柬。司徒家女伎百余人，饮宴时舞乐相伴，华妆丽服，歌吹绕梁，仪态万方。杜牧饮得半醉时，醉眼蒙眬地问李司徒："听说有个叫紫云的，她们之中哪一个是？"

李愿指给他看。杜牧凝神瞅了半晌，忽然说道："果然名不虚传！你应当把她送给我呀！"

李愿俯身直乐，女伎们也转过头来"吃吃"地笑，他们笑名人醉酒失态时，什么话都能说出口。杜牧却旁若无人，连饮三大杯，站起身朗吟："华堂今日绮筵开，谁唤分司御史来？忽发狂言惊满座，两行红粉一时回！"吟罢，潇洒从容地策马而去。

才高者好色，官大而易骄，杜牧当了大官，想不到其好色之欲一下膨胀得如此之狂。他是监察御史，监察御史是能在皇帝面前说上话的人。李愿别的不怕，就怕他在皇帝跟前说对自己不利的话。杜牧刚刚到家，李司徒就派一群人把紫云姑娘送上门来了。这件风流事，并非后人虚构，《唐才子传·卷六》里是有记载的。

杜牧之所以敢在大庭广众中公然发出索要美女紫云的狂语，不是酒醉失言，而是他深知官僚们成天在想些什么。女色向来是官僚们之间的交易品，只要上峰开口，等于是用筷子夹菜，立马就能送到口里。玩过之后，觉得过罢瘾了，不需要了，又可以立刻更换。著名诗人白居易就是这样，他的诗里有"十载春啼变莺舌，三嫌老丑换蛾眉"的诗句，约而言之，玩女色就图个新鲜，他是三年一换，对身边的家妓不断地更新换代，这在官家是很平常的事。

唐代就是这么个社会风气，新科进士金榜题名后的第一项活动，就是逛妓院；当官的政绩可嘉，皇帝不发奖金，却以美女赏赐，美色无价，比奖金更为珍奇。文人当官而成为新贵之后，亲近女色上也同样是得寸进尺，因为官场为他们提供了在美色乐园里纵横驰骋的广阔天地。

自恨罗衣掩诗句

唐时，长安城郊一位姓李的人家里得了一个女儿，父亲为之取名幼薇，并着意调教，精雕细琢，女童7岁学诗，11岁时，其习作就传进了长安城，人们称李幼薇为女诗童。

父亲病故后，母女二人离乡进城，搬进了当时的妓女聚集地——平康里，做些浆洗家务，维持生活，用以糊口。因为幼薇的诗写得好，仕途不甚得意而好游平康青楼的诗词高手温庭筠找到了这个女诗童，先进行试探，让她以"江边柳"为题赋诗一首，小姑娘不慌不忙，吟道：

　　翠色连荒岸，烟姿入远楼；
　　影铺春水面，花落钓人头。
　　根老藏鱼窟，枝底系客舟；
　　萧萧风雨夜，惊梦复添愁。

年岁轻轻，用笔如此老到。温庭筠折服其才华，主动作了她的老师。不久温庭筠离开了长安，师生两地，以诗为系。懿宗年间，温庭筠又回到了长安，有一天，他带这个15岁的女弟子在城南风光秀丽的崇贞观中游览，见到一群新科进士争相题诗，幼薇心里羡慕，便也悄悄走上前去，挥笔在墙上写道：

> 云峰满月放春晴，历历银钩指下生；
> 自恨罗衣掩诗句，举头空羡榜中名。

她怨恨自己才学满腹，却身在女流，无缘金榜题名。

这首诗被名门之后李亿看到，激赏不已。李与温有一面之识，便上门求温庭筠帮同引见。温庭筠喜欢幼薇，也欣赏李亿，便有心成全他俩。

在温庭筠的撮合下，李亿兴高采烈地将15岁的李幼薇娶到了身边，安置在林亭别墅里，二人偷偷地住在一起。这号事真属于纸里包不住火，李亿的原配夫人裴氏闻讯后，疾风似地赶到别墅，不由分说将李幼薇狠狠地鞭打了一顿，而且很快逼李亿写下一纸休书，把这个小妾轰出了林亭别墅。李亿重情，在城外曲江一带找了一处僻静的道观——咸宜观，出了一笔为数可观的油钱，安顿了心爱的李幼薇。观主为幼薇取了个法号"鱼玄机"，从此以后，鱼玄机这个名字虽然在幼薇的生命里只用了短短几年，在历史长河中却数百年、成千年地传了下来。

李亿中了状元赴扬州就任之后，和鱼玄机就彻底断了联系。嗣后观主去世，鱼玄机青灯黄卷，木鱼声声。文字能使才女清醒，清醒者重情，重情者苦重，在这样的环境与氛围之中，鱼玄机的冷落寂寞与凄苦孤单可想而知。

唐时的女冠，时时与士人往来酬答。如花的青春，满腹的才气，使日子难熬的鱼玄机渐渐地收了几个徒弟，充当侍女，自己且在咸宜观门口贴出"鱼玄机诗文候教"的标语。鱼玄机人样俏丽，自己也曾自负地吟下过"一双笑靥面才回，十万精兵尽倒戈"的诗句，这"候教"的标语直如平康里青楼艳帜似的，观中顿时宾客盈门，香客、文人整日与鱼玄机品茗谈诗，才貌英俊者被她留宿于观中，日日诗酒，夜夜相欢，鱼玄机过了几天神仙似的优游冶荡的逍遥日子。24岁时，鱼玄机因为笞杀了侍女绿翘，被京兆尹温璋收审后，绑赴法场处斩。

超常的才华引燃了鱼玄机胸中炽烈的爱情之火，"羞用遮罗袖，愁春懒起妆。易求无价宝，难得有心郎。枕上时垂泪，花间暗断肠"，被后人视为鱼玄机直抒胸臆的最著名的诗句。鱼玄机为追求爱情而甘为人妾，因属小妾着了裴氏的先鞭。她后来笞杀侍女，是在爱情失落、苦寂独处的情况下发生的，20来岁的鱼玄机，因属女身，宦途被天然堵死，"人不婚宦，情欲失半"，她婚姻遭逢不幸，又独居尼庵，其天性能不受到极度的压抑而扭曲吗？与侍女绿翘产生纠纷，抵牾打架，我们不排除其失手误伤的可能性。另外，自从她在咸宜观门外张出艳帜之后，被她所看中的英俊者留宿观中，而那些色狼式的不良子弟却被逐出门外，那伙被逐的色狼又岂肯善罢甘休？因绿翘失踪而加罪陷害，这等可能性也不宜排除。

才华过盛的女人难甘寂寞，自己心里本来就不易安静，加上又是个美人胚子，这秀色直如祸胎，就更是不得安宁了。鱼玄机是一个痴心追求爱情的才女，在她刚刚绽开花蕾之际便丧身法场，成为一个最年轻的刀下才女，这究竟应当归咎于何处呢？

磐石下的诗性爱情

妓女是社会地位最低下的一个阶层,她们所期待的美好爱情很容易遭遇意想不到的风波,显得非常脆弱,好像是飘动在社会强风里的一架架风筝,心比天高,浮期短暂,易于断线跌落。

唐代诗人罗隐,杭州人,唐宣宗时(859),他赶往京城长安参加科举考试,途经江西进贤时,认识了当地一个歌女李云英,此女长相出众,而且很有见识。一起聚会时,在场的宾客都怂恿罗隐当场作一首诗赠给云英(因为罗隐虽然才26岁,诗已经写得出了名),罗推辞不掉,就写了一首《西施》来讽喻历史。末句以提问方式出之,想试探一下云英的学识:

家国兴亡自有时,吴人何苦怨西施。
西施若解倾吴国,越国亡来又是谁?

云英笑笑,很快和了一首:

夫差拒纳伍胥言,放虎归山后悔难。
却怨西施贻国事,是谁过错问青天!

后来两人聚谈，非常投机，云英对罗隐从心底佩服、喜爱。两人相处时，当地县令使人传话，要云英前往陪侍，云英当即回绝。二人情投意合，罗隐如入天台，乐不思蜀，视云英为红颜知己。为了云英，罗隐在进贤耽延了一个多月。考期在即，两人相约后会之期后，洒泪而别。罗隐与李云英一别，就是12年。12年间，有不少人向云英提亲，愿出重金为她脱籍从良而尽力，可云英心里一直惦念罗隐，耐心等待，自己就一直沦落在风尘里。

在众多才子中，罗隐满腹才华，为人颇有骨气，不平则鸣，别人认为这是放任与傲慢。12年中，场场落第，总计起来，在科场失败了十次，他自嘲地写道："十次春风违我去，蟾宫冷月我嫌寒。"遂打消了入仕之念。12年后路过钟陵（进贤），又遇云英。云英以为凭罗隐的高才与襟怀，早就扶摇而上了，想不到他快40岁了，仍是个落魄的穷秀才。罗隐见云英仍在苦苦地等着他，感叹、唏嘘不已，当即以辛酸苦涩的笔调写了首《赠妓云英》：

钟陵醉别十余载，重见云英掌上身。
我未成名君未嫁，可能俱是不如人。

末二句分明是悲苦的反语。罗隐才高，云英才貌兼具，他二人究竟是什么地方不如人呢？云英同情地问他："以君之才，蟾宫折桂易如反掌，何以……"罗隐止住她，说道："文卷交上之后,还要交以'雪'为题的诗一首,以定优劣,我交上了一首五言绝句:尽道丰年瑞,丰年究若何?长安有贫者,为瑞不宜多。"

听到这里,云英不禁叫好:"好诗!好诗!"

罗隐说:"你道是好诗,朝廷诸官说是对时政不满,有讥讽之意。我因此又没取上。"

云英低头想了一会儿,说道:"茫茫人海,我与君'俱是不如人'。你就不如在天生傲骨、不媚权贵上;而我,又很喜爱你的这种气质与才华。在这个社会上,我俩就只能是时运不济,命运多舛了。"

罗隐是怀才不遇,云英才貌双全却不能得嫁罗隐,世道为什么如此不公平呢?一个真挚、深情、充满期待却又难以圆满的爱情故事,最终只是形成了这样一首苍凉、凄苦又感喟万端的诗作。

另一位著名的晚唐诗人赵嘏,出生于淮安望族,多次赴京应试,未能及第。因为他写的《长安晚秋》里有"残星数点雁横塞,长笛一声人倚楼"的诗句,被大诗人杜牧誉为"赵倚楼"。

赵嘏家在润州(江苏镇江),家里有一个美丽多情又才艺出众的小妾,两人相亲相爱,连赵嘏家里的人都忍不住有些嫉妒。唐武宗会昌三年(843),他又要去长安赶考,想带上这个小妾,因为老母亲强烈反对,只好作罢。七月十五这天,镇江鹤林寺举行盛会,人山人海,赵嘏的爱妾也赶去观光。她的标致和漂亮吸引了镇守润州的浙西节度使,这个小妾被一帮人强行架到了府衙。她惦念赵嘏,郁郁寡欢,终日以泪洗面。

半年以后,中了进士的赵嘏知道了家里迟迟捎来的这个消息,又难过又气愤,因为节度使官大,惹不起,就写了一首婉转的诗作送了上去:

寂寞堂前日又曛,阳台去作不归云。
从来闻说沙吒利,今日青娥属使君。

沙吒利抢了诗人韩翃的爱妾柳青娘,最后弄了个不愉快。浙西节度使也听说赵嘏的诗写得好,前途无量。美色与官位比较,后者为重,他自己犯不着为一个小妾影响自己的前程,于是就决定把这个小妾归还赵嘏,而且派人小心护送,要为赵嘏送往长安。送妾的一行人马走到潼关时,正好遇到了要东归省亲的赵嘏。赵嘏与小妾一见之下,悲喜交集,两个人跪伏在地,抱头痛哭,因为爱妾身体衰弱又极度伤感,竟然哭死于潼关之下……

罗隐与赵嘏的际遇说明,任何爱情在社会现实中总得有所凭依。文人们光有才气、只会写诗是不行的,在社会上还得有一定的地位,要金榜题名,谋得一官半职,个人的爱情才会有所凭依;否则,不管其所遇的异性多么知己,多么纯洁,多么忠贞,其爱情的结局只会是竹篮打水一场空。

托尔斯泰说:"只有爱情才能使婚姻神圣。"这里的罗隐是因为有骨气而求取不到功名,爱情就像难于成熟的果子一样酸涩不收；赵瑕是前去求取功名，爱妾被人夺走，所幸功名到手，被抢之妾复归，可又悲怆而殁。文人们爱情上的缘分与际遇，在所谓的盛世里，也太短暂、太脆弱了。

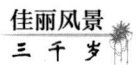

花明月暗笼轻雾

南唐的第三代君主李煜，生于公元937年。其父皇李璟挑来选去，相中了开国元老司徒周宗之女娥皇做儿媳妇。954年，李璟在都城金陵为爱子李煜操办了这场辉煌的政治联姻。比新郎年长一岁的妻子容颜秀美，且通诗书、善歌舞，弹得一手好琵琶，新婚后的李煜写了不少柔媚婉丽的作品，其中有一首《长相思》脍炙人口：

云一缎，玉一梭，淡淡衫儿薄薄罗，轻颦双黛螺。
秋风多，雨相和，帘外芭蕉三两窠，夜长人奈何。

娥皇回家省亲，李煜一人留在寝宫，辗转反侧，难以入眠，就写下了这样的长夜相思之词。

二人成亲的第八个年头，李煜登上皇位，世称李后主，娥皇被立为皇后。天妒佳偶，造化弄人，964年，娥皇忽然病倒，躺了几个月，入了深秋，29岁的娥皇便离开了这个美好幸福的世界。

娥皇染病期间，她的妹妹（史书上未传其名，与大周后娥皇相对，后人称其为小周后）常来姐姐病榻旁陪伴。每当娥皇昏睡时，她便与陪守在床边的姐夫闲聊，李煜这才惊讶地发现，数年之间，妻妹竟然出落成清丽娇俏、与姐姐多有相似之处的绝代佳人……娥皇辞世之前，李煜与妻妹就已然情愫暗通了。娥皇去世后10个月，李煜之母钟太后也故去了，李煜需在守孝三年后方能再婚。在守孝的三年里，妻妹便入宫陪伴李煜。因为没有正式举办婚礼，而一国之君又不宜公然破坏礼法，二人只好暗度陈仓，偷偷约会。

  花明月暗笼轻雾，今宵好向郎边去。刬袜步香阶，手提金缕鞋。画堂南畔见，一向偎人颤。奴为出来难，教郎恣意怜。

李煜写下的这首《菩萨蛮》，揭示了歌德所说的"寓于女人的永恒，令我们欲罢不能"的人性长河中的真理，是千秋情爱幽会中的一曲绝唱。后来有画家以此为题，创作了著名的《小周后提鞋图》，引得嗣后的文人骚客相继创作了一大批题画诗。这一切足可证实，李煜表象上是位帝王，而其骨子里是个艺术造诣颇深的性情中人。

  三年守孝期满，李后主以隆重的、不亚于迎娶娥皇的仪式迎娶小周后，辉煌与热闹轰动了金陵城。

  975年，宋太祖指挥的战争风云从北方扑压了过来，也是这年的深秋，李煜与小周后作为俘虏，带着嫔妃、大臣近千人，被宋军押上了北上的船只。宋太祖豁达大度，赐李煜为违命侯,给了个安身立命的闲散官职。第二年,宋太祖病故,其弟赵光义即位,为宋太宗。赵光义早就听说小周后是个倾城倾国的绝代佳人,便命李煜与小周后一同入宫晋见,这一见他就"惊艳"着迷,常常宣召小周后进宫伴驾,且让她陪宴侍寝,一住旬日,不放出宫。小周后怯怕自己不顺从会惹恼太宗而迁怒后主,只好暗中以泪洗面,忍辱苟活。史书记载,小周后每次自宫中返回,都是又哭又骂,而李煜只能唏嘘不已,泪流满面。在日本投降后的一个多月里,矫情镇物的周作人从古董铺买回一张春宫图,上画众宫女强按小周后的四肢,由宋太宗"强幸"之。此图与史书记载却是彼此呼应的。

武人的妻子被上级霸占,要么一笑了之,要么会去拼命(后者极少);而文人的妻子被上级霸占,则往往只会写诗填词,发泄自己的愤恨。李煜骨子里是个文人,便只能填词:

往事只堪哀,对景难排,秋风庭院藓侵阶。一任珠帘闲不卷,终日谁来? 金剑已沉埋,壮气蒿莱,晚凉天净月华开。想得玉楼遥殿影,空照秦淮。

到了987年农历七月初七,逢李煜41岁生辰,这是他降宋后在汴京度过的第三年,小周后携其他入宋的宫娥为李煜贺寿,李煜回想金陵,心如刀绞,借着酒意,提笔写下了千古流传的《虞美人》:

春花秋月何时了?往事知多少。小楼昨夜又东风，故国不堪回首月明中。　雕栏玉砌应犹在，只是朱颜改。问君能有几多愁？恰似一江春水向东流。

宅外密探听到此词，飞报赵光义。赵光义听到后极为恼怒，当即命人将一壶御酒送到李煜府上作"寿礼"，李煜知道自己大限已到，与爱妻、嫔妃们痛哭之后，毅然饮下毒酒。传说酒里下的是一种叫作"牵机叶"的毒，中毒者剧烈抽搐，头与足极度痛苦地弯曲相抵，状如牵机而后亡。小周后痛不欲生，拿起酒壶将剩下的毒酒一饮而尽，殉情而亡。二人死后，赵光义成全他们，将二人合葬于北邙山。

政治、爱情与艺术的关系已经够复杂了，这里再加上战俘与帝王、文人之间的纠葛，就更是复杂得难以言说了。单就李煜而言，爱情上至深的体味、艺术上极度的升华、生命里凄惨的收局，在他40年的升沉变化中分明是达到了"三最"的顶峰。

李煜的艺术气质近似于身后千年的共产党的一个领导人瞿秋白，瞿秋白的政治生命与艺术生命也是阴差阳错，他自嘲属于"历史的误会"。瞿秋白或许是因为爱情上被历史老人点化得不够到位，所以在艺术上未能升华到李煜那样的高度。

艺术与爱情及政治的神秘关系，自这里能为后人留下什么更深的启示呢？我想，倘有启示，或许比《孔雀东南飞》、《梁山伯与祝英台》、《西厢记》要独开一面，沉重许多。

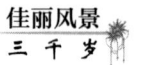

天阶夜色凉如水

杭州西湖的西泠桥畔有座小亭——慕才亭,亭柱的楹联为:金粉六朝香车何处,才华一代青冢犹存。此亭是纪念南齐名伎苏小小的。苏小小颇有才气,"妾乘油壁车,郎骑青骢马;何处结同心,西泠松柏下",就是苏小小留下的诗作。

杭州作为人间天堂,有才气的诗伎、歌伎为数不少,为何独有苏小小的坟墓在风景名胜之地留存1500多年呢?且后人还分外多情,特地修了一座纪念苏小小的慕才亭。才与情两相比较,才居其次,一个"情"字在苏小小短暂的生命中更有分量。这座慕才亭,实质上应是"慕情亭"。

作为独生女儿,苏小小出生在钱塘一个儒商之家,因为聪明内秀,深受家风熏染,自小能书善吟。15岁时,父母相继辞世,苏小小不愿旧物伤情,就变卖了家产,和乳母贾姨迁居到离闹市隔湖相望的西泠桥畔,柏松林中几间瓦房,一院梨花,一架古筝,过起了不染俗尘的闲居生活。因为年轻貌美,又有才华,仕宦客商、名流文士蜂蝶似地纷纷前来寻访。对慕名而上门来访者,苏小小或与之对坐清谈,或为之弹筝吟诗……往来之中,她爱上了家居湖州的名门公子阮郁,二人相知相爱。成婚前夕,苏小小写下了前面那首脍炙千秋的诗作。那首诗之所以会成为苏小小的代表作,关键是以松柏之经寒不凋为证,珍重爱情价值。贾姨为之做主,张灯结彩,办了婚事。过了不久,阮郁的父亲听人说儿子在钱塘与伎女鬼混,就派人将阮郁骗回了家乡湖州,严加看管,不许其外出半步。

新婚遭变,失去了爱情凭依的苏小小,性情渐渐孤僻,闭门谢客,由此而得罪了一位朝廷命官。那官员以藐视朝官之罪判其入狱,关入牢中,苏小小遂生了一场大病。出狱之后,又受风寒,沉绵不起。弥留之际,苏小小写下了一首绝命词:

妾本钱塘山住,花开花落,不管流年度;燕子衔春归去,纱窗几度黄梅雨。　斜插梳,云半吐,松板轻敲,唱彻黄金缕;梦断彩云无觅处,夜凉明月生南浦。

贾姨清楚小小是因为思念阮郁而形成的致命伤,思忖再三,才询问小小还有什么未了之事。18岁的苏小小苦笑着说:我能在最美丽的时候死去,是上天的仁慈安排。我别无他求,唯愿埋骨于西泠,不负我对山水、对人间的一片痴情。

在天地间至为秀丽的山水画图里,美好的爱情全然等同于苏小小的生命,苏小小是爱河中痴情而殁的一个典型的化身。她临殁前的遗言,不恐不怨,不急不暴,却分明含有一种由爱结晶而成的平和、坦然的强大力量。

人生于世,有友情、亲情和爱情,三者之中,异性之间的男女情感之分量至为沉重。夫妻之间,无论感情如何,在生命秘而巧妙的结晶，发生在秀丽山水之间的美好爱情，最后归宿于名山秀水。人性之美与自然之美两相结合，构成至善至美的精神家园，出现在后人眼里，无疑会是一个魅力神奇巨大的隐喻。苏小小的香车仍然行进在西泠的松柏之下，山水、人性、爱情，归根结底就应当是这样的，这才是天地间最完美的画面，是人间天堂里应有的氛围。

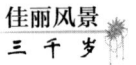

箭穿花蕊费疑猜

历史上的刀兵厮杀之后,胜方总是将败方的男子作为俘虏杀掉,而将女子作为战利品强行掳走,所谓的"马前挂男头,马边载妇女",指的就是这么回事。女俘里最有姿色的女人,理所当然得送给胜方的首领或国王。而胜方之主若是未从败方得到绝色的女俘归己享用,心里便总会感到这胜利是不大彻底的。我国历史上500多个帝王里,似乎尚未有不好色者,尤其是从马背上打出天下的开国之君的后宫里,姿色拔尖的女俘当不在少数。

宋人笔记载:"徐巨璋献女于孟昶,拜为贵妃,号为花蕊夫人,谓花不足征其色,但如花蕊之轻也。又升号慧妃,谓如其性也。"宋太祖赵匡胤素闻花蕊夫人之名,派兵灭了后蜀时,不但将孟昶押解到汴京,而且指名要将花蕊夫人也送过来。

皇帝日理万机,高高在上,一般人是无缘目睹龙颜的。作为女俘,花蕊夫人之拜见宋太祖,无异于小鹿拜见老虎。为了自己能够走出被歧视、被凌辱的黑暗牢笼,她内心是作了充分的精神准备的。她清楚,宋太祖要否留下自己,是处于可取可弃的弹指之间；而自己，是必须撩拨起这个男人占有自己的欲望。如此殿试应对，对花蕊而言，实为"背水一战"。

宋太祖面对这个绝色的美人，显然是问到了孟昶亡国的因由，而且分明是问到了"是否是因为沉溺于像你这样美丽的女人才荒政亡国的"？太祖假如不这样询问，一个女俘是不可能直接吟下这样的诗句作答的："君王城头竖降旗，妾在深宫那得知？十四万人齐解甲，更无一个是男儿！"这是一首渗透了人性本质的、阿谀得恰到好处的诗作，花蕊夫人如此巧妙的奉承之词，充分证明了她在宋太祖之前想成为一个自觉的、温顺的奴隶。后来有人认为，"更无一个是男儿"的责难会使宋太祖难堪、汗颜，也由于诗里抱怨蜀国的不抵抗主义，是要冒"触犯宋太祖之险的"。这种看法显然偏颇而肤浅。作为被特别护送到京城的一个高级女俘，她当然清楚自己在太祖面前意味着什么：对方的欲望是要否占有自己，只有火上泼油，设法更强烈地撩起对方的欲望，才能达到个人的目的。花蕊从切身经历中，也参透了蜀地兵将的脆弱与空虚，成都的14万甲兵"更无一个是男儿"，这就格外有力地烘托出只有赵匡胤这位迫使14万人投降的胜利者才是个真正的男子汉与大丈夫。美女才女，天生是崇拜英雄的；而男人，唯是被人崇拜才会感到快活。宋太祖听到一个极其美丽的女人竟用这样的诗句来归纳自己在战云中的得意之笔，赞颂自己的英伟气概，他能不眉开眼笑吗？一个美女如此"善解人意"，宋太祖对她当然是宠幸有加了。实际上，花蕊此诗是依据前蜀王衍降后唐时的承旨之作改写的，王诗云："蜀朝昏主出降时，衔璧牵羊倒系旗。

二十万人齐拱手,更无一个是男儿。"花蕊是个巧女,改动中更添神韵,实有再造之功。

工于心计的花蕊夫人,由这一首诗发轫,嗣后显然是深得宋太祖喜爱的,因为太祖起过立她为后的念头,后由于赵普的谏阻而中止。

春风得意的花蕊夫人,有一次在御苑里射猎取乐,她手持张开的弓箭,瞄准像是在逃跑、同时又忽闪着眼睛侧目注视她的一头小鹿,正欲放箭,冷不防却被一支从背后飞来的冷箭穿胸而过,跌倒在地,倒地之际,她那未合上的眸子与那只逃走了的小鹿同样的美丽……背地里扯弓射箭之人,是宋太祖的弟弟赵光义(后为宋太宗)。是弟弟见兄长宠幸这个妲己、杨妃式的女人,一旦荒政误国怎么办?还是这个女人太媚丽、太妖娆了,弟弟心里窝着另外一股嫉妒之火?笔者以为,射杀花蕊之后,弟弟会对兄长挑明这女人是个祸水,但其内心,嫉妒则是弯弓射杀的实质所在。天下绝色而到不了自己手里,赵光义心中会窝着怎样的一股火呢?

视美女为祸水,能招致一个国家败落垮台,这全是朝廷大臣们不敢直接责备圣上的含沙射影之词,而恣意享用美色的帝王们并不这么看,"祸水"式的女人能在史册上排出一长串(而且后宫佳丽作为后备梯队又愈排愈长了),就有力地证实着帝王们内在的想法与本意(封建王朝的圣上和臣下就这样上下其手地糟弄女性,这正是男权主义劣根性在政坛上的一大表现)。

与赵光义同时的南唐后主李煜（比赵年长两岁），是个有名的风流皇帝，他有一首词，记述自己与小姨子（皇后之妹，后成为小周后）花园幽会的情景："花明月暗笼轻雾，今宵好向郎边去。刬袜步香阶，手提金缕鞋。画堂南畔见，一晌偎人颤。奴为出来难，教郎恣意怜。"帝王家居然将偷情视为一种新颖而别致的取乐方式，能与帝王偷情者，当然绝对是妙不可言的女人。多种史料记载，就是这个小周后，在南唐被灭时，赵光义"逼幸"了她。宋朝开国时的一前一后两个皇帝，兄长玩女人会误国，弟弟玩女色就不误国了吗？也就是说，赵光义之射杀花蕊夫人，只能是妒火中烧所致。花蕊夫人之横死马下，只是因为她太美丽了，别的什么缘由也站不住脚。对花蕊夫人而言，最巧妙的阿谀为她赢得了最高的快乐，而极度的快乐之中又藏掖着绝大的危险。前者是她盼待的、预期的，后者则是她万万想不到的。

人终有一死，最好的死，是事先没有考虑到的猝不及防、了无痛苦的死，花蕊也算有福矣。上帝将一个女人塑造得如此巧慧娇美，善解人意，既不愿她长留于世，又不忍心她痛苦地辞世，就用了这种闪电式的手法捏走了她。

在俗世之首领帝王眼里，美女只能是尤物，对之或灭或宠，也只看帝王们各人的兴致而已。

襟怀云水的草原"细娘"

萧绰小名燕燕,出身于契丹贵族家庭,其父萧思温爱读史书,格外喜欢这个小女儿。随着年龄增长,萧绰逐渐出落得楚楚动人,她以独特的气质在草原上赢得了"细娘"的美称。在她15岁那年,萧思温看上了英俊潇洒的27岁的韩德让。萧思温与德让之父韩匡嗣同殿称臣,情意笃厚,于是萧、韩两家便缔结下儿女婚约。

969年春,二人正待成亲,忽然辽穆宗被属下杀害,萧思温、韩匡嗣等人拥戴耶律贤(史称辽景宗)即位。谁也没想到,21岁的辽景宗对"细娘"垂涎已久,一登上皇位,立即宣萧绰入宫伴驾,立为贵妃。萧绰虽然对韩德让心仪已久,但这个聪明之极的女子牢牢记着父亲萧思温在她入宫前的叮嘱与教诲,伴君如伴虎。她善解君主意,致使辽景宗耶律贤龙心大悦,时日不久,又册封萧绰为皇后。

宫廷斗争风雨无常,耶律贤早在4岁那年就因宫廷政变而被"藏积薪中,因此婴疾",即位后身体一直不大好,一切朝政大事交由萧绰处置。由是萧绰名声大振,甚至连老百姓也说,他们只知道萧皇后,而不晓得什么耶律贤。

幽云十六州(即今北京、河北及山西北部地区)在936

年被后晋石敬瑭作为献礼送给辽国后，此地即成为辽国的粮仓和聚宝盆。而北宋建国后，一直想收回这个战略要地，幽云十六州便成了双方战争的导火索及主要战场。969、976年，北宋两次出兵进攻，皆被萧绰发兵挫败。979年，宋太宗赵光义灭了后汉，乘着余威，转戈再次伐辽，包围辽之南京（今北京）。萧绰在援汉新败、易州刺史与涿州判官举城降宋、韩德让在南京死守待援的困境里，临危不乱，果断发兵。增援南京（今北京）的同时，诱敌深入，在幽州西北部的高梁河与宋军展开激战，宋军大败，宋太宗身中流矢，"仅以身免，至涿州，窃乘驴车遁去"。就在辽国大胜后的第三年（982），时年35岁的耶律贤因病而卒，12岁的儿子耶律隆绪嗣位，为辽圣宗。景宗临终颁下遗诏："军国大事皆听皇后命。"萧绰从此而临朝称制，被推到了政治权力的顶峰。这一年，萧绰29岁。

　　摆在萧绰面前的形势相当严峻。新帝年少，外敌觊觎，她便哭泣着向枢密副使耶律斜轸、南院枢密使韩德让讨教安国之策："母寡子弱，族属雄强，边防未靖，奈何？"二位大臣表示："信任臣等，何虑之有。"由于萧绰"明达治道，闻善必从"，室昉、张俭、邢抱朴、马德臣、刘景、王继忠等汉族人士得到不同程度的重用，臣僚们"咸竭其忠"，帮助萧绰将辽王朝治理得大有起色。对于刑狱大事，萧绰"犹虑其未尽，而亲为录囚"，凡是她所到之处，一时"人自以为无冤"。

由于10多年前曾有过婚姻之约，本为汉人的韩德让自然是萧太后最信任、最倚重、关系最密切的一个人。萧绰风韵正好，韩德让英壮当年，趁耶律贤葬礼之机，萧便对韩表示愿谐旧好，要让幼主称帝后尊其为继父。早欲重温旧梦的韩德让得闻此言，心花怒放。以后韩即出入宫中，昼为君臣，夜为夫妻，接见外来使节时二人并坐于一辆车上。萧、韩之风流韵事，在辽国传为佳话，但在中原，宋王朝则视其为伤风败俗的丑闻。对于宋人的看法，萧绰一笑了之。

988年秋，她在韩的寝帐中大宴群臣，公开宣布改嫁给韩德让。从此，二人名正言顺地成为夫妻。而中原呢？雄州知州贺令图早就向宋太宗上奏："契丹主幼，其母把持朝政，与汉官韩德让通奸，深受辽人痛恨。大宋可趁机讨伐。"赵光义大喜，遂向辽发动大规模进攻。

宋军此举，萧太后早有所料。宋军兵分三路：东路主力由曹彬统率，自雄州向幽州进发；中路由田重进统率，自飞狐出发；西路由潘美、杨继业统率，自雁门关出发。其战略方针是东、中两路将辽军主力牵制在幽州，西路乘机攻占大同，挥师东进，合围幽州。

萧太后集中兵力对付东路的曹彬，不断诱敌深入，继而夜半突袭，切断宋军水源与补给线之后，对其实施前后夹击。激战之际，宋军淹死于拒马河中者不计其数，其残部逃过沙河后，一支辽军又冲了过来，为首者正是一身戎装、长枪在手的33岁的萧太后，直杀得宋军抱头鼠窜，自相践踏，尸体塞满了沙河，导致河水一度中断。嗣后，萧绰又抽出身来对付西路军,潘美强令杨继业在朔州出战,杨被逼无奈,负气出攻,孤军死战,浑身几十处受伤,射落马下,被辽军生擒。杨继业从军一生,威镇边关,时人称其为"杨无敌",这次败在萧绰手中,万念俱焚,绝食三日而死。萧绰对杨宁死不降的气节赞叹不已,特传谕在塞外古北口修建杨继业庙,塑像供人祭拜受尊奉于异域北国。

这一次燕云大战时,萧太后出征,要求16岁的儿子圣宗同行,大臣们纷纷阻拦,为防万一,不让她携着幼帝上路。萧绰说道:我们是马背上的民族,连女人也御骑擅射,纵横千里,圣宗日后要独掌朝纲,怎么能不上战场,不懂军事!

从999年起,萧太后经常调兵遣将,攻入中原,几乎每次都是大胜而归。1004年,年逾半百的萧太后一身戎装,亲率20万大军,突然出现在黄河北岸的澶州(今濮阳),对岸就是北宋的京城——汴梁。宋、辽几经争执,双方终于订立了《澶渊之盟》:辽圣宗称赵恒(宋真宗)为兄,赵恒称萧绰为叔母;宋每年给辽上贡银10万两、绢20万匹。自此,契丹与中原114年间了无争战。

《杨家将》的故事被编成戏曲广为流传,其实,佘太君这个人物却虚虚实实,多采自传说故事,其间有的情节,时或流于怪诞,倒不如这个史有其人、确有其事的萧太后,年逾半百犹马上亲征,反而来得真确可信;况且,杨继业绝食死后,她传谕为之立庙塑像,尊其气节,作为一个出自北地草原的女性,更属难能可贵。佘太君这个形象,会不会是从萧太后身上拓印下来的呢?

北国萧绰非寻常,跨马弯弓走汴梁。
厮杀征战操胜券,宋君合当尊为娘。

才女钟情诚可罪

辽道宗耶律洪基的皇后萧观音，家世烜赫，算上她，其家族先后有六位女子为辽王朝六任帝王的皇后。五月生女，古来所忌，魏国公萧惠的这个女儿恰好生于1040年5月。萧惠夫妇别无良方，只能祈求上天保佑，于是便为之取名"观音"，希望她逢凶化吉，能够一生平安。

萧观音"姿容冠绝，工诗，善谈论。自制歌词，尤善琵琶"。在她立为皇后的次年八月的一天，耶律洪基又带上后妃们外出狩猎，到了一个叫"伏虎林"的地方，道宗一时兴起，命皇后就此地赋诗一首，萧观音应声吟道："威风万里压南邦，东去能翻鸭绿江。灵怪大千俱破胆，那教猛虎不投降。"道宗听罢，连称"皇后可谓女中才子！"翌日，道宗又亲手射杀了一只猛虎，他兴奋地对人夸耀："朕射得此虎，可谓不愧后诗！"

不久，萧皇后生下儿子耶律浚。皇太子出生，大臣们赶来贺喜。时为兵马大元帅的皇叔耶律重元与夫人萧氏也一同前来祝贺，由于萧氏"以艳冶自矜"，轻佻招摇，很不庄重，皇后便婉言规劝："为贵家妇，何必如此！"（《辽史》卷71）。

进程之中的女性是不轻易移情的,爱情在她们身上含有松柏之质,蕴有磐石之坚,而男性(这里并非指阮郁)在比较之下,则易于移情。俗语中的喜新厌旧,见异思迁,大抵是针对着男性而发出的爱情评价。

聪慧、才情、忠贞,在苏小小身上是个完整的统一体。18岁抱憾而终的苏小小为情而尽,为爱而灭,其所以能那么长久地得到后人的纪念,与她殁后葬身于西泠也很有关系。苏小小墓建于南齐永明十一年,到了清代,康熙皇帝南巡,1200多年过去了,这个皇帝很欣赏小小的才气,浙江巡抚又赶忙用大理石重砌小小之墓,墓前有一副对联:

桃花流水杳然去,

油壁香车不再逢。

钱塘人袁枚,刻一私章,取用唐诗"钱塘苏小是乡亲"句,有一次呈诗给某位尚书大人,诗上盖有此印,因为苏小小出身卑微,让这位尚书大人极为不满,对袁枚横加指责,开始袁枚还耐着性子听,见尚书大人喋喋不休,就不高兴了,他反唇相讥道:"公认为此印章在诗册上不合适吗?依现在看,您是一品高官,苏小小是很卑微,只恐百年以后,人们只知道有苏小小,不知有您大人了。"这是何等锋芒,此语道出文人的风骨,袁枚有才气,有胆识,才敢讲出这样铁骨铮铮的话语。苏小小魂若有知,自当粲然。

美女是诸多美的因子与精华的凝聚,是几代人遗传基因神对帝位虎视眈眈的耶律重元认为萧皇后的指责完全是冲着他而来的，于是就暗中策划叛乱。奉道宗之命，南院枢密使（并封为赵王）耶律乙辛率兵平息了这场叛乱。平息叛乱后的耶律乙辛恃功骄纵，梦想掌握更大的权利。太康元年（1075），太子耶律濬参与朝政，耶律乙辛的野心一时受挫，他便乘着道宗开始疏远皇后之机，"谋以事诬皇后"（《辽史》卷110）。

道宗为什么会疏远皇后呢？

年年狩猎，道宗骑一匹号称"飞电"的宝驹，直如离弦之箭，"瞬息百里，常驰入深林邃谷，扈从求之不得"。萧皇后不安，时时上书劝谏，道宗表面上接受，实际上"心颇厌远"；不仅如此，道宗风流成性，还把大臣李俨的妻子邢氏常召进宫淫乐。事实证明，无论是多么美貌多情的妻子，想永久性地拴住帝王丈夫的心，实际上是不可能的。

天下才女，上天注定是很痴情的。萧观音"未得幸御"，寂寞悲哀，难熬之至，满腹委屈中想到唐玄宗之梅妃失宠后将自己的住所称作"回心院"而期待唐玄宗回心转意的典故，便写下《回心院》词10首，希冀能以自己的挚情打动道宗的心。下边选录三首：

> 换香枕，一半无云锦；为是秋来辗转多，更有双双泪痕渗。换香枕，待君寝。
>
> 铺翠被，羞杀鸳鸯对；犹忆当时叫合欢，而今独覆相思魂。铺翠被，待君睡。

张鸣筝，恰恰语娇莺；一从弹作房中曲，常和窗前风雨声。张鸣筝，待君听。

此词哀婉细腻，幽怨凄美，将一个期待丈夫的妻子的温柔情怀体现的恰到好处。才女情重，这样的文字，天经地义也只能出自情深意重的才女的笔底。然而，才为绳索，情乃磐石，王朝后宫一旦以之缚定了某位女性，她又只能被无形的魔爪沉之于幽暗的深渊之底。

这等词曲，很需要演唱给耶律洪基听听。而一般的伶人，演唱的艺术水平又不够格。史载，"独伶官赵惟一能之"。宫婢单登，原是耶律重元家的婢女，善弹古筝、琵琶，常与赵惟一争能。有段时日，道宗常召单登进宫弹奏，萧后劝告道宗："她是叛家之婢，女子中难道就不会出现豫让之类的刺客吗？陛下不可不防。"道宗听了，命人将单登迁往别院。从此以后，单登对萧皇后更为憎恨。单登的妹妹清子，嫁于教坊朱顶鹤为妻，而暗地里又是耶律乙辛的姘头。单登在清子面前污蔑萧后与赵惟一私通，乙辛听到了，心中暗喜，却又苦于一时抓不住证据，他挖空心思，命人写下一组《十香词》，嘱咐清子转到了姐姐单登的手中。

有一天，趁着弹奏之机，单登取出《十香词》对萧后说道："此宋国忒里蹇所作，虽然缠绵缱绻，可又艳冶得让人喜爱。"萧后接于手中，从头至尾看了一遍。下边选录三首：

解带色已战，触手心愈忙；

哪识罗裙内，销魂别有香。

芙蓉失新艳，莲花落故妆；
两般总堪比，可似粉腮香。

红绡一幅强，轻阑白玉光；
试开胸探取，尤比颤酥香。

这《十香词》与萧后自作的《回心院》相比较，在香艳与淫秽的分寸上差异分明，可在被冷落、被遗弃了的萧后眼里，旧梦重温，也还是激起了几丝轻微的波澜。这微妙的心思，单登能觉察不出来吗？她谦恭地跪地请求："我一向倾慕皇后的飞白草书。倘能照这些香词为小婢写上一纸，留作纪念，足可称为双绝而流传千秋的。"痴情女子被感情折磨至极限之日，也最是疏于防范之时，此际的萧后，为情所惑，无异于被一群魔鬼簇拥着往前行走。萧后当即拈笔将《十香词》写成一纸。单登一边赞叹，一边又补充道："皇后那首怀古诗，小婢也心仪已久，也就顺便写在后边罢。"萧后提笔又写：

宫中只数赵家妆，败雨残云误汉王。
唯有知情一片月，曾窥飞燕入昭阳。

单登得到手书，出外与清子说："老婢淫案已得，可汗性情最忌。早晚之间，便可见她白练系颈了。"乙辛得到手书，一声冷笑,遂命单登、朱顶鹤陈首赵惟一私侍皇后之事。

道宗听后,勃然大怒,便命参知政事张孝杰与乙辛追究此事。二人对赵惟一严刑逼供,钉灼烫错等刑一一施遍,屈打成招,下进死牢。枢密副使萧惟信直言上谏:"皇后贤明端重,天下皆知,且又生育皇子,实为天下之母。怎能凭一叛婢之言而定其罪行呢?"听得此言,道宗也有些犹豫。萧惟信指着怀古诗说:"这分明是皇后在指责赵飞燕,痛恨她淫荡误国。既有此诗,她又怎么会写什么《十香词》呢?"

张孝杰说:"《十香词》是她的手笔。而这首怀古诗正是皇后恋念赵惟一的凭证呀。"

道宗问道:"何以见得这是凭证?"

乙辛答道:"'宫中只数赵家妆,惟有知情一片月',这两句里正包含着'赵惟一'三个字呀!这正是皇后的机巧所在。"

道宗听到这里,决心遂下,立斩赵惟一,命皇后自尽。

萧观音以白练自缢。道宗又命人剥去其衣,用苇席卷起裸尸,送回萧家。萧观音自尽时,正好36岁。五月生女,为天所忌,或许是真的。

天遣朝云护东坡

文坛巨擘苏东坡，一生历尽坎坷，坎坷中为身边异性写下的直接或间接的赞叹性的诗词里，首先能看到的是侍妾朝云的身影。

苏太太在杭州买下朝云作婢女时，她只有13岁，小苏轼27岁。朝云在帮苏轼料理生活之外，学习读书写字。这个本来不识文墨的少女，聪慧异常，逐渐能书楷体，且能把名人的诗词佳句集串成意顺韵谐的新作。与此同时，一天比一天出落得标致漂亮。秦少游写诗称赞朝云"美如春园，目似晨曦"。对于苏东坡写下的诗词，她念上几遍就能背熟，而且能配上合适的曲调浅吟低唱，直听得苏轼欣喜神迷，如痴似醉。

尤为难得的是，在苏东坡遭到贬谪流放时，荣华消散，原有的数妾弃苏而去，唯有朝云伴着苏东坡，北上南下，如影随形，从杭州到密州，继而又到了黄州。18岁那年在黄州时，名正言顺地成为45岁的苏东坡侍妾，并在幼儿病死襁褓之际，含泪忍痛，再陪东坡南下惠州。朝云本来就没有过王弗、王闰之姐妹（东坡二位亡妻）的宦妇生活，在东坡遭难时，又自动脱下昔时的长袖舞衣，将自己降为普通村妇，勤敏细心地躬耕垦种，为东坡洗涤缝补，克勤克俭，以度日月。东坡词《青玉案》的收句为"作个归期天定许，春衫犹是，小蛮针线，曾湿西湖雨"。这里借用白居易的宠妓小蛮，实指的却是身边的朝云。有一天在花园小饮时，朝云与两个侍婢陪在苏东坡身边，东坡抚着自己肥大的腹部问道："你们可知我肚中藏的是什么？"一侍婢说："藏的是锦绣文章。"东坡摇头。另一婢说："藏的是天下民情和国家大事。"东坡又摇头。又问朝云："你说呢？""我看你是满肚子的不合时宜。"东坡一听，眼圈立时红了："人生难得一知己。朝云啊，你可是我唯一的知己！"

苏东坡以龙图阁大学士的身份出任杭州刺史时，携着朝云游西湖。他正在考虑治湖之策，犯愁湖中之淤泥无地可移，朝云在船中指着白堤说道："你不妨学学白乐天，于湖中再筑上一座更长的堤，与白堤相衬，名为苏堤，为杭州再添一游览胜地，该有多好！"东坡与朝云，于杭州是二度重来了，听了朝云的话，东坡拊掌大笑："好主意，这个刺史给你当算了！"朝云却说："我还有个建议，给堤上要种垂杨柳和芙蓉花哩，'芙蓉如面柳如眉'，西湖会更添秀色的。"

不到三年，苏堤竣工，苏东坡又携朝云游湖时，顺手写下了这样的诗句："水光潋滟晴方好，山色空濛雨亦奇。欲将西湖比西子，淡妆浓抹总相宜。"西湖倘若只是空旷荒漫的一片烟水，苏东坡能吟出这样的诗句吗？读古诗的后人，谁不会吟诵这首诗呢？朝云有功，功莫大焉。

对苏东坡而言，朝云是人间爱情在生活中的最美好、最实际、最贴切的化身，苏东坡从她的身上，窥得了爱情的本旨与真谛。苏东坡在艰难生活中从朝云身上所得到的，又何止是什么"艳福"呢，从患难与共的角度着眼，实为洪福齐天了。否则，他能写出那么多优秀的令人击节叹赏的诗词文章吗？

苏东坡之为政，"宽简而不扰民"。他热爱人生，体悯百姓，同时也挚爱自然，这是一个心系天下、襟怀云水的艺术家。朝云与他默契和谐，相生相应，自己也才成为一个名副其实的高贵脱俗的"爱神"。朝云在惠州时，与东坡一起，开始皈依法性，为百姓散尽钱财后，过起了"思无邪"的佛门生活，东坡在词里称朝云是"朱唇著点"、"髻鬟生采"的天女维摩。到惠州两年后，34岁的朝云离开了这个世界。悲伤至极的东坡在惠州丰湖边的山脚下安葬了她，并修建六步亭，以作纪念。传说在朝云下葬后的第三个晚上，天降大雨，翌日天晴，农人发现墓地周围有硕大的足印，人们俱认为是圣者导引朝云进入西方极乐世界了，一时佛事鼎盛。

红尘之内，爱情的真谛最难捉摸。究竟什么是真正的爱情？从朝云一生的短暂生命里庶几能觅得几丝消息，与东坡一起，她善解人意，东坡沉浮之际，她不畏权势所造成的压迫，贵贱不移，忠贞不渝。20年的相濡相亲，她是用自己的全部生命显示着爱情的真谛与本旨。一个真诚的女子，是一种隐藏着的"价值"，朝云的存在，为苏东坡带来的将是无从估量的，且又足以千秋延续的好处。对此，苏东坡、朝云在世时，也未必了然。

爱情的质量是由男女两方面共同决定的。一个一辈子对谁都无情而只看到自身、只爱自己的男人，无论有怎样的才情和本事，也不值得一个真正有见地的女性去爱之，选择做终身的伴侣，这对女性而言，非不能也，天不许也。文人对女性讲究审美，远取其形姿，近则升于颈部以上，及至夜间，或约于月柳之下，或烧高烛而照临，这也属人之常情。苏东坡是个有大爱、有真爱、有至爱的艺术圣手，由他率先，朝云紧随，他二人同心协力将尘世间一个"爱"字终于推升到了天地间最完美的尺度。

作为历史天幕上的一道令人瞩目的彩虹，文化人与美女的爱情，在苏东坡与朝云身上得到了最逼真、最动人的体现。

小楼杏花第一枝

皇帝逛青楼，可不是文字上闹着玩的。而宋徽宗赵佶之宠幸李师师，却又不大像是游戏文字。

李师师出生时，其母难产而死，在汴京（今河南开封）染坊局当工匠的父亲王寅用豆浆代乳抚养女儿。当时，不论男孩、女孩，出生之后，都要送往附近的庙里请和尚为之剃度，以求免病去灾。女儿满周岁时，王寅将其送到宝光寺，请智本禅师为之剃度。禅师一见这女婴便说道："这里是庄严佛地，你来干什么？阿弥陀佛！"王寅却高兴地说："长老，这孩子就拜在您老名下，做个挂名弟子吧。"禅师微微一笑，未置可否，也不再作声。做挂名弟子一般都以"师"为名，即托付禅师庇护之意。于是，王寅便为女儿取名"师师"。

师师4岁那年，父亲遭人诬陷，被判了死刑。当时有一位曾经红极一时的妓女李姥，人老珠黄，门庭冷落，住在与皇宫后墙一街之隔的金钱巷，她手头有些积蓄，开了座名为镇安坊的妓院。李姥见师师秀丽乖巧，便将其收为养女，并请老师教她诗词歌赋、引笛吹箫。师师聪慧，进步惊人，不单善弹琵琶，尤擅画梅花，刚及破瓜之年，就色艺超群、芳名远播了。

培育李师师的诸多名师里，最有名气、艺术造诣最深的是比师师年长近 30 岁的周邦彦。周邦彦当时以《汴都赋》驰名天下，他喜爱书法，妙解音律，善自度曲，是北宋文人中最杰出的一位艺术家。周邦彦由衷喜爱李师师，李师师也真诚景仰周邦彦。周邦彦参与王安石变法后受到牵连遭贬，徽宗即位后才召他回京，只给了个国子监收税管账的小官，仕途无望，他便将主要精力用在吟诗赋词上了，而青楼酒馆又是他最易于获得灵感的场所。面对含苞欲放的李师师，他曾赋《一落索》词：

> 眉共春山争秀，可怜长皱。莫将清泪滴花枝，恐花也，如人瘦。
>
> 清润玉箫闲久，知音稀有。欲知日日倚栏愁，但问取，亭前柳。

李师师色艺俱佳，为众多骚人墨客倾心仰慕，加上她从不轻易接客，反而名声大起，誉冠京城。王子王孙、骚客才子，都想一睹其风采，有钱者一掷千金，才高者赋诗百篇。李姥也乐意以此方式吊客人的胃口，其结果是李师师的身价愈来愈高，李姥的进项也日益丰盈……李师师周岁时，宝光寺智本禅师一见面所发出的惊问，当时虽无下文，这时候才仿佛渐渐地现出了一些消息。

1100 年，宋徽宗赵佶即位，这是中国皇帝谱系中颇具艺术气质、喜好寻欢逐乐的一个风流帝王。赵佶除在皇宫里娱声贪色之外，在都城东边又营造了名为"艮岳"的雅致别墅，搜罗了一批美女，恣意淫乐。然而，色情的欲壑尤其难填。时日一长，他便对亲信太监张迪说道："久闻汴梁多美妓，你能为朕物色一个最绝色的美人么？"

张迪入宫前原是汴梁嫖客，因与人争风吃醋失手打死人命，才辗转托人走门路，改名易姓，进宫当了太监。见皇上问他，便竭力夸赞镇安坊的李师师，活脱脱是天上的仙女下凡。赵佶便让他送去内宫备下的重礼以及480两银子，只说是有位富商"赵乙"慕名欲见李师师。李姥收下礼品、银子，给师师说了许多的良言温语，师师才勉强松了口。

翌日傍晚时分，赵佶换上常人衣服，由张迪紧紧陪同，进了镇安坊。李姥见这就是出手大方的富商赵乙，备下名贵果品相陪谈笑，等夜深人静之后，才将赵乙送到临近水池的一间雅致小屋。窗外淡淡的月色将几簇竹影映入室内，幽静得非同人间。身为隐名皇帝，赵佶也有着非常的耐心。李姥直到子夜时分又悄悄地进来了，要赵乙在她的指点下临盆入浴，说是师师最讲究干净，不入浴是不行的，赵乙耐住性子，只好从命……直等到三更时候，李姥才扶着一位素色衣裙的女郎姗姗而来。赵乙见她雅致如仙，微微笑着低声问道："请问姑娘今年芳龄多少？"师师头也不抬，不予理睬，李姥忙又赔笑："她生性沉静，请官人休怪。"说罢走出房门，落下了绣帘。师师这才慢慢起立，将素色长衣解下，亮出淡绿色苏锦内衣，从墙上摘下古琴，弹奏起名曲《平沙落雁》，揉抹勾挑，娴熟自如，一连弹了三遍，一遍比一遍动情。眨眼间，晨鸡报晓，已是四更时分,赵佶便准备回宫。李姥一闪身又进来了,捧上了一盅香奶酥,追着赵乙连说几声:"对不起!客官好走,有机会再来。"赵佶出门时,月色泻地,如霜似水,时间是大观三年(1109)八月十八日凌晨。

皇上的超常举动不可能是无影无声的,几天过后,皇帝私访李师师的新闻在街头巷尾传开了,人们都说:"李师师真是史无前例的好造化哩,不知她祖上曾在佛爷面前烧过多少碌碡壮的高香。"

李姥听到这个消息,立时惊出一身冷汗,慌慌张张地拉住师师说道:"儿呀,糟了!人家自称赵乙,这不正点出了他是当今赵家第一人么!那晚上一照面,我立马就觉得这个人的相貌非同寻常,可万万没想到会是当今皇上,而你对人家又那么冷淡!这传闻3岁小孩都在传,欺君之罪,我们全家都要遭杀身之祸呀!"一面说一面大哭起来。

师师却很平静,帮李姥揩泪,并婉言安慰:"如果他真是当今圣上,到我这里来,是慕名来访的。何况当时我对他冷淡,他直到临走,也无愠色,未显出懊恼,而且那晚他又没有强迫我与他同宿,这说明他宽宏大度,还真的有点帝王气象。作为万民之上的一国君主,外出嫖妓不得手,还要处妓家以死刑,这成何体统,不影响他赵家的声誉么?皇家历来是最重名声的,外面的传说若是真的,他赵家决不会自己和自己过不去的。"李姥见师师说得很有道理,渐渐也平静下来了。

大观四年正月,张迪奉命赐师师一柄蛇跗琴,又赏白金50两。三月春暖花开日,赵佶仍如上次一样,便服步入镇安坊,师师淡妆素衣俯跪在门前接驾，李姥跪在一边连呼"万岁、万岁、万万岁"。师师陪赵佶进入一座新盖的小楼，启唇一笑，要圣上为小楼题名，赵佶挥毫，用他自诩的"瘦金书"写下了"醉杏楼"三字。师师侍坐陪酒，捧出蛇跗琴弹了一曲《梅花三弄》。一曲过后，酒意微醺，赵佶携着师师的纤纤玉手进入内室……"野花有逸趣，村酒醉人多"。经过一宵欢娱，恐怕也不仅仅是为师师的秀色和才气所倾倒，赵佶这才信服"六宫粉黛无颜色"这一诗句的奥妙所在了。

嗣后一有机会，赵佶就去幽会师师。有个妃子不解，曾问赵佶："何物李家儿，陛下悦之如此？"赵佶坦然回答："无他，但令尔等百人，改艳妆，服玄素，令此娃杂处其中，迥然自别。其一种幽姿逸韵，要在容色之外耳。"赵佶的情趣，一般人难于理解。

前已说过，赵佶也是个多才多艺者。这年九月，他发现了唐人阎立本题为"金勒马嘶芳草地，玉楼人醉杏花天"的一幅名画，加上别的许多名茶、灯盏之类的礼品，一并赠给了醉杏楼里的李师师。政和二年（1112）的一天，赵佶瞒过后宫妃嫔，又一次来到了师师身边。枕席间缱绻缠绵，他发现师师不如上次那般热情、主动，便盘问究竟："你像有什么心事？"师师惆怅地叹息道："你是一国之君，嫔妃无数，粉黛三千，什么样的佳丽得不到呢？像我们这样陋巷浅薄之地的人，再有真情实意，终究还不是落下个朝秦暮楚么！皇上呀，这种地方实在是玷辱了你，你真的不该来哩……"说着又抽泣起来，赵佶一听，更加紧紧地搂抱着她。

其实，在感情深处，或许是出于艺术气质的缘故，李师师挚情地留恋着比她更为年长的周邦彦。

有一天晚上，周邦彦打听到那日是郑皇后的生日，估计赵佶不会出宫，他实在对师师思念难耐，就趁隙赶到醉杏楼与师师相聚。周邦彦虽已年逾花甲，但形象不显苍黄，反别具成熟的魅力，他与师师刚进卧房，李姥就匆匆步入，神色慌张地说："圣上驾到！"周邦彦躲避不及，手脚失措，师师让他赶紧躲于床下。赵佶喜滋滋地进来，手提一篮黄澄澄的蜜橘，说是从潮州快马递来的贡品，特带来与师师尝鲜。师师拿一甜橙，用小剪挑开，轻轻一剖，先剥下一个，轻轻地喂到赵佶口里，赵佶顺势将师师一吻，二人调笑打趣……赵佶欲进一步动手之时，师师轻轻地推开了他："妾身今日恰逢月信，精神困乏，你来之前就准备就寝了。"她指了指半摊开的锦衾，"你是极聪明的圣主，难道未觉察么。三日之后，师师定侍陛下，尽心尽力，鞠躬尽瘁！"赵佶其实早就瞄见了半开的锦衾，见师师这样说，便又笑了："今日乃郑后生辰，你既不能陪朕，朕也不好冷落了郑后。朕即回宫，你可别吃醋哟！"师师跪送赵佶，李姥心上一块大石头这才落下。

周邦彦从床下钻出之后，对师师之胆大心细、巧于应付益发佩服。师师笑道："没有这手功夫，算什么名压汴京的仕女班头！"

第二天回家后，周邦彦回味昨宵之遇，当即写下了词作《少年游》：

> 并刀如水，吴盐胜雪，纤手破新橙。
> 锦幄初温，兽香不断，相对坐调笙。
> 低声问：向谁行宿？城上已三更。
> 马滑霜浓，不如休去，直是少人行。

这里绝妙的是"向谁行宿"的设问；"城上已三更"，是去是留，你自己看吧；三更霜浓马滑，夜行不便，我这里香氛袅袅，锦幄初温，是个多么温馨柔软的所在哟！

周邦彦的这首《少年游》简直是艺术上的极品，第二天就唱遍了行院，传遍了京城。喜爱词曲的赵佶听到这首词曲，仔细品味之后，觉得和自己脱不了干系。

三天之后，赵佶到了李家，面色阴沉地诘问跪在地上的李师师："周邦彦的《少年游》写的是我们那夜的私房之事。这是怎么回事？"师师知道闯了大祸，圣上又是个词曲行家，不得不流着泪将那晚床下藏着周邦彦之事以实相告。赵佶听罢，拂袖而去。回宫之后，以周邦彦懈怠职务为借口，下旨"革去本职，即日押解出京"。

赵佶解了心头之恨，又得意扬扬地来到了醉杏楼，结果发现师师不在。李姥回说师师赶到城外为周邦彦送行去了，话刚落音，师师已经返回，赵佶大怒，正要发威，却见跪伏在地的师师"愁眉泪睫，憔悴可掬"，心中一软，便酸溜溜地问道："你干什么去了，竟然如此伤心？"

"周邦彦被撵出京,我去送别。"

"你怎么对一个老头子这样舍不得?"

师师哭诉:"他是臣妾的音乐教习,妾的音乐本事都是他悉心教授的。那一晚他是来教我度曲的,见我身体不适,正欲离去,圣上驾到,他退避不及,便隐身床下。他已60多岁,哪有气力行男女之事,只因喜欢填词度曲,想不到被圣上误解了。何况,妾身已属圣上,岂敢又许身他人。圣上不信,可问问我的母亲。"

美若娇凤的师师为她的音乐老师如此告情,合情合理,无懈可击,赵佶忍不住笑了。他扶起师师,当即传旨:快马召回周邦彦,加升为大晟乐正。周邦彦因祸得福,内心对李师师益发地感激、敬佩。此事过后,赵佶也暗暗佩服李师师的挚情与胆识。

周邦彦写下的《少年游》,在宋代"艳词"中颇具影响,分明也代表着一段千载难逢的文坛佳话。这一桩文坛佳话的主角,不言而喻是李师师。数千年来,青楼女子的形象,倘就艺术而言,也从李师师身上得到了料想不到的升华。

靖康元年(1226),金兵猖狂,汴京告急,师师主动捐出赵佶平日所赠的金银珍宝,作为军饷开支,并托人密告张迪,请皇上恩准她为女道士,赵佶同意了。不久,金兵攻陷汴京,赵佶与儿子(宋钦宗)为金所俘。

金军主帅听说师师貌美,四处搜寻,终于在陋巷一贫妇家中抓到了李师师。金帅命降官张邦昌劝师师归降,师师断然拒绝，并痛骂张邦昌："我真不解，你们这班皇恩浩荡里的重臣，在关键时刻竟如此卑污下贱！"说罢，取下头上长簪，毅然刺喉而亡，张邦昌一伙见状愕然，摇头叹息。赵佶在牢中闻讯，不禁悲恸，为之赋诗一首：

苦雨凄风叹楚囚，

香消玉碎动人愁。

红颜竟为奴颜耻，

千古青楼第一流。

关于李师师的结局，仅只是传说，这里择取传说中最美丽的一项，谨记照抄，录以备忘。其实，数千年众多妓女群落里的事实与行状，又有哪一桩能从中国的正史中找到根据呢？李师师的经历这样奇特，而后人连她的生卒年月也无从查知。及至赵佶的这首诗作，似乎也难辨真伪。

风尘蛇虺缠惜姣

郓城有个姿色出众的妓女阎惜姣,能歌善舞又会填词,住在乌龙院内,门庭若市。

树大招风。一天黄昏,同时来了好几拨客人,有当地豪绅,也有地痞流氓,蛮不讲理,都点名要阎惜姣作陪。他们互相争风吃醋,打了起来,吓得惜姣不敢下楼。最后,祖上曾在朝中当过礼部侍郎的徐三公子占了上风,进了惜姣的香闺……

惜姣在楼上昏睡了一天。天才麻黑,昨晚被徐三公子赶跑的恶棍中有个叫李盛的,带了几个狗友雇一顶小轿进了乌龙院,不由分说,就从楼上将衣衫不整、乌发散乱的惜姣抱了下来,强行塞进轿中。惜姣之母阎婆拦阻不住,就跟在小轿后边哭哭啼啼,李盛一挥手,有两个狗友就一左一右架起阎婆飞奔起来。一行人进得郊外小河边的一片密林,李盛喝声住轿,打发轿夫离远些去,便把阎婆的口用条巾堵住,捆定在一棵大树上,接着将惜姣拖出小轿,三下五除二将上下衣裤剥去,顺手抽出裤带,将赤条条的惜姣挟持到近旁一桩临水斜卧半死不活的曲项柳树之前,背剪双手,仰面朝上缚之于树桩之上,欲行非礼。月亮正从东山升起,正在此时,冷不防突然传来一声断喝:"大胆!你们还有王法吗!"众人一看,不由一惊,月地里站着本县押司宋江,他从宋家庄探看老父回城,行经此地。李盛一伙手持短刀,呼啦一下围住宋江,双方无话可说,出拳抬脚便打了起来。江湖上称宋江为"及时雨",武艺端的了得,李盛一伙哪是他的对手,你爬我滚,提捏住丢在地上的衣衫落荒而逃。

宋江过去先为阎婆松了绑,让她过去替女儿著衣。他喊出畏缩在远处的轿夫,让他二人将哽咽不止的惜姣与母亲送回乌龙院去……阎婆这时却不肯了,对宋江道:"我们回去,他们定然找我母女闹事。押司救人要救彻底,另替我们找个安身之所吧。"母女二人跪在宋江面前,不肯起来。

宋江忽地想起晁盖。晁大哥在城里有一家杂货店,店主姓张,与他相熟,何不先送往杂货店,容后再作道理。张老板知道宋江与晁盖是八拜之交,情同手足,当然也就听宋江的安排。在杂货店里,阎婆打听到宋江年近三旬,并无家室,便想将惜姣嫁给他,这样女儿可跳出青楼,自己日后也有个依靠。阎婆托张老板为媒,恰巧晁盖那天也从乡下因事进城,他想到宋江的生活也要有人照应,也便慨然允诺。阎婆高兴,将自己让女儿填的一首词《菩萨蛮》也掏出给了晁盖,让晁转致宋江。晁盖找到宋江,挑明此事,宋江却不肯:"我之救她,毫无私念,如我娶她,岂非乘人之危,坏了江湖上这个'义'字!"晁盖笑道:"贤弟仗义,誉满江湖,如今是她心甘情愿地嫁你,不属乘人之危。这女子虽是陷落风尘,还会填词,也有些才气。喏!这是她写给你的一首词呢。"宋江一看,字迹倒也娟秀工整:"郓州城里春光好,及时雨拂天将晓。柳暗郓河堤,此时心转迷。桃花春水绿,水上鸳鸯浴。凭栏莫嫌痴,休负壮年时。"

宋江看罢,便不吭声了。晁盖又劝:"你是在危难中救她的,人家即倾心于你,死心塌地。你不纳她,该当如何?老伯那里,我替你去说,如嫌惜姣是风尘中人,先娶她做妾如何?"听晁盖这样劝说,宋江只好允诺。于是在西大街租了幢房子,择了吉期,准备与惜姣成亲。

成亲之时,贺客不少,其中也有跟随宋江习刑名之学的张文远。晚间酒宴,众人要新娘唱曲劝酒,而且就要她唱自己写的《菩萨蛮》。惜姣忸怩,声称无人吹箫伴奏。"师娘不弃,学生张文远可吹箫奉陪。"惜姣瞟了张文远一眼,此白净书生风度翩翩,穿一身锦缎长衫。伴奏之际,张文远的箫声配合得恰到好处。

婚后宋江与惜姣倒也融洽。然宋江乃江湖中人,不想因酒色而坏了武功,房帏之事渐疏,而惜姣是风月场中过惯了的,渐渐感到孤寂。这时,偏巧衙里有一要案,需宋江到外地出差三个月。师傅不在,张文远便以照顾师母为名,常来走动。自古美女爱少年,渐渐地,二人就陈仓暗度,双星巧合了。二人勾搭成欢之事,阎婆当然清楚,她多次劝女儿赶快收心,一刀两断,怎奈女儿却越拉越拢,与张文远怎么也撕扯不开。

宋江归来,很快听到了风声。他是个对女色淡泊的人,想到惜姣本来就是个风流成性的烟花女子,就以衙中有事为由,不常到西街的屋里去。

不多日子,晁盖等人在黄泥冈智取生辰纲事发,宋江利用手里职权，通风报信，送晁盖一伙上了梁山。晁盖感激宋江，差刘唐下书郓城，并送来100两黄金为谢。

送走刘唐，宋江提着招袋步出酒店，恰巧遇上阎婆，这婆子觉得自己母女实在对不起宋江，就硬将宋江往西街的屋里拽："惜姣年轻不懂事，我已经骂她多次了。你快跟我回去！"宋江多喝了几杯酒，也就随阎婆进了家门。惜姣迎住，将宋江扶进银灯闪亮、锦被平铺的屋里……宋江醒时，却发现惜姣正坐在灯下，看那晁盖写给他的书信。她见宋江醒了，摇着捏在手里的书信说道："好啊，你竟私通梁山！这是叛逆大罪，我和我妈日后可吃不消。"

宋江一翻身下了床："这，这个使不得！"他欲夺信，惜姣不给。

"把信给你也行，有个条件，你先给我写下一纸休书，免得日后连累我们。"

"我马上写，连这100两金子也给你。任你再去嫁人，只是，千万别嫁给张文远。"

"张文远怎么啦，你当着朝廷的官，却干这叛逆之事，张文远他能干出这号事么！"

这话戳痛了宋江的心，一伸手拔出了床头宝剑："你再胡说，我宰了你！"

灯下剑光闪烁，捏信的惜姣心里一慌，脚底打滑，失去平衡，身子往前一倾，胸口正碰在剑锋之端，顿时鲜血喷溅。宋江一时手足无措，惊叫一声，赶忙抱住了她。惜娇在他怀里挣扎一阵，举起手中的书信："你……你快把这烧掉！"她望着熠熠的烛光，烛光在她的眸子里跳了两跳，便渐渐地闭上了……宋江眼里涌出了两滴泪珠。

《水浒传》是一部难得的好书，而其中写到女性的文字，却难脱迂腐之嫌。山东民间父老对其中女性之传言，反而更接近于真实。这里所录阎惜娇与宋江的故事，即来自民间。

暗香盈袖的李清照

李清照是宋代首屈一指的女性文学家，可惜其诗文多已亡佚，六卷《易安词》里只传下一卷后人收集的《漱玉词》。

李清照之父李格非，官至礼部员外郎，母亲是状元王拱辰的孙女，天资聪颖的李清照自幼在优裕的环境中耳濡目染，很快出落为一位稀有罕见的才女。李清照嫁给了赵明诚，赵明诚之父赵挺之，宋徽宗时曾官至宰相。赵李两家是同乡且兼有戚谊，又门当户对，两家结为姻亲，是亲上加亲，夫妻之间如胶似漆，爱中有爱。

赵明诚是国子监中的一位太学生，留京读书时，妻子常寄抒写相思的词给丈夫。丈夫觉得妻子在诗词上胜于自己，心里有些不大受用。他不甘心处于妻子的下风，就把自己在屋里关了三天三夜，接连写成了50多首词，将李清照寄给他的《醉花阴》也夹带其中，让同窗好友陆德夫进行品评。陆品诵再三，最终还只是肯定了那一首《醉花阴》：

薄雾浓云愁永昼，瑞脑销金兽。佳节又重阳，玉枕纱厨，半夜凉初透。　东篱把酒黄昏后，有暗香盈袖。莫道不销魂，帘卷西风，人比黄花瘦。

文学素养之高低，看来不是人力所能强求的。自那以后，赵明诚不得不从心底佩服自己的妻子。

封建时代，从来就不指望也不希冀女儿家沉浸于文学之中。李清照作为特例，与丈夫彼此唱和，赌胜为乐，在闺房之趣、夫妻闺情里自是很高雅又很愉悦的一页。爱的园林里，这是一缕盘桓于恩爱夫妻之间的清洌潺湲的清泉，人不醉心醉，颜不醉神迷。

人之在世，谁也不能不犯姻缘上的错误。李赵联姻已属于天作之合了，而天作之合也不可能始终天衣无缝。建炎南渡，赵明诚做过一任建康知府。有一天城里突然出现叛乱，赵知府慌了神儿，自个儿缒城先逃。轻松的闺房游戏不同于严峻的现实生活，妻子是才高貌美的浪漫才女，她此时才发现丈夫是骨头里缺钙的半吊子文官，彼此的爱情生活里能不形成裂隙么？好在李清照45岁时丈夫忽然病故，这一幕业已露馅的姻缘剧没有再续演下去。这等扫兴之事，李清照当然无心付诸文字，然而，明眼人从她留下的"生当作人杰，死亦为鬼雄；至今思项羽，不肯过江东"的诗句里，也还是能看出她窃恨男人们不争气的巨大抱怨，这等男人里，也依稀地闪动着赵明诚已逝的身影。这首《绝句》非常耐人寻味，对李清照而言，与其像自己这样将爱情付托给站不直身子的文人，真不如像虞姬那样让爱情皈依于霹雳闪电式的武人。李清照自己是有苦难言，虞姬持剑自刎，倒是个痛快淋漓的收局。

赵明诚死后，李清照是否又嫁给了右承侍郎张汝舟，重婚很快破裂，最后打官司而离异，这是个有争议的题目。持否定之议者认为，李清照才气过高，才气过高者在为文时难免有伤忠厚，李清照再嫁之说，就是被她批评者所捏造的嫁诬之词。这些好心的维护者，认为李清照那样高雅的女性，不可能再嫁于人。在这个世界上，就爱情而言，男性大体上是业余的，而女性则高度地专业化。从李清照那首著名的"三杯两盏淡酒，怎敌他晚来风急"、"守着窗儿，独自怎生得黑"的《声声慢》及所能见到的文字来忖度，中年的李清照是很难熬得住冷清寂寞的嫠妇光阴的，让她这样的人活活守寡，真不如离开这个世界。如果硬要说她是为亡夫赵明诚守节，我看也难，因为李赵相比，李清照也太阳春白雪了，赵并非她理想中的如意郎君，为这样一个丈夫去守节，在李清照也不大可能。另外，被李清照从艺术上所批评过的那些文化人，艺术上无法与李比肩，为了反驳，就用嫠妇再嫁去诋毁她的人格，凭此来抬高自己在艺术上的地位，这不将自己的形象弄成个"文痞"了么？能被李清照放在自己笔底进行品评的文人，人格不至于如此堕落吧。

李清照作为超群出众的才女，她的爱情追求是顽强而炽烈的，而其追求的进程又是暗流横生、波澜起伏的。在这个世界上，一切花好月圆的境界都是转瞬即逝的，在人生道路上不管怎样地"寻寻觅觅"，永远也不可能找到尽善尽美的爱情与姻缘。由此，我便相信李清照在赵明诚死后，身心憔悴，不久即嫁于张汝舟之说。张汝舟是个"驴粪蛋子外面光"的伪君子,因谋图李清照身边尚存的文物,结婚初始对妻子还不错,渐渐地,夫妇间在文物支配权上有了矛盾,继而,丈夫因不能俘获妻子的心而恼羞成怒,大打出手,心性高洁而又刚烈的李清照,张汝舟凭拳头能征服吗?李清照便告发了张汝舟当年在科场舞弊过关的旧账(新婚伊始,丈夫得意忘形而吐露给妻子的)。这场官司的结局是张汝舟发配柳州,李清照也被套上枷锁送进了牢狱。李清照虽然在朝中友人的帮助下只坐了九天牢,心灵深处却留下了永难愈合的伤痕。

正是由于这种跌宕曲折、痛苦难堪的经历,李清照遗留下的文字里才有了"凄凄惨惨戚戚"这"最难将息"的愀怆词句。

女人爱时,男人当知惊惧,因为她这是全力以赴,牺牲一切,别的什么都抛诸脑后了。李清照是爱赵明诚于先,留下一句"至今思项羽"(并非是"至今思明诚");李清照从张汝舟于后,决裂之际,不惜舍身系狱——她的一生,俱是将整个生命为一个"爱"字而孤注一掷的佐证。

江风擂鼓的梁红玉

梁红玉其人,不见于史,可她作为南宋女将,封安国夫人(后改杨国夫人),而且曾在黄天荡与夫君韩世忠一块阻击金兵,击鼓助战,阻强敌48日,这却是尽人皆知的事实。

宋钦宗即位前一年(1125)之初秋,镇守两江的老将王渊在镇江金山接待视察江南防务的副枢密使宗泽时,欲招歌妓侑酒相陪。宗泽生活严谨,对此不感兴趣。王渊说道:"我其实也不喜此俗套,但听说这班歌妓中有个叫梁红玉的,工于词律,剑术也娴熟,便想召她前来助乐。"对填词度曲宗泽倒不在乎,此女居然又谙剑术,宗泽便点头应允了。

出现在宴席前的是一位淡雅清新、仪态端庄的娉婷少女,约有十五六岁。王渊让自己身边的副将韩世忠先取上文房四宝,让她填一首词上来。梁红玉问道:"不知以何为题?"王渊对楼下滔滔的江面一瞥:"就以这长江景色为题吧。"梁红玉填写时,王渊与宗泽悄然离座,至其身后,看她能填些什么:

揽胜寻幽迹,名寺且登临。扬帆远驰万里,无计记征程。铺设银波浩渺,浮起青峦荡漾,龙虎会风云。　　对清波，抒心事，总难平。中原板荡，令人长忆李将军。破剑刘郎何在？千古见胸襟。自愧青楼女，无处请长缨。

35岁的副将韩世忠是陕西绥德人，文韬武略，是个全才，他从旁一见此词，不由得暗暗吃惊，便重又打量这个胸襟不俗的青楼歌妓。宗泽对王渊笑笑，说道："古人云'百步之内，必有芳草'，今日看这个女子的文字，此言诚不谬也。"

当梁红玉从韩世忠手里接过40斤重的佩剑舞动之际，宗泽又是一惊，这一招一式，竟与他的同窗好友梁兴的剑法极为相似。而这梁兴，在平方腊之战时，被统帅童贯以贻误战机之罪问斩了，家属不知去向。宗泽细辨梁红玉的相貌与行止，便断定她很可能是梁兴之女。在她收剑施礼时，宗泽问道："姑娘，你的父亲，可是曾任过徽州总兵的梁兴将军？"他这样一问，梁红玉禁不住双泪交流，连连点头，一时哽咽得说不出话来……

也就是在这一次宴席上，宗泽与王渊做主，让梁红玉与韩世忠结为夫妻。从此以后，梁红玉结束了风尘孽史。

宋金战争起时，韩世忠在河北力抗金军，宋高宗南下，偏安临安（杭州），韩世忠升至浙西制置使，与岳飞、刘琦、张俊并称南军四帅，屡挫金兵。

1130年初，金军蹂躏江南，宋高宗一如惊弓之鸟，先陆路后海路仓皇逃命。韩世忠率领所部8000人马东进，堵住长江口,增造海舰,准备截断在临安等地焚掠的金军归路。

追击宋高宗的金军统帅完颜宗弼统领10多万大军开始北撤时,避开长江口一线,打算从镇江撤军北归。韩世忠侦知金军这一企图后,当即溯江西进,抢在金军之前赶到了镇江。面对兵力十数倍于己的金军,梁红玉一身戎装,攀上了中军旗舰几丈高的楼橹,高瞻远瞩,视敌如蚁,以中军旗鼓为号,敌向东,她就指挥丈夫率军向东;敌朝西,她就指挥丈夫挥戈而西,直杀得完颜宗弼走投无路,叫苦不迭……宋军逼迫得金军溯江西进,进入了长江南侧的一条断头港——黄天荡。若非贪财的土人暗中指点,连夜打开老鹳河故道,金军几乎是插翅难飞。完颜宗弼侥幸北归后,每遇到一个亲戚朋友,就流着泪诉说过长江的艰难与危险,声称自己几乎丢掉了一条性命。

扬帆远驰大江,"龙虎会风云"。谁能想到,滔滔大江几丈高的楼橹里,有20来岁的一个戎装女子,风掀秀发,她擂鼓挥旗,指引8000将士将10多万金军堵拦了48日。女性在战云中的留影,这恐怕是古今中外最辉煌的一帧玉照了。从那以后,金军虽也多次南犯,却再也不敢轻易地过长江了。

昏君主政,奸臣当道,击鼓抗金之后过了10年,岳飞被以谋反罪捕入狱中,韩世忠、梁红玉夫妇极为气愤。《宋史·岳飞传》载:"狱之将上也,韩世忠不平,诣桧(秦桧)诘其实。桧曰:'飞子云与张宪书虽不明,其事体莫须有。'世忠曰:'莫须有三字何以服天下?'"

1142年,岳飞被害。韩世忠、梁红玉无奈,便一同上表,纳还官诰,在西湖灵隐寺旁筑一茅舍以度余年……

玉骨成尘　沈园留香

　　陆游在世 86 年，属于长寿的诗人。他与唐琬的爱情悲剧，在他个人的生命里延续了 60 年，在后人心目里业已延续 800 年了。去过绍兴沈园、读过有关其爱情诗文的人，都在反复地咀嚼这一幕爱情悲剧所蕴含的意义。

　　绍兴十五年（1145），20 岁的陆游与聪慧、温柔的表妹唐琬结婚，情投意合，鱼水相得，相处的幸福和谐。有的文字记载，是陆游的母亲见儿子沉溺在温柔乡中，担心因此荒疏学业而失去世代簪缨的功名，加上又厌见唐琬过分地活泼开朗，三年未生儿育女，便棒打鸳鸯，刀斫连理，要儿子休了唐琬。小两口苦苦哀求，亲朋们再三解劝，无奈陆母执拗不从，使这一对燕尔情侣终于分手。两年后，陆游在母亲的安排下与王氏成婚，唐琬也改嫁赵士程。青春中美好的姻缘不可多得，世间多少男女反复寻觅，一辈子也与美满婚姻无缘。陆游之母，为什么就这样的不明白呢？

　　陆游 30 岁那年，去绍兴城南的沈园散心，碰巧遇上了赵士程、唐琬夫妇，"唐以语赵，遣致酒肴"，饮酒归饮酒，表面上也许还强颜欢笑，而陆、唐之彼此伤心，却不言而喻。分手之后，陆游难以自抑，将一首字字血泪的词作《钗头凤》题于墙壁。佳作有翼,传扬迅疾。嗣后,唐琬听到此词,肝肠寸断,也和了一首《钗头凤》。"怕人寻问,咽泪装欢","讳道相思,自惊遥夜",这种在灵魂里燃烧不已的爱的火焰,在女性身上分明更容易形成致命的暗伤(女性被不幸爱情伤及生命者,显然较男性为多)。沈园会面后不久,"病魂长恨秋千索"的唐琬即忧思成疾,缠绵不起,九年后撒手人寰(唐琬的和作《钗头凤》,足可证明唐琬也是一位不可多得的才女)。

唐琬辞世之时,陆游39岁。将近70岁那年,陆游已入老境,几近沈园,心中仍隐隐作痛,他写了一首诗,题为"禹迹寺南,有沈氏小园。40年前,尝题小词一阕于壁间。偶复一到,而园已易主,刻小阕于石,读之怅然。"

诗中有这么四句:

> 林亭感旧空回首,泉路凭谁说断肠?
> 坏壁醉题尘漠漠,断云幽梦事茫茫。

生死异路,感伤不尽。

75岁时,陆游再至沈园,吟下这样的诗句:

> 城上斜阳画角哀,沈园非复旧池台;
> 伤心桥下春波绿,曾是惊鸿照影来。

81岁时,行将谢世的陆游还梦见过沈园,唐琬已经过世40多年了,他仍吟下了"玉骨久成泉下土,墨痕犹锁壁间尘"

的诗句，凄凉至此，钟情竭极！

陆游题于沈园壁上的词里有"错！错！错！"三个字，这"错"字铸成了陆游刻骨铭心的恨，永久难消的悔，他悔恨自己懦弱地依从于封建道德，顺从了母亲之命，铸成了终身悔恨的大错，写下了自己生命里的一大败笔。

男与女在天地间从形成的那一天起，就是通过爱情来互相塑造、互为补充的，致使人类的文明进程，也是由二者共同推进的。在艺术与文学上，这两首《钗头凤》长歌当哭，是男女执着感情在词坛上所留下的最动情的交叠着二重性的悲歌与绝唱。镌刻于沈园，直是压斜了中华东南所有的关于爱情的墓志铭。

陆游的爱国之忱与他爱情上的忠贞之心是同等炽烈的。两者在爱的天平上是平衡的。陆游辞世不多久，金代的诗人元好问写下了"问世间情为何物？直教人生死相许"的词句，仿佛就是写给陆游与唐琬的。又过去700年，与陆游同生一地可谓比邻而居的鲁迅先生写下过"无情未必真豪杰，怜子如何不丈夫"的诗句，而且他自己在个人婚姻上也违却母命，坚定地在爱河里走自己的路。倘游绍兴，看了三味书屋再转身进入沈园，将陆、鲁二人细作比量，人们会发现二人之间存留着微妙的借鉴消息。

陆游、鲁迅，是美好感情上的两座大山，在文坛上也是并峙的佼佼者。陆游与唐琬，因文字与感情相契相亲，唐琬早殇，陆游则是被爱情光芒瑰丽地照耀了一时，又被其以凄楚的光晕笼罩了一生，这在文坛上真有点空前绝后。

如果将陆游与鲁迅比照而读,真的,一个爱情上朝三暮四的人,我们很难设想,他会是一个伟大而忠诚的思想家或文学家。如果说尘世间尚有炉火纯青的爱情,陆游与唐琬,庶几近之。

断肠才女朱淑真

一个生卒年不详,经历也无甚大周折的宋代女子朱淑真,为什么会名列《辞海》之中呢?因为她是个女作家,有《断肠集》、《断肠词》传世。她写过一首《元夜》,记述与情人相会时的情景:

> 火树银花触目红,揭天鼓吹闹春风。
> 新欢入手愁忙里,旧事惊心忆梦中。
> 但愿暂成人缱绻,不妨常任月朦胧。
> 赏灯那得功夫醉,未必明年此会同。

这首诗描写了一对恋人追求自由的大胆与热烈、艰难与喜悦,着力刻画了其内心活动的真挚与细腻,文字之巧妙与抒怀之率真,在历代女作家的诗词中属于很别致、很突出的佳作。"未必明年此会同"——明年会怎么样呢?由此,我相信下面的《生查子》也是朱淑真的手笔:

> 去年元夜时,花市灯如昼。
> 月上柳梢头,人约黄昏后。

> 今年元夜时，月与灯依旧。
> 不见去年人，泪湿春衫袖。

许多《词选》将这首《生查子》归列于欧阳修名下，委实有看不起女性作者之嫌。

朱淑真是浙江海宁人，生于仕宦家庭，自幼聪慧，通音律，能书画，主要生活于杭州。作为有个性、有追求的天真无忌的少女，她敢于突破封建规程的禁锢，除元夜与心上人相会之外，春夏时又与恋人放舟西子湖。她在《清平乐·夏日游湖》中写道：

> 恼烟撩露，留我须臾住。携手藕花湖上路，一霎黄梅细雨。　娇痴不怕人猜，和衣睡倒人怀。最是分携时候，归来懒傍妆台。

杭州西湖也真是个爱情圣地，这里所遗下的爱情类诗词车载斗量，而朱淑真留下的有限的诗词，却足以证明她是一位才情卓异的女子，她的鲜活文字与她放浪形骸的初恋形姿珠联璧合，在西湖上下组成的无疑是别样动人的一帧风景。

美好的爱情只能是短暂的。宋人魏仲恭在《断肠集》序中写道：朱淑真"早岁不幸，父母失审，不能择伉俪，乃嫁为市井民家妻。一生抑郁不得志，故诗中多有忧愁怨恨语。每临风对月，触目伤怀，皆寓于诗，以写其胸中不平之气。竟无知音,悒悒抱恨而终"。才女嫁为市井民家妻,等于是凤凰被关进了鸡窝里,朱淑真怎能不"悒悒抱恨而终"呢!

朱淑真简直就是为了一个"爱"字才生到这个世界上来的,而包办婚姻又无情地断送了她天真美好的爱情憧憬。习俗无声,却极为残酷。其父母之"失审"举措,很可能与朱淑真元夜之月下"缱绻"及湖上之人怀"娇痴"是草蛇灰线式的因果关系,是封建礼教与世俗法规对不加检点者所带来的沉重的责罚,是强行扼定她的无形枷锁。

独行独坐,独唱独酬还独卧。伫立伤神,无奈轻寒着摸人。

此情谁见?泪洗残妆无一半。愁病相仍,剔尽寒灯梦不成。

——《减字木兰花·春怨》

艺术是映在意识中的一片气息。对年轻女性的生命而言,文字对个人爱情暗地里起的是添油加火的作用。爱情无着,在这个世界上空有强烈的追求而一无知音,促使朱淑真陷入极度的痛苦之中,此时此际,她写下过这样的诗句:"女子弄文诚可罪,那堪咏月更吟风";"益悔风流多不足,须知恩爱是愁根"。抱怨风流,后悔恩爱,转憎"弄文",朱淑真不知道自己在痛苦中该去怨恨什么。

哭损双眸断尽肠,怕黄昏后到昏黄。

更堪细雨新秋夜,一点残灯伴夜长。

《秋夜有感》

对朱淑真而言,爱情与生命是融为一体的,失去爱情等于是失去了魂魄与生命,最后便决绝地选择了死亡。一个才女,抱恨终天,分明是爱情断送了这个800多年前的爱情至上主义者。

朱淑真的爱情际遇,与南齐那位苏小小颇有相似之处。苏小小将与心上人结同心的地点选择在"西泠松柏下",朱淑真则用"悒悒抱恨而终"进行了最后实践,她二人在爱情追求上的纯洁与坚执,为整个西子湖增色非浅。倘是借用后人所立的"慕才亭"来一并纪念朱淑真,也未为不可。朱淑真究竟活了多少岁,谁也说不清楚。与苏小小有别的是这个断肠女为后人留下了《断肠集》与《断肠词》。朱淑真的生命纯然是为爱情而断肠,倘是单从爱情角度着眼,朱淑真在艺术上的才华与成就,与她同时代的李清照是难分轩轾的。

从苏小小、朱淑真、李清照的诗作来看,才女们的诗作不论多么卓越,多么优秀,也不能够帮助她们建立自己的爱巢;所能起到的抒怀之效,只是让后人从文字中检点诗的作者在爱河里是怎样的一个"断肠"人、失败者、沉溺者——在蛾眉队列里,与才气同生共长的爱情追求,放眼去量,似乎只是对文学艺术起到了不寻常的推动作用。对蛾眉本身,才与爱的合成在她们的视野里似是一支燃烧着的忽悠闪动的泪滴不已的蜡烛……

风刀霜剑逼严蕊

对于有才气的妓女而言，性与爱几乎是无法统一的，她们从职业上提供声色服务时，纯粹是一种财色交易，虽说是"夜夜入洞房，宵宵留客新"，却与"爱"字很难沾边。这种情况无形中又决定了青楼中之佼佼者，虽广交异性，为之献艺献身，而自己心底炽热的爱情火星并未因低贱的职分而彻底泯灭。相反，一旦遇上个自己认为值得真心相爱、以身相许的男子，"金风玉露一相逢，便胜却人间无数"，这位妓女会超乎寻常地显示出勇敢与坚贞的一面，于她所钟情的这个男性，其痴情与专一，比封建礼教严格制约下的贞女节妇有过之而无不及。唐代徐州名妓关盼盼，明代河南名妓刘盼春，金陵妓女杨玉香，清初扬州名妓沈素琼，俱是令人注目的例证。

南宋的严蕊，字幼芳，16岁时被其姑父卖入娼门，《齐东野语》称其"色艺冠一时"。稍长，结识了天台驻军里的一位武官，原指望靠这位武官跳出火坑，想不到被他送进了另一火坑，成为"以侍军士之无妻者"（《万物原始》）的营妓。（中国娼妓制度始于公元前7世纪中期战国时的管仲，汉武帝时又出现营妓，到了宋代，私娼、官妓与营妓兼而有之）。

台州知府唐仲友有一天赏月宴客，派人用一顶轿子将"善琴弈、歌舞、丝竹、书画"的严蕊抬进了府第,让她为客人们弹琴助兴。酒酣耳热时,座客中一位文人谢元卿想试试这个秀媚女子的文才,让她以"谢"字为韵,填一首《七夕词》。严蕊稍事沉吟,即刻填了首《鹊桥仙》:

"碧梧初出,桂花才上,池上水花微谢。穿针人在合欢树,正月露玉盘高泻。 蛛忙鹊懒,耕慵织倦,空做古今闲话。人间刚道隔年期,指天上方才隔夜。"

将天上人间情景合而为一,用56个字将时空感受糅合得高雅清新,合府宾客无不点头称妙……

日月易过,时值阳春,唐仲友见厅前桃花盛开,有一株红白相间,别样逗人喜爱,便又打发人将严蕊抬进了府里,厅前设酒款待时,命其以"红白桃花"为题填词,严蕊立时又吟成《如梦令》一首:"道是梨花不是,道是杏花不是。白白与红红,别是东风情味。曾记曾记,人在武陵微醉。"严蕊才思之敏捷,词作情味之真醇,令唐仲友不禁又一次击节、叹赏……北国丽人,南地佳姝,唐仲友见得多了,却从未见过严蕊这样才情殊异的女子。

女子有才,在爱字上又暗暗地有所追求,从客观上看,她则无异于是在攀登爱情之石所垒起的悬崖。

淳熙九年(1182),朱熹以使节行部至台州。

他从前与唐仲友有隙，到了台州便弹劾唐，且认定他与严蕊有私情。按宋时规定，"帅、郡守等官虽得以官妓歌舞佐酒，然不得私侍枕席"。如若查实，官吏予以严处。朱熹是一心想收拾唐仲友的，为坐实其罪名，便将严蕊这个"妓中翘秀"抓到狱中，审了打，打了再审，对这个身材纤弱、皮肤白嫩的女子遍施酷刑，要她攀扯唐仲友下水，据此以定其私通妓女，淫词唱和，诽谤朝廷的叛逆之罪。死去活来，严蕊被折腾了一个多月，狱吏见她血迹斑斑，苦不堪言，有些怜悯地规劝她："你还是招认了吧。身为妓女，你认了也判不上什么罪，何苦让人家将你往死地送呢。"严蕊答道：身为贱妓，纵合与太守有滥，科也不至死，然而"是非真伪，岂可妄言！虽死，不能诬也"。她宁肯被活活地打死，也不愿说假话去伤害他人。

唐仲友其人真的喜爱严蕊吗，外人不好妄断；而严蕊的自尊自爱，坚持做人的根本，却是不争的事实。

在这个世界上，美，需要镜子，更离不开善良、正直而又明智的鉴赏者、观察者。不久，朱熹改官，岳霖继任，怜悯严蕊病瘁，便趁贺节之际将她从牢中提了出来，命其作词自陈，严蕊"略不构思"，即吟成一首《卜算子》：

不是爱风尘，似被前缘误。花开花落自有时，总赖东君主。
去也终须去，住也如何住？若得山花插满头，莫问奴归处。

好一个坚强的女子，真乃天生的才情，天生的惊人的血性与骨气。岳霖深深被感动,当即释放了严蕊。

官衙数易其人,严蕊则是无缘无故地受尽折磨。一个弱女子为什么能这样刚强呢?因为美的天性是追求光明,严蕊心底存贮着尊严与希望的火种,为了追求从爱坛上所投射过来的一线光明,她宁肯粉身碎骨。这属于典型的飞蛾扑火,烧毁了须与翅,幸未成灰而已。

大地上最卑微的小花,也能给人以深沉的难于用泪水表达的情绪。严蕊这样地位卑微而又卓异优秀的女性,好像是专门为了"爱"才出现在这个世界上的。"若得山花插满头,莫问奴归处",她所追求的那一种真爱与大爱,在官场衙门里实在没有什么立锥之地,或许,只能到山乡荒野去寻觅。天地间最优秀的女性,温柔与刚烈在其躯体上是统一的,严蕊其人,至少有以下超越凡俗的气质:令人销魂的姿色,教人惊叹的才气,魅力出众的美德,坚卓、神秘的意志和节操。面对染血的棍棒和皮鞭,她是不惜一死的一位女神。

朱熹是南宋的哲学家、教育家,从教50余年,以博览和精密分析的学风影响着后继的学者。但在对待严蕊的这件事上,尽管老先生动用了无情的权力和棍棒,最后也未能征服一个地位低贱的妓女。在人的尊严面前,朱熹败给了一位勇敢贞烈的女儿家。诚挚的人格与姣好的女性往往天生是统一的,恶浊势力可以从生理肉体上去摧毁她们,想要征服其灵魂,却做不到。因为美丽的躯体是高贵精神唯一而真实的神庙,在严蕊的躯体里,那种刚柔互济所形成的微妙的力量,朱熹这样的人是不可能看到的。

妙手补天的马秀英

提起笔时,本文题目初拟为"大脚立地,圣手补天"。仔细想去,缠足习俗是自南唐后主李煜的手底兴起的,过了400年才有马秀英,她被后人称为"大脚皇后",充其量也只是拥有普通女性的一双天足罢了。形成天足的原因是马秀英聪颖胆大,又喜读史书,不仅女红出色精巧,还能写一手好文章。郭子兴夫妇着实喜爱这个收养的义女,不忍心折磨她,便抵制住了让爱女缠足的习俗。

元朝末年,吏治腐败,适逢黄河决口,百姓无以为生,纷纷揭竿而起。1352年,郭子兴在濠州(今安徽凤阳)起兵,响应韩山童、刘福通在颍州(今安徽阜阳)发动的红巾军起义。一日清晨,一个高大、黑脸、面颊稍长、下巴显大、前额微突的和尚来到濠州城门,声称"我要见你们大帅",郭子兴见他是个魁梧汉子,便收在身边作为亲兵。此人就是朱元璋。

朱元璋足智多谋,勇猛非凡,郭子兴的夫人张氏见其相貌不俗,为了笼络住他,便建议丈夫将义女马秀英许配给他。朱元璋从一员小将一跃而成郭子兴的女婿,将士们便不再奚落他,改称其为"朱公子"。马秀英见丈夫精明,却是当一天和尚撞一天钟,便规劝道:"义父将我许配于你,是要你建功立业,可你胸无点墨,只能逞匹夫之勇,这怎么成呢?"由于妻子反复劝说,朱元璋在征战之余只好抽些时间读书,受益匪浅,渐渐地有些大将风范了。

郭子兴的两个儿子,见这个当过乞丐、和尚的人与他俩称兄道弟,而且屡立战功,便在郭子兴面前造谣生事,称他日后必定谋反。在一次会议上,朱元璋直抒己见,触怒了郭子兴,郭便拘捕了他,而且不允许别人给他送饭。马秀英见丈夫饿了一天,便从厨房悄悄拿了些刚出锅的热饼,揣在怀中,刚从厨房出来就与母亲撞在一起,"后窃灶饼,怀以进,肉为焦"。张氏为之解衣取饼,流着泪为之敷药,问明情由后,便耐心地劝说郭子兴,释放了朱元璋。

1355年初夏,朱元璋率部从安徽和县渡过长江,马秀英与随军的家属们留在和县。23岁的马秀英认为元军很快会封锁长江,隔断义军和家属们的联系,她当机立断,率领家属渡江与义军会合。义军家属刚至对岸,元军即封锁了长江。

渔家出身的陈友谅1359年自称汉王,曾与朱元璋在长江下游进行过数年你死我活的战争,《剪胜纪野》载:"太祖尝为汉兵所逐,马后负之而逃。"马秀英的天足在刀光剑影的沙场上可真是发挥作用了,比她身材高大的丈夫负了重伤,马秀英若是个小脚女人,怎么能"负之而逃"呢?

1368年,朱元璋在南京登基称帝。登基大典过后,朱元璋挽着皇后马秀英的手说道:"我从一个农民起家能当上皇上,外靠功臣,内仗贤妻,真是三生有幸呀!"马皇后答道:"妾闻夫妇相保易,君臣相保难。陛下不忘妾同贫贱,愿无忘群臣同艰难。""鸟兽尽,良弓藏;狡兔死,走狗烹"早就是登基帝王们心照不宣的拿手戏了,36岁的马秀英,当即就向登基为帝的丈夫进行提示。

大将李文忠镇守严州,杨宪诬陷其在严州为非作歹,朱元璋拟将其召回。皇后说:"严州为边境重镇,轻易更换将帅,后果莫测。李文忠素来正派,杨宪之言怎么能轻信呢?"朱元璋接受了皇后的建议。后来,李文忠在边境抗敌,立下大功。

一代文宗宋濂被人称作开国文臣之首,他曾任太子朱标的恩师。由于受孙子宋慎和胡惟庸案的株连,被朱元璋判处死刑。朱标跪于父前为宋濂求情,朱元璋说:"等你当了皇帝再赦免他吧。"朱标投水自尽,被人救了上来。皇后知道后,对丈夫说:"平民百姓为子弟请个老师,还知礼节呢,何况你是皇帝。再说,宋濂已告老还乡了,他怎么会知道孙子在朝中的事情?"朱元璋仍然不听。当天吃饭,"后侍帝食,不御酒肉",朱元璋问这是何故?皇后生气地说:"妾为宋先生做福事也。"朱元璋一听,顿时恼火,筷子一扔就走了。第二天,朱元璋还是按照皇后的意见赦免了宋濂。

洪武年间的一个元宵节之夜,朱元璋与谋士刘伯温私访京城灯会,见一灯上写着:"女子肩并肩,乘风荡舟去。忽然少一人,却向月边住。"谜底为"好双大脚"。朱元璋立时大发雷霆,认定这是讥讽皇后,于是传旨捕拿制谜者。皇后见状,大度地劝解丈夫:"佳节吉日,与民同乐。何况妾本是天足,说说又何错?陛下不是曾说幸亏妾之脚大,才能背着陛下逃出死地吗？你我是民之父母，这个灯谜并无伤害父母之心，只是个取乐而已，当父母的难道就要置子女于死地么？"一席话说得朱元璋怒气全消，当即收回成命。

1382年，马秀英一病不起。她与朱元璋患难与共30年，半经战乱，半度太平，朱元璋对之极为信赖。八月二十五日，皇后病逝，55岁的明太祖抚柩痛哭，发誓不再立后。

1384年，马皇后逝世的第三年，朱元璋即大兴文字狱，前后长达13年之久。由于他当过和尚，不许人说"光"、"僧"等字，及至连与"僧"同音的"生"字都不准说。这等高位上的变态心理实在典型，连500多年后的鲁迅先生在《阿Q正传》里也取用了这样的生活细节作为国民性顽症的一个症状。至于朱元璋相信诬告而诛杀大批功臣，也是马秀英逝世之后才发生的震动史册的一桩惨案。

巴尔扎克说过："一个温柔的女人，能唤醒一座麻木不仁的宫殿。"朱元璋，正是一座典型的这样的宫殿。本文题目用了"补天"二字，是说马秀英如在，朱元璋晚年就不会铸下那样的令历史老人为之瞠目的大错了。

历史一再证实，权力在本质上是扩张型的，一旦失去约束、制衡，必然趋向于洪水猛兽式的泛滥。可又有谁能设想，中国历史上那些杰出的帝王，例如魏武、唐宗、明太祖，其权力的制衡之力往往来自他们背后聪慧的女性。

未曾相见尽关情

苏州姑娘林金兰,又名奴儿,秋香为其号。她生于官宦人家,没有兄弟姐妹,自小聪明伶俐,被父母视为掌上明珠,熟读史书,7岁时即能临摹名家书画,10岁时即自绘山水、花鸟。

尚未至及笄之年,父母因病相继去世,为生活所迫,秋香投奔在金陵为官的伯父。伯父官不大,僚却不小,他亏待秋香这个小女子,稍不如意即拳脚相加。又过去几年,伯父因一案官司牵连,被罢官入狱。秋香被没籍充入官妓。因为出落得逸丽秀媚,诗画出众,歌舞俱佳,便于妓群中"冠于芳首",色倾金陵。《金陵琐事》记载,明代大画家沈石田曾题识过秋香的书画作品:

舞韵歌声都折起,丹青留个芳名;崔徽相妹自前生,笔愁烟树香,屏恨连山横。　描得出风流意思,爱他粉红兼清;未曾相见尽关情,只忧相见日,花老怨莺莺。

——《沈周临江仙·题林奴儿画》

为了生存，妓女能绘画者不乏其人，能于"丹青留个芳名"而有造诣者，却极为罕稀。沈石田是当时威望甚高的艺术家，能肯定一个并未晤面的妓女的画作，进一步证实明代书画史对秋香画作的评价是中肯而恰切的。

　　作为女中秀才，秋香不甘于沦落风尘，一心想从良，而且暗地里积攒自己赎身的银两。天从其愿，两年后终于结识了一位梁公子，情投意合，生死相许，但梁公子家境不裕，为秋香赎身拿不出良策。二人商量后定下计谋，故意让梁公子带六只沉甸甸的箱子至秋香处，声称要外出经商；当夜，他二人在贴心姊妹的帮助下，丢弃箱中碎石，将秋香积下的体己金银及衣物细软填入箱中，后让梁公子将六只箱子如数运出。半个月后，梁公子来到妓院，重金赎出秋香。二人结为夫妻，回到梁公子的家乡无锡定居。

　　因为秋香才情出众，声名远播，虽已脱籍易居，仍有旧时相识意欲会见秋香，秋香一概不允，并以赠扇画柳题诗表示坚拒。诗云：

昔日章台舞细腰，任君攀折嫩枝条；
如今写入丹青里，不许东风再动摇。

　　丹青不易褪其色，秋香以此示其坚贞于爱情。在脱籍从良的众多妓女中，秋香分明是最成功的一位。后来传扬久远的"唐伯虎点秋香"的故事，是因为华太师（字子潜）之府第在无锡，有人便杜撰秋香乃华夫人之贴身丫环，将比秋香年长20

多岁的唐伯虎也牵扯其中。缘由是唐伯虎能写善画,与沈石田同列,为"吴中四才子"之一,让他去配秋香,使才子佳人终成佳偶。这样安排实质上是文人们仰慕秋香的一种强烈愿望所形成的幻象,纯粹属于文人的附会之作。而《杜十娘怒沉百宝箱》的话本小说,则很可能是对秋香夫妻更名易姓,拗转收局,意在责斥负心男子在严峻的社会现实面前对爱情的背叛,对痴心女性的欺骗。小说与实事之间草蛇灰线可觅,实际上的来龙去脉却已面目全非。

做人不易,而作为女性,才貌双全者的命运尤其坎坷。为恢复做人的尊严和权利,秋香在前半生做了很艰苦的努力,付出了沉重的代价,后来,终于有了个像样的平民家庭,也算是"小康人家"吧。谁料想时日不长,却因为邻居失火而牵连了梁家,夫君于火灾中不幸身亡。秋香为生活所迫,从无锡迁居苏州金阊一带重操旧业。据说在40岁时,落拓抱病逝世。

中国历史上的美女,能有后半生之平安经历者实不多见,偶或有之,也凋零不堪。嗣后的女性文字中,常可发现才貌俱佳者声称自己不愿意活过40岁的叹息,这或许是借鉴过秋香及其姐妹们的一生(幸运如秋香者,尚且如此),从借鉴中所投射下的浓郁的悲剧性的命运阴影……

"桃李无言一队春",回过头来检点流芳于后世的美女队列,有几个是一帆风顺活过40岁的呢!

扑朔迷离的一幕畸恋

宣德三年（1428）万贞儿出生于霸州。其父万贵本是山东诸城人，在县城里当一名县衙掾吏，后因亲属犯法受到株连，丢官之后，举家被发配到霸州（河北霸县）。万贞儿童年时，家道破落，吃穿难以为继。万贵有一个在京做官的同乡探亲返回时经过霸州，到万家作客，见年纪小小的万贞儿聪颖乖巧，便说朝廷现今正选侍女，你们家计又这样艰难，何不让我将贞儿带进宫去碰碰运气，说不定还能混口饭吃。万贵说服了妻子，让这位同乡将万贞儿带进了京城。万贞儿"四岁选入掖庭，为孙太后宫女"。

孙太后是宣宗朱瞻基的皇后，宣宗死后，传位于英宗朱祁镇，英宗的儿子朱见深在两岁时被立为皇太子。万贞儿在孙太后之前，眼明、手勤、口巧，渐渐又识了点字，粗通文墨，10多年里，也暗中审视着后宫后妃之间错综复杂的争斗关系。不知不觉，她已错过了一个女儿家最富魅力的青春韶华之期。朱见深为太子之日，孙太后便委派自己的贴身宫女万贞儿前往东宫照料，侍奉太子。开始，21岁的万贞儿心里抱怨，感到孙太后没有考虑她个人的归宿，又让她去服侍两岁的小太子。可又转念思量，太子是未来的皇帝，这不正是孙太后对自己的格外器重么！于是，万贞儿对小太子便像亲生母亲那样体贴备至，把自己孤寂的宫女生活中所无法排遣的全部热情及个人梦寐以求的所有美好理想和希望，都化作了母爱式的温馨倾注在了朱见深的身上。

正统十四年（1449），朱祁镇亲征瓦剌，八月里的土木堡一役，英宗被俘，朱见深的叔叔朱祁钰由是称帝，他便废去了朱见深的太子之位。朱见深5岁那年，其父被囚于南宫，其母周氏又见不到，既失父母疼爱，又无童年快乐，孤苦无依，神情郁郁，于是，便对母亲似的万贞儿产生了特殊的依偎之情，这情感更近于母子之间那样的亲情，一往情深，情有独钟。八年以后，朱祁镇复辟，从弟弟手中重新夺回了帝位，朱见深再度被立为太子。这时节，朱见深11岁，而万贞儿已经30岁了。万贞儿很会保养自身，加上她机敏媚人、善解人意，随着太子的渐渐长大，万贞儿真的是越活越显得年轻了。由于她主动挑逗，巧于勾引，少年朱见深不由自主地投进了万贞儿成熟、温暖而又丰腴的香酥怀抱……

在万贞儿心目中，朱见深是唯一可能会为她带来幸福的机缘了，凭着对他的敦厚、懦弱性格的了解，凭着自己机敏、谲智的天分，凭着多年间给予朱见深的感情输出，凭着依然未逝的姣好媚力，万贞儿深深地魅惑着、也俘虏着比自己年小19岁的朱见深。

天顺八年（1464）正月，明英宗驾崩，17岁的朱见深即位，史称明宪宗。

皇宫有皇宫的规程。朱见深即位不久，上下左右即册立与朱同龄的吴氏为皇后，吴皇后是出身名门的大家闺秀，而颇有心计的万贞儿却很少让朱见深与她同处。对此，年轻貌美、地位高贵的吴氏怎么也想不通。凭仗自己的身份，有一天招来万氏，"摘其过，杖之"，狠狠地将万贞儿揍了一顿。挨打后的万贞儿找到宪宗，哭诉吴氏的不是，朱见深顿时大怒，当即以吴氏"举动轻佻，礼度率略"为由，"请命太后，废吴氏别宫"。可怜刚刚册立才一个月的吴氏，被废去后位，时任都督同知的（吴氏之父）吴俊，也受到了"下狱戍边"的重处。吴氏被废，万贞儿窥觊后位，要宪宗在周太后面前为她说项，而周太后嫌她年长得几可为母，加上出身微贱，始终不允。过了两个月，周太后下旨，要宪宗册立已被封为贤妃的王氏为皇后。王皇后汲取前任吴氏的教训，处之淡如，甘为傀儡，不敢与万贞儿争宠。

万贞儿虽未为后，而宪宗只要在她身边，心里总感到充实、踏实，这是长期形成的一种感情定势，简直超过了那等母性式的依赖感。万贞儿不仅每晚陪寝，甚至宪宗外出游乐时，也一刻不离地厮守着他，"帝每游幸，妃戎服前驱"。对于万贞儿之专宠后宫，很多人不能理解，就连宪宗之母周太后也不止一次地问宪宗："她哪点美呀，你为何这么宠爱她？"宪宗回答："我不在乎相貌，有她在身边，我心里就安稳、实在。"

万氏如此得宠，她以自己的方式紧紧地抓住宪宗，其他后宫女性不敢也不能接近皇帝，"六宫希得进御"。成化二年

（1466）正月，万氏终于生下一个儿子，"帝大喜，遣中使祀诸山川，遂封贵妃"。加封号时，宪宗特意在"贵妃"前冠一"皇"字，以示对万贞儿的宠爱。从此以后，万贞儿有了正式的"贵妃"名分。

明宪宗太高兴了，万贞儿之父万贵成为皇亲国戚，被封为锦衣卫都指挥使；其兄万喜被封为指挥使，后晋封为指挥使同知；另一兄万通被封为指挥使，万通之妻王氏可随意出入宫掖；其弟万达被封为指挥佥事。随着万贞儿的擅宠得势，众多趋炎附势的无耻之徒麇集其门下，"时万贵妃专宠，宫中莫敢言"。

聚在万贵妃门下的无耻之徒，有时任礼部左侍郎并入内阁参与朝政大事的万安，这个以向上进献春药而出名的小人，本为眉州人，在万贞儿面前竟"自称子侄行"，在这个比自己小近20岁的姑妈面前，伪称侄儿。他与另一内阁大学士刘吉，太监梁芳、陈喜、钱能、覃勤、韦兴等人一起，"苟敛民财，倾竭府库，以结贵妃欢。奇技淫巧，祷祠宫观，糜费无算"。在这荒淫糜烂的岁月里，万贞儿的父亲万贵作为朝官，头脑还比较清醒，每见赏物临门，总是心里担忧。有一次对人说道："吾起掾史，编尺伍，蒙天子恩，备戚属，子姓皆得官。福过灾生，未知所终矣。"（《明史》卷300）万贵的几个儿子，却对赏赐之物以为自然，万贵辄诫之曰："官所赐，皆著籍。他日复宣索，汝曹将重得罪。""重得罪"者，吃不了兜着走之谓也。岂料儿子们非但不听，反而"笑以为迂"，认为万贵迂腐。

上天弄人，正在万贞儿一人得道、鸡犬升天之际，她还不到一岁的儿子忽然夭折了。失去儿子，万贞儿的心肠更加狠毒，对其他的妃嫔宫女更加嫉恨，生怕她们接近宪宗。在皇宫里，不管万贞儿的权势多么显赫、多么严密，在男女大欲的关节上，她能彻底地控制住身为帝王的朱见深吗？有一天，朱见深到了后宫，看到一位极其漂亮的宫女，见其"应对称旨，悦，幸之，遂有身"。有身之后，即生下了后为明孝宗的朱祐樘。这位宫女姓纪，怀孕之日，万贵妃极为生气，让自己的心腹去逼着纪氏坠胎，朱祐樘出生后，头顶上一直不长头发，据说这就是万贵妃迫其母服食坠胎药所致。

当年被废的吴皇后与万贞儿有不共戴天之仇，偷偷生下来的朱祐樘是被吴氏在密室里暗暗地哺育了六年之后，才与其生父朱见深见到第一面的，明宪宗这才知晓自己还有这样一个儿子秘密地苟活于人间。

大学士商辂为人正直，行事稳健，他率众大臣上疏言事：皇子为国本之所在，教养之事仍以其生母纪氏主持为好。宪宗欣然准奏，让纪氏从宫外移居永寿宫。两人七年以后重见，唯有泪流，无语凝咽。第二天，宪宗册封纪氏为淑妃。有一天饮酒，忽然间淑妃腹痛，万贞儿便派太医院的方贤、吴衡前往诊治，不几时，淑妃告薨。告薨之日，距宪宗见到皇子祐樘只有42天。淑妃之死，举朝震惊，许多人心里明白，这是万贵妃的又一杰作。

成化二十二年（1486）春，58岁的万贵妃暴病身亡，朱见深为之"辍朝七日",以示悼念,并将其安葬于皇陵天寿山(今昌平天寿山西南的苏山),并谥号为"恭肃端慎荣靖皇贵妃"。朱见深这样做,足证万贵妃在他心目中的地位。第二年,不满40岁的朱见深也离开了这个世界。太子朱祐樘即位,史称明孝宗。

朱见深与万贞儿1500年前的这幕畸恋,是历史上罕见的一页,也是引人注目的一页,历史学家会如何看待呢?是朱见深生性愚钝,为人懦弱,不懂宫廷里的人情世故,竟至于几十年间钟情于一个比自己大19岁的女人么?倘真如此,可真是史册上独有的一个白痴皇帝了。是万贞儿工于心计,智力超绝,别具魅力,比历史上所谓的狐狸精女人要厉害百倍么?似也未必。封建宫廷是一个变数最大、凶险莫测的所在,进入了这个环境,不论是男是女,为了巩固好不容易到手的地位,剧烈的明争暗斗之中,他们的心灵势必发生大幅度的扭曲。即便是健康正常的生命,要在这里不发生扭曲与变异,也是不可能的。

苏三恸哭洪洞县

或许是因为文化素养吧,顾横波、马湘兰、董小宛、柳如是、李香君、卞玉京、寇白门这些江南名妓各有个像样的名字。而北方一个贫苦人家的女儿本来姓周,只因家境生变,投亲不遇,被拐骗者卖入北京一户苏姓人家开的妓院,排号为三,就改名苏三(玉堂春为其号),连个略微像样的名字也没有传下来。

明朝正德年间(1506~1520),苏三在虎口中结识了官宦公子王景隆,彼此相知相爱,遂海誓山盟,愿日后白头偕老。鸨儿发现用苏三赚钱的日子不长远了,趁王景隆求取功名之机,巧施骗术,将苏三驮于马上,卖给了山西洪洞县城东的富商沈洪做妾。沈妻毕氏与邻生私通,下砒霜于面食之中,命苏三端给沈洪,苏三不明就里,沈洪遂一命归阴。毕氏一伙诬告苏三毒害沈洪,将其扭进衙门,苏三被屈打成招,问成死罪,关进了死牢。刑房吏刘志仁是个好人,他知道是王知县受贿才把苏三问成死罪的,暗地里将真相透露给了已成八府巡按的王景隆。王景隆动议,三堂会审,平反了冤案。苏王二人终成眷属。

在金钱与权力交互编织成的罗网里,妓女要想争得正常做人、合理生活的地位，真是难于上青天。洪洞县关押苏三的死囚牢阴森的了得，牢门上是狰狞可怖的"狴犴"头形，俗称"虎头牢"；狱墙厚达一米一，墙高丈八，内灌流沙，犯人即使能在墙内打洞，流沙自上而下自行内涌，怎么也爬不出去；院内有小井，井口直径23厘米，可供打水，想投井自尽却下不去。被冤屈的弱女子苏三，就在这样的牢房里等待着被处以极刑。

冯梦龙由这件事编成话本《玉堂春落难逢夫》，后又被排成《玉堂春》、《女起解》之类的剧本，京剧、秦剧、晋剧、蒲剧、河北梆子广泛上演，城乡皆睹，妇孺尽知。戏曲里的苏三被押在街上时有一句名言："洪洞县里无好人！"这虽是一句激愤之言，却传播得极广，洪洞人也十分理解苏三这句话的本意，非但不以这句话而怪罪苏三，而且在全县搞起了热心"为妓女树碑立传"的"苏三文化"。人的天性是同情弱者的，尤其同情那些被传统的磐石所压迫所扭曲的善良美丽的弱者。魔鬼手上，总也有漏光的缝隙，这样的人情与人心，很可能就是漏出的光芒。

权力、金钱本是为社会、为人们生活服务的最为常见的两件东西，为什么对待生长得美丽的女子，动辄就变成了"逼良为娼"的两道绳索呢。更让人难以理解的是，而且务必要用这两道毒蛇样的绳索将她们勒逼到不见天日的十八层地狱里去。是的，王景隆最后是解救了苏三，二人终于结为秦晋之好。我则疑心，这个大团圆的结局很可能是作家与戏曲家的杜撰，平反冤狱或许有之，与心上人在大难之后结为百年之好的可能性实在是渺茫得很。况且，王景隆是后来当了官的人，"一阔脸就变"，这是官场不可移易的一条规律。当了官的王景隆如果仍然眷念苦难中的苏三，那可真是个罕见的人物了。

苏三"洪洞县里没好人"的呐喊，出自肺腑，实在是耐人寻味的一句名言。它告诉人们，现实生活的严峻性、冷酷性不容低估，身处最底层的人们，最能透视出生活的本质与本相。作为受难者，苏三之所以能成为一个尽人皆知又令人同情的女性，与她从苦难中能发出这样的呐喊是分不开的。

窦娥之问天："你不分贤愚枉为天"；苏三之怨地："洪洞县里无好人"，俱是从善良女性襟怀里爆发出来的天地之间的最强烈的闪电。

悔也无及柳如是

妓而有名，是色艺合一而成其名的，单凭姿色，恐怕成不了名妓。名妓也有一个天生的误解，她们普遍认为男人与女人一样，也是才高者情重，感情重者志必坚。所以她们在个人的婚姻追求上，暗暗将自身的"艺"字押在士人的"才"字上，心底很是看重名士。

柳如是，姓杨名爱，嘉兴人，是一个自幼便被拐卖为婢的贫苦女子，后流落松江，沦落盛泽青楼，色艺双胜，为一时名妓。因为饱经沧桑又博览群籍，她在人生归宿的选择上十分慎重。23岁那年，她就下决心走向常熟，决计投入钱谦益的怀抱。钱谦益号牧斋，明万历三十八年探花，崇祯初年官至礼部侍郎，与温体仁争相失败，获遣还家。一年之后，青春妙龄的柳如是与年满花甲的钱牧斋便结为秦晋之好。陈寅恪认为，柳如是"所以不同于寻常闺阁略通文史者之特点，实在善记忆多诵读"，她完全有理由把自己清慧的目光投向当时的文化精英。一个是仕途上争相失败的落伍者，一个是久历风尘的沦落女，精神上彼此相依，年龄的差异便也退居次位了。共同的兴趣爱好，才华得到知音的赏识，才是这位才女所努力追求的人生坐标。

成婚之初，二人生活在风景如画的拂水山庄里，风平浪静，和悦惬意。老翁少妇的床笫之乐也别有风趣："方宗伯初遇柳时，黝颜鲐背，发已参参斑白，而柳则凝脂竟体。燕婉之窗，钱曰，我甚爱卿发如云之黑、肤如玉之白也。柳曰，我亦甚爱君发如妾之肤、肤如妾之发也。因相与大笑。"（《牧斋遗事》）二人共赴南京时，同车携手之余，柳如是便骑毛驴着奇艳红妆，乔扮成昭君出塞模样，迤逦而西，炫煌道路。

读牧斋早期的诗文，很有些胸襟抱负："埋没英雄芳草地，耗磨岁序夕阳天。洞房清夜秋灯里，共简庄周说剑篇。"他的《谢象三五十寿序》云："君初为举子，余在长安，东事方殷，海内士大夫自负才略，好谭兵事者，往往集余邸中，相与清夜置酒，明灯促坐，挥腕奋臂，谈犁庭扫穴之举。"钱与朋友壮怀激烈，豪气干云，这正是柳如是从心底朝朝暮暮所景仰着的那一种大丈夫气概。

文化精英往往逞一时书生意气，胡乱纸上谈兵。而柳如是这样的才女偏偏惑于他们表面的英壮之词，在这些场合最易为其所蔽。弘光小朝廷在南京一成立，钱牧斋就按捺不住了，背弃东林党人与马士英、阮大铖一伙誓不两立的政治立场，与马、阮同流合污，在"一年天子小朝廷"的南明王朝里戴了礼部尚书的乌纱帽，他在与政敌饮酒作乐时，还让小妾柳如是出面侑酒。连柳如是自己也没能意识到，钱牧斋在这里已经为下一步的变节行为暗暗地埋下了精神伏线。

次年，清兵渡江，钱贪生怕死，率人降清。柳如是实在是忍不住了,为让他取义保全名节,她拿出刀绳对钱说:"你殉国,我殉夫!"见小妾如此,钱面有难色;柳如是奋身跳进了荷花池,被家人救起。紧接着,清兵又攻下常熟,柳如是再一次劝钱与自己一起投水殉国,钱久思不语,后来才讷讷而言:"水太冷,不能下!"柳如是愤而自溺,被钱老头子死死地拖住……

柳如是与李香君一样,美丽的躯体里蕴伏着刚烈,而钱谦益与侯朝宗一伙,则将刚气浮泛于言辞之间,挥洒在酒宴之上。爱情使彼此两相结合,在关键时刻就失却了婚爱中应有的丰富和完整。钱、柳的生活发展到这步田地,味道与情趣自然发生了巨大的变化。一个青楼女子与比她年长36岁的政坛领袖,彼此在精神、气节上的反差判若云泥。柳如是对钱谦益那样痴情,钱在他的文字里却留下这样的话:"人生斯世,情之一字,熏神染骨,不惟自累,又足以累人乃尔。"从这里首先可见的是一个人的骨头的脆坚软硬并不以性别与年龄为区划;其次可见文化与知识对人性的陶冶,也是因人而异的,各人灵魂的底数不同,决定了文化的陶冶也具有微妙的二重性。

托尔斯泰临终时说过:"生命的本质,不过是——为了爱。"这话仿佛是直接对柳如是、李香君这样的女中翘楚而言的。一个"爱"字,往往只是将执着于爱的女性置于极为尴尬的境地。后来的柳如是,郁郁度日,始终视"反清复明"为己任,她曾以师母的身份与来其家求教的郑成功谈论国是,二人建立了师生之谊,给郑成功以很大的影响。

学究天人、笔参造化的钱牧斋，康熙三年死去了，他刚死，钱氏家族内部就爆发了争夺财产的"钱氏家难"。44岁的柳如是悬梁自尽之前，在遗言中写道："死后棺木不能入土，因国土被人占去了。要在土室中悬空置铁索，再放棺木于铁索上……"

在官本位面前，文化人的雌化与无行（投靠、服从）是整体性的，他们灵魂上的败北（变易节操）趋向也就从整体上决定了以柳如是、李香君为首的"秦淮八艳"的执着追求属于"流水落花春去也"的悲剧命运。

在历史转变的关键时刻，色艺俱佳的女子因为爱民忧国、识大义、重节操而受到后人的敬重。李香君、柳如是遂成为青楼夜空里最明亮的两颗星辰；紧要关口，须眉文士暴露出的只是嘴巴上与笔杆上的功夫，在骨力气节上反倒成了巾帼们的陪衬。文人无行之议，源于此乎？

三生有幸董小宛

苏绣有名。苏州有座"董家绣庄",因活计精致而小有名气;因为刺绣接近于绘画艺术,这董家便颇有些书香气息。女主人白氏之父是个老秀才,平生不得志,便将满腹经纶传给了女儿。白氏为董家生了个千金,为寄托夫妻融洽之情,便为女儿起名董白。董白13岁时,父亲突然病故。料理完丈夫后事,白氏不愿在苏州旧城中睹物伤怀,于是花了一笔钱,在城外半塘河滨筑下一座幽室,母女二人在城外过起了悠闲恬淡的日子。

明末政治腐败,天下陷入战乱之中,城内的"董家绣庄"由伙计当家,两年后算账时,非但没有进项,反而对外欠下了上千两银子,白氏气得病倒在床,生活重担一下压在了15岁的董白身上。债务加上药费,董白便答应了别人的引荐,去南京秦淮河画舫中卖艺。因为出落得姿容秀雅,鸨儿见其直如一方美玉,当即说道:"西域的大宛出美玉,就叫董小宛吧。"从此,董白更名董小宛。

董小宛天资巧慧,容貌娟妍,超尘脱俗的气质很快就在秦淮河上下出了名,但她孤芳自赏,自重自爱,又决不肯听凭客人的摆布,如此一来,影响了鸨儿的进项,二人发生争执,小宛郁怒之下，一跺脚回到了苏州，索性将自己卖到了半塘子的妓院，陪酒、卖笑，时时陪客人出游。陪客出游，小宛最有兴趣，能有出游雅兴的多是些上了年岁的文化人，从不喜插金戴银的董小宛与之一块儿醉心于青山绿水之间，素洁天然，不时给客人以婉媚娇笑，并不觉得白发雅士有什么可憎之处。

江苏如皋人冒襄（冒辟疆），素有"江南第一才子"之称，在南京参加过几次乡试，因为他自有见地，针砭时局，所以屡试屡败。第三次应考前有点闲暇，好友方密之介绍秦淮河新来了个冰清玉洁的"冷美人"董小宛，在青楼女子中别树一格。冒襄觉得冰清玉洁正合自己的心意，便与方密之特意前往造访。二人去时，偏巧是赌气的董小宛离开了秦淮河的时节。乡试放榜，冒襄又一次名落孙山。他没有失望，径自收拾了行装，转往苏州闲游。

在苏州访胜探幽时，冒襄打听出小宛在半塘待客，他专程前去拜访，而小宛已受人之邀，出游烟波浩渺的太湖去了。连去几次，次次扑空，直至准备离开苏州之前夕，没抱多大希望了，却终于得以相晤。深秋寒夜，小宛刚刚参加一个酒宴归来，微带醉意地斜倚在床头，见了客人，想挣扎起身，却是坐起身都有些摇晃。侍婢在床头摆了坐凳，冒襄坐了下来，作了自我介绍。小宛听后称赞说："早闻'四公子'大名，心中钦佩已久！"这"四公子"是结社金陵、伸张正义的冒襄、陈贞慧、方密之、侯方域，皆少年才士，终因势弱力薄，空际过云，未成什么气候，反遭阉党摧折。冒襄没想到一个风尘女子对他们匡扶正义之举竟大感兴趣,也不由得对这个素衣淡妆、酒后神倦的女子肃然起敬,她虽醉眼蒙眬,娇弱不胜,纵谈时局却思路清晰,颇有见地。谈了约有半个时辰,冒襄告辞离去。

翌年春天,冒襄再到苏州半塘寻访,听说小宛陪钱谦益游西湖去了,不知何时能归。冒襄只好悻悻而去。转眼又是一春,冒襄奉母命往襄阳去看望在那里做官的父亲冒起宗,经过苏州,又去半塘寻访小宛,这次小宛又陪客人远游黄山去了。冒襄自叹:"竟是如此无缘!"到襄阳小住一段时日,又返苏州,冒襄便再无心思去半塘了,他怅然若失,只身雇一小舟,郁郁地沿着半塘河前往虎丘,小舟漫无目的地穿过一座青石桥,眼前现出一派绿莹莹的柳林,柳林深处竟隐隐透出一幢小楼的檐角,柳浪轻拂,如诗如画……冒襄一时有了兴趣,命舟子将船系在柳树上,他则登岸向小楼走去。

院门紧闭,悄无声息,冒襄唤了几次,才有一小丫环开门,一打问,此处竟是董小宛的家。此时董母新丧,刚办完丧事,小宛正忧伤地病在床上。丫鬟通报之后,将冒襄径直引入了小宛的卧房。事过三年,这是第二次相见,上次小宛是娇憨轻醉的笑容,这次却是凄怆含泪。冒襄满怀同情地安慰一番,且述说了自己这几年多次寻访而不遇的经过……见她病体虚弱,遂又早早告辞。这一日的遭遇,仿佛鬼使神差,连冒襄自己也想不透小舟为什么就那样不知不觉地驶进了柳林深处。

第二天一早,冒襄忍不住又雇小舟来到了半塘河畔之柳林。二人并未相约，小宛却笑盈盈地站在门外柳阴下相迎。冒襄从舟上望见她，直如星妃临水而脉脉盈盈，又似峡女行云而朝朝暮暮，浅艳媚丽，宛若仙姬。一夜之间，她的病竟然好了大半。对天资聪慧的女子而言，本能与感觉分明就是她神秘之爱的前导。小宛将他迎到屋里，奉上茶后，幽幽地自言自语："此番公子前来，妾身的病竟不药自愈，看来与公子定有夙缘，万望公子不弃！"冒襄试探地问道："小生与姑娘交浅言少，姑娘难道不为此话而后悔吗？"小宛禁不住倒在他的怀里，嘤嘤地抽泣起来……

董小宛与冒襄于崇祯十六年（1643）初春赶到冒家，冒家通情达理地接待了小宛这位侍妾。冒襄之父也从襄阳辞官回家，一家人共享天伦之乐。宁静的生活只过了一年，清兵入关南下，冒家的家产在战乱中丢失净尽。在节骨眼上，冒襄病倒了，小宛将一张破草席摊在丈夫榻边作为自己的卧床，日夜服侍，丈夫恶寒发颤时，她紧紧将他抱在怀里，从无厌倦之色。冒襄连病数次，最后一次背上生疽，不能仰卧，小宛就夜夜搂抱着丈夫，让他靠在自己身上安寝……一个贤淑的女人是尘世上的天堂，此言非虚。

艰难生活中饮食不继，加上接连数次照料丈夫，冒襄病愈时，体质极度亏虚的小宛却一下病倒了。顺治八年（1651）正月，在冒家待了八年的董小宛终于闭上了她疲惫的双眸……在冒家一片哀哭声中，28岁的董小宛走得那样地安详。冒襄长寿，活了82岁；明亡之后隐居不仕，屡次拒绝清官吏的荐举；他怀念小宛，以血泪之笔，写下了《影梅庵忆语》来寄托永久的哀思。

自清兵占领南京后，秦淮八艳风流云散。柳如是自沉未遂，卞玉京、李香君、寇白门出家修行，顾横波随龚鼎孳去了北京，郑妥娘随杨文聪殉难于贵州，陈圆圆被战云裹挟而去，与"红颜薄命"的总局比较而言，董小宛在个人爱情上虽只八年，艰辛历尽，作为红颜知己，为冒襄而憔悴，总还算是幸运一些了。名士与名妓在爱河里的幸运旅程，虽然时日有限，已经是凤毛麟角，很难得了。

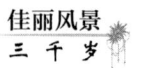

六代绮罗成旧梦

南京是"钟山龙蟠,石城虎踞"的一座名城,自"金陵"始,到秣陵、建业、建康,再从白门、白下、集庆到南京,历史变迁中先后八易其名。东吴、东晋、宋、齐、梁、陈、南唐、太平天国、"中华民国"都曾在此建都,不知道怎么回事,全是些短命王朝。长江一条支流旧名淮水,自东而西横穿古城南郊,直至唐代,才根据"秦凿方山,断长垄"以破"王气"之说,更名为"秦淮河"。王脉既破而王朝短命,淮水已通而脂粉染波,秦淮河的名声,是在明末风雨飘摇的日子里才大幅度传扬起来的。

那时的秦淮河一带,"耽繁华之积习,沿淫冶之遗风,盖犹有南朝金粉之流芳余韵",妓女云集,美著东南,被誉为山温水软的靡丽之乡。著名的"秦淮八艳"就形成于此时此地。

提起秦淮名妓,人们首先想到的是李香君。

温柔美丽、色艺俱佳的李香君,与复社名士侯方域相知相许。有一天,李香君听说阮大铖欲出300两黄金为侯公子梳拢自己时,当即惊觉到权奸是在以此种方式收买侯公子,便义正词严地对侯公子讲道:"阮大铖趋附权奸,廉耻尽丧,士人女子无不唾骂。公子读万卷书,所见岂后于贱妾耶?"侯公子深受感动，拒绝了引诱。侯公子离开南京时，李香君又置酒送行，暗示他应当注重操守、爱惜名节。

嗣后，权奸又设计以重金欲买李香君为妾，她誓死不从，以头撞地，溅飞的鲜血染红了她与侯公子定情时的一柄宫扇……侠骨柔肠、言行如一、刚烈如此的李香君，却万万没有料到，一向慷慨激昂、纵谈为国效忠的侯公子，却难耐寂寞，从清朝设立的考场里去乞求到些微功名。

受侮辱、被践踏的妓女，因为在谋生过程中遭到全社会特别的歧视和冷遇，她们对自己毫无人格与尊严的生活极度厌倦，骨子里重义重节的成分反而在泪水中积淀得甚为凝重。可以推知，像李香君这样有节操、有骨气的妓女，在当时不止一个两个。而侯方域那等平日信誓旦旦、关键时刻又腿软失节的所谓知识精英，在历史进程中则是结伙成群的。一个"文"字，致使文人很切近于脆弱易碎的陶质文物，中国文人在政治上的没有定性、易于雌化，并非一时一地的偶然现象。妓女与文士，两相比照，反差实在是太大了。

引人深思的是，明末时世，学子入仕的考场与秦淮河比邻而设，河房对面就是鳞次栉比的阔大的考场。对考生而言，仕途与美女就摆放在秦淮河的两边，考场上烤焦了、败北了，一转身就到秦淮河那边的脂粉群中去厮混，倒向女人怀抱里去寻求慰藉。"酒入愁肠，化作相思泪"，失落文人的情绪，这般时候最难述说。

侯公子之失节，比他考场落榜更下一筹。对此，李香君吟下了"曾诩豪情今变节，转恨无月更添愁"的诗句，因悔而愁，这简直是一种刻骨铭心的悔恨，终身的悔，永久的悔。

后来的描写秦淮河的文字，无不注意这悠悠河水的色调。这色调里掺和了墨汁的异味，又仿佛透出几丝红颜薄命的无奈气色，胭脂色、玫瑰色的闪烁不定的光晕里，浸淫着南京衰亡之都晃漾不已的倒影。

孔子的六十四代孙孔尚任依据李香君的故事，于康熙三十八年（1699）写出了传奇剧本《桃花扇》。这个剧本为什么能盛传300余年呢？因为这柄桃花扇上的花瓣是李香君头上的鲜血溅染的。龙盘虎踞的南京，人才济济的江南，因为封建王朝的全面腐败，因为文化君子的虚有其表，在历史急遽转弯之际，水落石出，山高月小，似乎就是妓女的几滴血痕还存有些微的亮色。这样的亮色是太微弱了，用偌大的秦淮河与石头城衬托着它，连历史老人也感到有些扫兴。

孽火蹂躏陈圆圆

打下江山、坐享太平时，武将文臣更加喜好女色，居高临下的皇帝对这号事是睁只眼闭只眼的；倘遇机会，皇帝还用资质端丽、慧黠聪颖的美女来奖掖文武臣僚，以女色去搪塞这群能干的家伙，使之缠绵缱绻于床笫之间，利用水一样的温柔去浇熄他们襟怀里的雄才伟略与风云之气。醇酒美妇，会让安乐窝里的男子即就不睡着，也会什么都不想。郑板桥自谓"难得糊涂"，很可能是由于他不近女色的缘故。

政治较量是复杂微妙的。皇帝会以女色去麻醉文武之臣，地位很高又握有重兵的臣僚，有的参破了圣上的心理与心思，有时则将计就计，迷惑圣上，以便明哲保身。唐时郭子仪，权力之重无人可比，年逾八十时，身边仍不离艳丽美姬，这并非性情所好，花心不死，而是故意摆这个样儿让外人看的。试想，一个威震朝野的重臣，且又不近声色，这等人若非神仙，在皇帝眼里岂非一个威胁自己地位的很可怕的角色？郭子仪这样的重臣，内心精明世故，将计就计，正是从长期政治斗争中揣摩而成的斗智手腕。

数盏红灯，几袭红妆，几杯美酒，几多笑靥，美女们在君臣们的政治生涯里只是一架富丽堂皇的屏风，一招策略与交际中故意转移视线的障眼法。这里说的是太平年月,动乱时世则不然。社会动荡之际,美女在被争夺、被利用的过程里,往往又会成为重大历史事件美丽而神速的一条"导火线"。

陈圆圆字畹芬,原籍常州奔牛,她本姓邢,父亲为贫苦农民,圆圆出世不久,母亲病故,父亲将其送给昆山的姨妈抚养,姨父姓陈,故而改随陈姓。姨母未生育,将这个甥女视为掌上明珠,请人教习诗词绘画,戏曲歌舞,使其出落得风姿逸丽,才十六七岁,即至苏州挂牌为"玉峰女优陈圆圆",清唱戏曲。这时,她填写过一首《转运曲·送人南还》:

堤柳堤柳,不系东行马首;空余千里秋霜,凝泪思君断肠;肠断肠断,又听催归声唤。

从这首词看,她已心有所属,所属很可能是声名远播的冒襄,可惜冒公子为之赎身时迟来了一步,被国舅田弘遇抢了先筹。

明末,遍地狼烟,李自成、张献忠攻于内,努尔哈赤的子孙窥于外,崇祯皇帝忧心如焚,田贵妃之父田弘遇,来苏州选美,想找最佳的美人儿进京陪皇帝解脱烦恼。他选中了陈圆圆,强行带离了苏州。进入北京,内外交困的崇祯烦恼之极,正在下"罪己诏",哪有心思玩女人,拒纳。田弘遇作为国舅,也没有什么可客气的,复将陈圆圆带回自己府中。

吴三桂寄籍辽东,以父荫得官都督指挥,手握十万精兵镇守宁远，威名远播，连崇祯对其也有所忌惮。当时李自成拔西安陷太原，京师震动，吴三桂入京觐见。田弘遇为图自保，打算与吴三桂建立关系，设宴款待时，让陈圆圆上前劝酒，红灯之下，温婉曼妙的陈圆圆直如仙女下凡，吴三桂怦然心动，直接向田弘遇开口，索要这个劝酒的女子。田弘遇没有料到吴三桂会来这一招，瞪直昏花的老眼，只好苦笑着首肯了。

20岁的陈圆圆被送进了吴府，吴三桂遂了心愿，无奈山海关频频告急，崇祯谕旨三桂火速回关驻守，新婚即当远别，吴三桂想将圆圆带回军中。"妇人在军中，兵气恐不扬"，三桂之父吴襄劝儿子将新妇留在北京吴府之内，暂作权宜之计，待局势缓和时，立即将陈送到军中。

不承想李自成大军所向披靡，很快攻占了北京，灭掉了明朝。"大顺"政权刚刚建立，李自成有招降吴三桂之心，吴三桂也有归顺的意向。而李自成的悍将刘宗敏却在这个时候从吴府里将陈圆圆抓到了手中，李自成不好阻拦，便让吴襄修书给吴三桂，进行劝降。吴三桂听说家被抄，父被囚，他心中有谱，尚未在意，当听到陈圆圆被掠，立时火冒三丈，真的是"冲冠一怒为红颜"了，他迅即倒向清军，打开山海关，引狼入室。清军入主中原，改朝换代，建立了清王朝。陈圆圆作为讨价还价的筹码，作为政治交易中最贵重的一件"礼品"，幸得不死，又回到了吴三桂的身边。

吴三桂有大功，受清世祖封赏，带着陈圆圆，千里征讨进入云南，追杀南明永历皇帝，直至将其父子双双勒死。吴三桂被封为平西王，经略川、黔、滇三省。在昆明莲花池畔，吴三桂为陈圆圆修了座安阜园，由她安享清福。这时，陈圆圆36岁，进入中年了。渐渐地，陈圆圆发现吴三桂野心膨胀，纵情声色，又将更其年轻的"四面观音"、"八面观音"之类的美女揽来淫乐，她遂决意吃斋念佛，住进了昆明西门外瓦仓庄的三圣庵，取法名寂静，想图个安宁。嗣后吴三桂谋反清朝，兵败病死，清将蔡毓带兵进入了三圣庵，见陈圆圆年届半百，风韵犹存，便欲行不轨，陈圆圆悲愤至极，径投莲花池自尽。

战争意味着生离死别，生灵涂炭，是尘世苦难的白热化，如果说它是人类进化中的一个基因，那么，血腥的掌心里也便裹挟着兽性的因子；美丽的女性一旦落身其间，受害最烈、创伤最深的只能是她们。陈圆圆只因为生得美丽，从南到北，又自北而西南，她个人的爱情被一双双狞厉的魔爪撕扯得支离破碎……

对于美丽的女性而言，战争（政治）是个非常机灵而又冷峻的杀手，它总是在风云中网罗与追杀那些携有秀美姿色的女性。这样的女性被扼杀之时，客观上也就永久地凝固了美丽，并将美丽定格于历史长河。否则，美丽这个精灵就会在尘世间稍纵即逝，无从永驻，也难于永恒。

草原奇葩数孝庄

清朝，作为中国最后一个封建王朝，是康熙皇帝的文治武功，将这个具有300余年漫长历史的朝代推向了辉煌的最高峰。康熙（玄烨）7岁丧父，10岁丧母，对祖母孝庄有特殊依恋。玄烨出痘痊愈时，孝庄就让皇孙"入书房读书"，并让他随从"站班当差"，同大臣一起参加跪拜礼仪。玄烨当上少年天子时，孝庄常给他讲"得众则得国"的道理。

《清史稿》记载，太后孝庄不干预朝政，朝廷每有大政，康熙多告而后行之。随着四大辅政重臣之一鳌拜专权问题的日渐严重，在祖母的支持和策划下，康熙暗中开始实施擒拿鳌拜的计划。当鳌拜到内廷觐见皇帝时，内侍拿一个折腿椅子请其落座，康熙命赐茶，内侍用一经沸水煮过的瓷碗盛茶，鳌拜被灸难耐，茶碗猝然坠地，鳌拜屈身拾碗时，身后的内侍趁势将他扑倒在地，抓了起来。

康熙曾这样说过："忆自弱龄，早失怙恃，起承祖母膝下三十余年，鞠养教诲，以致有成。设无祖母太皇太后，断不会有今日成立。"（昭梿《啸亭杂录》卷二）。

孝庄年轻时姣美妩媚，被本民族誉为东方第一美女。皇太极在科尔沁草原上练兵时，一次宴饮中发现了她，不久即召进宫中，封为永福宫庄妃。《清圣主实录》载她"赞助王政，越既有年"，包括称赞庄妃随皇太极出征，经常亲自为将士裹伤，深受将士们的爱戴。

福建南安人洪承畴，万历年间进士，连连擢升，位至蓟辽总督。崇德六年，曾大败皇太极。崇祯皇帝视洪承畴为干城人物，将其树为天下士子学习的楷模。崇德七年，皇太极断其粮道，洪承畴战败被俘。明之朝野上下以为洪战死了，崇祯则以为洪即使被俘，也必定不屈而死，御制《悼洪经略文》，明昭天下，对其家属抚恤恩荣，很是热闹了一番。

皇太极谙知洪承畴之才略，深明此人对他统一中国的重要性，派了许多能言善辩的大臣前去劝降，均告无效；又派了几个极出色的美女去侍候，洪仍是不吃不喝，大骂清廷，誓为明朝忠魂，只求速死。正在皇太极无法可想时，28岁的庄妃出面了，她说让她去试试。稍事梳妆，庄妃将自己乔扮成一个端庄清丽的汉族女人，先给洪喂下几口参汤，又和颜细语地询问他家中的妻子儿女，她知冷知热，很清楚洪承畴此时此地心里在想些什么。温言软语劝慰之后，到得夜间，她索性又和衣睡在洪的身边，洪承畴本来就酷爱女色，当晚的景况可想而知。从孝庄皓腕底下所启动的和煦春风，渐渐地化解了洪承畴为明殉节的念头，终于乖乖地归顺了清廷。和风化坚冰，软索套猛虎，洪承畴便开始"经略"清廷的天下。吴三桂是"冲冠一怒为红颜"，洪承畴是佳人抚摩即反戈，八旗子弟真如虎添双翼，风驰电掣地杀了进来，大明江山能不土崩瓦解吗！在招降洪承畴之际，美女非一，为什么只有孝庄才能折断这柄最强的弓弩？

清兵入关之前，皇太极就病故了，庄妃痛不欲生，愿以身殉，被左右以子女年幼需其抚养为由而劝阻。皇太极临死时未及册立继承人，诸王兄弟（包括正宫所生之子）竞争皇位非常激烈。庄妃冷静隐忍，以其远见卓识的才干，取得握有重权的多尔衮（皇太极之弟）的支持，终于让自己不到6岁的儿子福临登上皇位，是为顺治帝。多尔衮为摄政王，主理朝政，并乘机入关，风卷残云似地打进了北京城。

大权在握、野心勃勃的多尔衮，比皇太极年轻许多，比孝庄又只长一岁，他对嫂子的慧美妩媚倾慕已久，进了紫禁城，便正式提出要与孝庄成婚。美色所形成的魅力在古今中外都是颠扑不衰的，权势对其攫取的力度与强度只存在暗中滋长的递增率。为了清朝的江山，为了儿子福临的皇位，孝庄别无选择，只好委曲求全，下嫁给垂涎既久的小叔子。二人结婚的场面极为壮观，洞房花烛夜，众人直闹到三更，多尔衮与孝庄才喝了合欢酒，相拥入帏，新婚旧爱，纵情为欢，享尽鱼水之乐。说服洪承畴而使用"美人计"，孝庄是为了自己的丈夫；在北京城粉面含羞而梅绽二度，是为了幼小的儿子。女性的爱，最本质的激情是母爱。为妻为母，孝庄献出了自己的一切。

1650年，与孝庄生活了五年之久的多尔衮病死于军中，孝庄37岁，重又寡居。当此之时，国家的稳定与儿子顺治的婚事,对孝庄又开始了新一轮的折腾。婚姻在民族团结、宫廷稳固方面的作用,实在是太重要了,孝庄为此耗尽了心力。顺治十年,她打破清廷惯例,将平南王孔有德的女儿孔四贞育之宫中,"赐白金万两,岁俸视郡主";同年,又将皇太极的第十四女和硕公主嫁给平西王吴三桂之子吴应熊;儿子顺治是个率性不羁的情种皇帝,第一位皇后是孝庄的侄女,顺治废掉了她,第二位乃科尔沁绰尔济之女,不久,顺治又欲废之,起因是他对一位"满籍军人之夫人,起了一种火热的爱恋"(《汤若望传》)。两次废后都涉及蒙古显要,孝庄见事态发展不能再迟疑了,当即果断地阻止了儿子的第二次废后之举,致使顺治郁郁而亡。

想不到家国之事如此棘手,顺治亡后,孝庄不得不辅佐7岁的孙子玄烨即位。在后人看来,与其说康熙开始将清王朝推向了辉煌的顶巅,毋宁说孝庄乃是清初政坛一个隐形的、坚实如磐的底座,她起到了只有崇高母性才具有的包容、统摄、平衡和稳固的砥柱性作用。

尼克松在《六次危机》中认为,激发起政治热情的妇女,每个人都是"一只老虎"。由少女到妻子,到母亲,再到祖母,在每一次角色转换中,孝庄都是到位而成功的。这个女性将毕生精力投进了清王朝的创立、开拓之上,在她手底,治大国如烹小鲜,她是用北国草原上淡紫色花朵那样温柔的文火,将国事调理到了最和谐而又最完美的尺度。

政治与爱情,最难两全。孝庄自己的爱情生活(包括由她主宰的儿子的爱情生活），也是欠完美的。许多事情都具有双重之解释，在北京城梅绽二度时，或许，孝庄也从心底喜欢自己的小叔子，倘真这样，当年扶植儿子登基之事，在感情上就不那么复杂了。临下世时，她语重心长地嘱咐康熙："太宗文皇帝梓宫，安奉已久，不可为我轻动。况我心恋汝皇父及汝，不忍远去，务于孝陵近地择吉厝，则我心无憾矣。"（《清圣主实录》）这个从塞上草原进入紫禁城的东方第一美女，在成功地主宰着王朝命运的同时，有着个人无从诉说的隐衷。

聪慧闺秀　误国女皇

孝庄出于蒙古显族博尔济吉特氏，慈禧为满族，姓叶赫那拉。清王朝如旭日出山之际，孝庄是这个王朝金碧辉煌的巨大底座，近300年时夕阳西下，慈禧则是它凋败褪色的灰色底座。这两位女性，年轻时出落得同样美丽，孝庄终年75岁，慈禧终年74岁。这是二人在历史表象上的相近之处。

慈禧之父为安徽候补道员。叶赫那拉氏非常聪明，从小即喜爱读书、写字，对武则天更是佩服。她从书本里的吕后、武则天身上体悟到，女人的天性未必就是次于男人，如果能登上政治宝座，或许会将一个国家治理得更好……在那拉氏十多岁时，贫病交集的父亲病死安徽，家中连棺材也置办不起，最后是在父亲好友吴棠他们的接济下，那拉氏才奉着泣哭的母亲，牵着幼小的弟妹，护送父亲的灵柩回到京城。

美丽女人是藏掖不住的明珠。那拉氏16岁时，咸丰皇帝广选天下美女，即被选入宫中。刚进宫时，她只是一个在圆明园打扫落叶的宫女。只要进入宫中，那拉氏就有的是办法。不多久，便博得了咸丰皇帝的青睐，先封为贵人，继而封为懿嫔，两年后生下儿子载淳，更有了一根地位上升、切近皇权的魔杖。加封懿妃后，很快又成为仅次于皇后的贵妃娘娘。叶赫那拉氏因为聪慧，且又读过书，而咸丰皇帝偏偏又平庸无能，也就乐得由那拉氏帮自己批文下诏。政坛上要强的女人，精神深处迥异于传统型的美女，她们大抵是历经冷暖，勘破玄黄，将尘世一切丑恶、悲愤郁积于胸，从纷纭世事中看清了自己所处的位置，也理出了自己所要致力的方向的女人。早就借鉴过吕后、武则天的那拉氏，正是这样的一个女性。

有的大臣也窥得了贵妃娘娘有专权的迹象，多次密奏咸丰，而沉溺于酒色的咸丰，对此并不介意，反而对那拉氏恩宠有加。但在咸丰病逝于热河之前，他却突然记起了后妃不能干政的祖训，一下子封了八名顾命大臣，将朝政委托给他们。26岁的那拉氏能翻出这八名顾命大臣的16只巨掌吗？咸丰这样做，自以为是极为聪明的一步高招。那时，小皇帝载淳只有6岁，奶臭未脱。工于心计、深谙权术的慈禧不动声色，却在最关键的时刻显露出她的手段来了，她与恭亲王奕䜣密设计谋，高屋建瓴，一举收拾了那群虎狼似的顾命大臣：三人被处死，五人被革职或充军。慈禧垂帘听政，大权落在了她的手里。

对于登上宝座的慈禧，老太监信修明有这样的一段描述：

> 慈禧的威严，皆在眼神。平日直如闪电，无人敢对其光，声音亦洪亮……每大臣觐见退朝时，差不多满头是汗，极道太后圣明。袁世凯曾说："余在万军之中，必极坦然。独朝见皇太后时，不知汗从何处来，而为此心怯也。"

太监是君臣之间最直接的旁观者，其所见自然符合实际。慈禧之威严，显然是从果断地、迅速地处置那一群顾命大臣的行动里形成的；慈禧的长指甲稍微一翘，光绪帝的皇冠砰然落地，谋图变法的谭嗣同就在菜市口没了首级……这都是杀鸡给猴看，其他朝臣谁能在这个"老佛爷"的面前不冒汗呢？袁世凯每次朝见太后时都战战兢兢，最大的苦恼是不知眼睛该往何处看。后来，他与李莲英达成默契：太后每次召见，就看李莲英的脚，李一旦两脚并拢，他就不往下说了，那是太后不喜欢听的；如果李两脚分开，他就放开胆子说下去，振振有词地说下去。

慈禧登上了权力顶巅，却未必就是个自由自在的幸福者，因为最高权力对任何人也未必就意味着最高享受。信修明就发现，慈禧太后"时常暗泣"。权力至重，血凝龙椅，她作为一个女人，本性势必受到压抑和扭曲，会严重地影响其天赋的本色与个性，慈禧的乖戾与反复无常，与她"时常暗泣"是自然对应着的。女人的媚丽姿色，协助那拉氏攀上了权力之巅，与此同时，也导致她的感情与爱情在终结时难有个像样的归宿，致使慈禧个人很像是从巨大的封建废墟里开放的一支罂粟花：落日残照，血色黯然，活气有限，与封建王朝的最后沉落形成为一个色调统一的整体。

封建王朝最后熄灭在一个老女人的手里，表面上看去，仿佛这个老妪最怯怕的是洋枪洋炮，由于怯怕，只好让庞大的延续了2000余岁的封建王朝来为自己殉葬。这个慈禧与败落的清王朝，到底是谁在为谁殉葬呢？封建宫廷用美女殉葬，由来甚久，慈禧这最后的收局，或许是历史老人安排的莫测高深的一个隐喻。

洪宣娇与冯婉贞

1850年6月,天主教传教士洪秀全、冯云山于广西桂平金田村起兵。当地平隘山新村有一位机敏能干的女子杨云娇,随其兄杨秀清一起参加了拜上帝会,并与洪秀全结为兄妹,易姓改名为洪宣娇。这位女子在会众里颇有威望,在女教徒中尤其著名,一时有"男学冯云山,女学洪宣娇"之说。不久,洪宣娇与萧朝贵结为夫妻。翌年8月,洪秀全建太平天国,称天王,封杨秀清为东王,萧朝贵为西王,冯云山为南王,韦昌辉为北王,石达开为翼王。

清廷调兵遣将,企图把太平军一举扫平。牛排岭战斗中,洪宣娇率女军担任防守,待清军进入伏击圈,洪宣娇率女军冲锋陷阵,直杀得清军丢甲弃戈,四散逃命,太平军取得了牛排岭战役的胜利。人们称赞洪宣娇:"妇女去跟洪宣娇,会打火枪会耍刀;牛排岭前大摆阵,杀得清军跌断腰。"此后,洪宣娇名声大振。

1852年,太平军与清军反复鏖兵,夏初,南王冯云山战死;6月,太平军攻长沙,西王萧朝贵战死。战争着实是太残酷了,从此以后,再也没有了洪宣娇的消息。过了将近半个世纪,《梵天庐丛录》依据清宫《庚子失去宝物清单》说:洪宣娇的牙齿原存清宫内,八国联军入北京后"荡失"了。这说明,洪宣娇极有可能是被清军捕获并残酷杀害的。

1860年,萧朝贵战死已过去八年;8月,英法联军复至天津,攻陷大沽炮台;9月,英法联军进逼通州。

离圆明园10里地的谢庄,村里人家全是猎户,其中有一个叫冯三保的山东人,他精通武艺,其19岁的女儿冯婉贞自小也喜好武术。因为三保武艺高强,被村人推为首领。他们构筑石寨,寨上竖立的旗帜上写着"谢庄团练冯"。一天中午,负责侦察的团练报告说洋人的骑兵到了。不久,就看见一个皮肤白皙的英国军官的坐骑出现在最前边,后边是百余名高头大马的印度骑兵。三保命令团兵们:"此,劲敌也。度不中而轻发,酝酿弹药,无益吾事。慎之。"敌已迫近寨子,枪声炒豆一般,蜷伏着的团兵们一动也不动。敌人更近了,三保才猛地一挥小旗:"开火!"团兵一齐射击,敌人落叶一样纷纷坠马……敌人攻了一阵,无果,只好撤退。三保与众人兴高采烈,冯婉贞却忧虑地说:"小股敌人遁去,大队的敌人马上就到,假如他们用炮轰击,我们谢庄不成粉末了么!"

三保也感到吃惊:"你说怎么办好?"

婉贞说:"西洋人擅长枪炮而不善武术。我们四周都是平原,比枪炮我们定然吃亏。我们拿上刀和盾,像猿猴、鸷鸟那样地进攻、搏击,或许能避免这场灾难。"

三保摇摇头:"我们全庄的人精于武术者不过百人,投身到众多的敌军中进行搏杀,这和把一只羊扔到狼群中有何区别呢。女孩子家懂什么，别多嘴了。"

婉贞轻轻地叹了一口气，走开了。她悄悄地召集了一伙精于武术的年轻人，说道："与其坐等死亡，不如奋力一拼，与敌人见个死活！"

> 年轻人见婉贞尚且如此，个个感奋，众少年结束而出，皆玄衣白刃，剽疾如猿猴。去村里有森林，阴翳蔽日，伏焉。过了没有多久，五六百敌人果然抬着炮过来了，婉贞率众袭之，敌出不意，大惊扰，以枪上刺刀相搏击，而便捷猛鸷终弗逮。婉贞挥刀奋斫，所当无不披靡，敌乃纷退。婉贞大呼曰："诸君！敌人远我，欲以火器困我也，急逐弗失！"于是众人竭力挠之，彼此错杂，纷纭拿斗，敌枪终不能发。日暮，所击杀者无虑百十人。敌弃炮仓皇遁，谢庄遂安。

上述引文，出自清朝举人（曾任内阁中书）徐珂之手，自然是可靠、确真的进行爱国主义教育的好教材。

腐败的清王朝锁国自守，"内战内行，外战外行"，镇压、屠杀自己人浑身是本事，而对付外来的、横行在中国土地上的侵略者，则连一个19岁的小女子也不及。谢庄御侮几天之后，9月21日，英法联军即以1万多兵力扑向北京；22~25日，一批接一批闯入圆明园任意抢掠；10月18日，纵火焚烧圆明园，大火延烧，烟云笼罩了古老的北京城，三日不散。

在封建王朝日薄西山、行将告终的日子里，南方的洪宣娇、北地的冯婉贞，颇像是偶尔绽放在战地上的两朵霜菊，进一步验证着东方女性磊落的风骨与未泯的天性。

南北对现女中英，风云无以晦其名。
玉骨成尘化为泥，英魂度入凌云松。

圆明园之被毁，清王朝之沉没，是封建王朝落伍于世界潮流的必然命运，是谁也无法抗御的注定了的结局，然而，古老的中华民族依然在行进，虽则前途多舛，灾难深重，可谁想灭亡中国，却是不可能的。从洪宣娇与冯婉贞身上，仿佛也透漏出了这个历史的消息。

红颜薄命的赛金花

出生于江苏盐城的赛金花,幼年随父离乡去苏州谋生,14岁时父亲病殁,衣食无着,沦为稚妓。数年之后,原籍安徽歙县的苏州状元洪钧奉旨出使德、俄、荷兰、奥地利诸国,他的原配夫人何氏不愿随行,50岁的洪钧便将20岁的赛金花买来做妾,充当公使夫人,并聘请老师,教以英、法、德语。很快,赛金花便以其天生丽质和娴熟的外语能力,周旋于各国王公贵族之间。出使德国时,赛金花作为东方美女,深受菲丽特皇后青睐,由此而结识了俾斯麦首相的红人、德国军官瓦德西。年轻的西方军官对这个典型的东方美人一见倾心,几乎神不守舍。

出使欧洲历时五年,回国后,洪钧金屋藏娇,将赛金花安置于苏州拙政园里。洪钧不久病故,状元府的遗老遗少们将赛金花逐出了园门。迫于生计,赛金花只好又去北京重操旧业。因为数年公使夫人的殊荣使得赛金花结识了一批达官显贵,芳名远播,余香袅袅,在京城里便挂起了"赛金花公寓"的招牌。

1900年,八国联军攻陷北京,慈禧太后挟光绪皇帝西逃避难。德国军队以其公使克林德被杀为由,血腥屠城,京城一片混乱。有一天,几个德军闯入赛金花公寓,意图滋事,赛金花用德语与之交涉,偶尔听到联军统帅恰是昔日那个德国军官瓦德西,她当即赶往南海的仪銮殿,拜会瓦德西。瓦德西见旧时相识风采依旧,便热情地接待了她。赛金花向瓦德西提出两条请求:"一是保护良善,不滥杀平民百姓;二是保护文物,别再干火焚圆明园的事情。"瓦德西慨然允诺。从此,赛与瓦这对异国恋人同居了几个月。

清政府希望能早日与八国联军签订合约,得知赛与瓦旧情缱绻,便由盛宣怀牵线,令军机大臣李鸿章之子李经才与赛金花联系,让赛出面斡旋,促成了议和之举。慈禧回京后,风闻赛金花公寓门庭若市,满朝文武趋之若鹜,街巷盛传"妓女救驾,红颜报国"之说,北京甚至有人尊其为"娘娘"。慈禧心里很有些不大受用,再加上好事者借此讥评朝政:"千万雄兵何处去,救驾全凭一女娃。莫笑金花颜太厚,军士大可赛过她。"慈禧闻知,极为羞怒。

京城颂词云集,赛金花也预感到这是不祥之兆。瓦德西奉调回国时,她立即移居上海英租界内,以求避世苟安。而清廷官员知道慈禧的心思,趁赛金花去南市丹桂戏院看戏之机,先拘捕了她,后又发配回皖南原籍。处于风雨飘摇之中的封建古国,践踏弱者永远是它的第一本能,有些事情变化得真是鬼使神差,莫名其妙。赛金花无论做了怎样的好事,收到的也只能是一枚苦果。

赛金花在皖南生活无着,便又返回上海,嫁给一位姓曹的为妾,时日不久,曹又归天。赛金花便又结识了国民党元老魏斯灵，同居数年，正张罗婚礼时，魏又命归黄泉。靠山山崩，靠水水流，连克三个男人，赛金花从此被斥为地地道道的"克夫星"。"九·一八"事变后，张学良去看望名声很不好的赛金花。当时赛金花陋巷蜗居，穷困潦倒，家徒四壁，室内几乎无可坐的小凳。赛金花躺在床上，破旧的衣裙裹着瘦骨如柴的身子，脸色枯黄，由于嗜烟如命，十指被熏得焦黄，瘦削的脸上只有那偶尔转一下的眼睛，表示她还是个活人。64岁那年，赛金花贫病交加，客死于北京。

盐城、苏州、欧洲、北京、上海、皖南，清朝的状元、德国的统帅、国民党的元老，花艳水明的拙政园、车水马龙的烟花巷，风口浪尖、灯红酒绿，硝烟弥漫，起落沉浮，赛金花的阅历够复杂、够跌宕、够富有戏剧性了，妓女们那么多的传奇故事里，为什么就没有赛金花的一席之位呢？

鲁迅先生与赛金花同年辞世，他在下世前两个月时说过下面的话："连义和拳时代和德国统帅瓦德西睡了一些时候的赛金花，也早已封为九天护国娘娘了。"这话是针对着气息奄奄、日薄西山的清王朝而说的，能视为是贬斥赛金花的微词吗？对于中国女性，鲁迅先生还有话："我一向不相信妲己亡殷，西施沼吴，杨妃乱唐的那些古老话。我以为在男权社会里，女人是决不会有这种大力量的，兴亡的责任，都应该男的负。"将这两段话联系起来看，鲁迅分明是借用赛金花来斥责那些"一钱不值的没有出息的男人"的。一钱不值的男人们脸皮也真厚，翻转手却将鲁迅的斥责之言反扣到赛金花的头上。

见风使舵的社会风习，过河拆桥的封建政坛，反复验证了男权主义的恶浊与无耻,也从大局上决定了赛金花这类善良女性无奈而凄凉的命运轨迹。何谓"红颜薄命",从赛金花的曲折历程中,也很能看出几丝内在的消息。

英雄最难一知己

蔡锷，中国民主革命家、军事家，湖南邵阳人。1916年在日本箱崎病殁，享年34岁。英年早逝的蔡锷留有遗嘱："锷以短命，未能尽力民国，应为薄葬。"蔡锷以一人之身公开讨伐袁世凯，首倡维护共和，被赞誉为"护国将军"、"共和将军"，他一直被公认是中国职业军人之典范。11月8日，人们在北京为之举行隆重的追悼大会。会场上，孙中山先生的挽联是：

> 平生慷慨班都护
> 万里间关马伏波

堂里堂外浩如烟海的挽联里，有一幅落款为"未亡人"的挽联：

> 万里蓝天鹏翼，直上扶摇，哪堪忧患余生，萍水姻缘成一梦；
> 几年北地胭脂，自悲沦落，赢得英雄知己，桃花颜色亦千秋。

这位"未亡人"正是跪在祭台前的、一身缟素衣妆的筱凤仙。

1911年辛亥革命爆发，蔡锷在云南率兵起义，因他多谋善断，胆识过人，被众人推举为云南都督，加上他又参加过国民党，在西南一带享有很高的威望，袁世凯觉得这个人非笼络不可。1913年10月，袁将蔡调到北京，连他的母亲和妻子潘蕙英也骗到了北京，明示笼络，实为监视。原因很简单，袁世凯已经做起了当皇帝的美梦，蔡锷如果返回云南，无异于放虎归山，纵龙下海，他的皇帝美梦非破灭不可。

蔡锷在京，很快就明白了袁世凯的用意，但已身入牢笼，情知上当，却也无可奈何。一个秋日，他从中南海出来，一路无聊，便信步走到北海公园之内，正在观赏"霜叶红于二月花"的秋景，忽听远处传来悦耳动听的琵琶声，静耳细听，发觉是感情沉浑的《春江花月夜》。踏上小路，绕过树林，只见一座古朴的凉亭中坐着一位年轻女子，上身是月白色细羊毛外衣，下着黑色长裙，很像一个富有教养的女大学生。

那女子不提防旁边有人，回首一看，竟是一个英俊的青年，出于本能，一时心慌得手足无措。蔡锷略含歉意地说："小姐，很对不起，我是被你美妙的乐声吸引过来的游客。"

女子欠身还礼，"弹得不好。我不过是聊遣余闷。"

"哪里！小姐技法娴熟，感情实在真挚。"

"先生过奖了，请多指教。"

"我听你弹的是《春江花月夜》，为何那样的悲凄呀！这对你身体可不好。"

那女子似答似叹地说："国家现在四分五裂，老百姓颠沛流离，这曲子是'亡国之音哀以思'呀！"

蔡锷不语，认真地看了看这个明眸皓齿、秀发如云的女子，声调低沉地规劝道："现在环境不佳，年轻人说话做事，还是小心留神为好。"

那女子深情地说："多谢先生好意。不过，我看先生不像是坏人，这才大胆地讲了出来。"

"是呀，时下这般气候，凡是有正义感的人，心里都会憋得难受。"

"既然这样，你也弹奏一曲抒抒襟怀吧，如何？"那女子说着，双手递上琵琶。

蔡锷也不推辞："好！那我就献献丑、练练指力吧。"他将四弦一拨，只听琴声铮铮。听这开头，那女子便知道他弹的是《十面埋伏》，她当然领会这曲中的含意……二人分手之际，脉脉含情，彼此交流了几度目光，却终于没有开口，默默地转身走了。

过了几天的一个傍晚，北洋军阀中的一员大将姜桂题找到了蔡锷，邀他去逛八大胡同。蔡锷知道八大胡同是什么地方，连连摇手。姜是老粗，又是有名的花花太岁，大声说道："他妈的，人活世上图个啥，不就是吃喝玩乐嘛。可世上最好玩的还是漂亮女人。我今天带你去云杏班，看看那个筱凤仙，开开眼界。"

蔡锷是正派军人,是有威望的爱国将领,怎么能跟人去逛妓院呢?可姜桂题不由分说,将他扯上马车,一阵飞奔,不一会儿已停在八大胡同云杏班的挂着大红灯笼的门口。

姜是云杏班的常客,这里称他"姜大帅"。他将蔡锷交给老鸨儿,叮嘱一定要筱凤仙接待这位老爷,自己就和那位花枝招展的女子鬼混去了。蔡锷被鸨儿领上二楼,走进筱凤仙的房间,房间陈设素雅干净,书桌前一位亭亭玉立的姑娘,这姑娘不是别人,正是他数日前在北海公园里遇见的那位弹琵琶的女子。四目相接,二人都惊异地叫出了声:"原来是你呀!"鸨儿双手一拍:"啊!你们原来认识。好好好,我就不奉陪了。"

蔡锷走近桌边,见桌上的花笺上写了十几个字:"树影横江,鱼跃枝头花踏浪。"筱凤仙说:"我很无聊,信手写出了上联,正愁下联呢,想不到你来了。"

蔡锷幼年读书用功,10岁时即受到先生和亲友的称赞。他这时忽然有了灵感,顺手挥笔泼墨,写出了下联:

山色倒海,龙吟岩畔虎眠滩。

筱凤仙拍手叫绝。蔡锷见她着实秀媚,兴之所至,在其笺上又题了一副楹联:

自古佳人多颖悟,

从来侠女出风尘。

　　此联勾动起筱凤仙的不幸身世，往日情怀，一时又禁不住泪水盈盈，对蔡锷深深地一鞠躬，说道："请先生留字落款。"蔡锷又题下"香艳盖世，风骨绝伦"八个字，上款书"凤仙女士雅正"，下款题"松坡"二字及年月日。见到"松坡"二字，筱凤仙惊讶得叫出声来："想不到您就是云南都督蔡将军啊！"

　　这个晚上，蔡锷与筱凤仙是怎么样密谋的，外人难以得知。嗣后，却发生了这样的事情：蔡锷在云杏班筱凤仙处大请宾客，赴宴的有袁世凯的大公子、总统府秘书长梁士诒的参谋杨度、内务部长朱启钤、国会议员阮忠枢、步兵统领江朗宗，当然少不了姜桂题大帅……酒到中巡，蔡母带着潘蕙英忽然闯进来大哭大闹，骂蔡锷是仗着袁大总统的势纳妓为妾。姜桂题出面解围，报告袁世凯后，派人硬是将蔡母与蔡妻送回了湖南老家，让蔡与筱凤仙安宁度日。

　　出乎袁世凯意料的是，他于1915年5月承认日本提出的21条，蔡锷于11月在筱凤仙及梁启超巧妙掩护下潜出了北京，迅速回到了云南。袁于12月宣布次年为洪宪元年，当月25日，蔡锷在云南即发动了护国战争与袁军激战。贵州、广西、广东、浙江等省先后响应。翌年3月，"袁皇帝"落下了金銮宝殿，6月6日羞愤忧惧而死。

　　蔡锷文韬与武略兼备，少年时曾为岳麓山赋诗："苍苍云树直参天，万水千山拜眼前。环顾中原谁是主，从容骑马上峰巅。"病逝后，时任总统黎元洪发出指示："陆军上将黄兴、蔡锷应予举行国葬典礼。"1917年4月12日蔡锷将军被葬于岳麓山万寿寺庙后山。

蔡锷潜出北京之后，筱凤仙被袁世凯投进了监牢。出狱后，她只参加了一次蔡锷先生的追悼大会，便埋名隐姓，藏身他乡。一直到上世纪50年代，梅兰芳赴沈阳演出时，忽然接到筱凤仙的一封信，愿与梅先生见见面。当时，筱凤仙已年逾五十，在沈阳嫁给了一位杂工，生活困难，希望梅先生能代她请求人民政府为她安排个适当的工作。

当年在京，筱凤仙与梅先生有过接触，她喜爱京剧，能登台演出，青衣和闺门花旦演唱出色，梅先生极为赏识。在沈阳，梅先生与她谈了很久，称赞她为中国的民主革命做出了自己的贡献。

后来，梅先生通过周恩来总理向辽宁省交际处打了招呼，为筱凤仙安排了一个保育员的工作。

蛾眉性比男儿烈

女侠秋瑾是个典型的近代才女。其诗文奇丽雄健,在清末三大才女(另二位为吴芝瑛、徐自华)中尤为突出。吴芝瑛是安徽桐城人,曾一度移居北京,是极负盛誉的书法家(善工瘦金体)和诗人。徐自华比秋瑾年长两岁,原籍桐乡石门镇,系书香门第,嗜古文,工诗词,与吴芝瑛齐名。包括徐自华之妹徐蕴华(字小淑)在内,是时代的风雨使这四位女性聚到了一起,她们所结成的友谊坚于磐石,可谓是空前绝后的。这大约也是东方文化所特有的凝聚力的体现。

秋瑾17岁时奉父母之命嫁于湘潭富绅王廷钧,王用钱财捐了个"户部主事"的官衔,1903年,携秋瑾入住京师,居城南之绳匠胡同。吴芝瑛的丈夫是无锡举人廉泉,当时居住在北京的南半截胡同。秋瑾赴日本前,王廷钧对之横加阻拦,秋瑾激烈抗议:"人生处世,当匡济艰危以吐抱负,宁能米盐琐屑终其身乎!"王又恼又恨,断其经济以阻其行。秋瑾不屈,"钗环典质浮沧海,骨肉分离出玉门。"秋瑾与王廷钧琴瑟失和之后,吴芝瑛便接秋瑾至其家暂住。翌年,她又资助秋瑾东渡日本留学,鼓励她参加留日学生的革命活动。秋瑾先后加入了光复会、同盟会。

同盟会在浙江南浔创办了浔溪女校，聘请徐自华担任校长。开学不久，浙江同盟会的主盟人、刚从日本归国的秋瑾即被陶成章、蔡元培他们推荐到浔溪女校任教。"新诗读罢齿犹芬，大小徐名久已闻"，在学校里，秋瑾与徐家姊妹诗文唱和，相见恨晚。自华、蕴华仰慕秋瑾的胆识和气魄，与之结盟为姊妹，决心追随秋瑾一起参加推翻清王朝的斗争。1906年夏，由于封建卫道势力的反对和排斥，秋瑾被迫离开了南浔。

两个月后，秋瑾准备到爪哇、新加坡一带去筹集起义资金，返回南浔后拟在徐家小住几天，不幸突患重病，自华、蕴华忙请医买药，床前床后照顾秋瑾，秋瑾时时感动流泪。病愈后秋瑾回到上海，同盟会派出的筹资人员早已出发，为宣传妇女解放，她积极筹办《中国女报》。然而，经费短缺，筹措无门。徐自华获悉后，在婆家反对出资的情况下，毅然与婆家脱离关系，变卖了自己在南浔的房产，赶到上海吴芝瑛家中（吴已自京回沪），将筹措的资金捐给秋瑾。其妹蕴华闻讯后也变卖饰物，将得到的资金全数捐给秋瑾。

1907年3月，自华陪秋瑾同游西湖，在岳王庙前，二人徘徊再三。面对西泠，秋瑾忽对自华感慨地说道："我此去万一殉国，请埋西泠。"最后分手时，秋瑾将臂上一双翠钏取下，交给自华，且写下《临行留别寄尘小淑》的诗作：

此别深愁再见难，临歧握手嘱加餐；
从今莫把罗衣浣，留取行行别泪看。

光绪三十三年六月六日（1907年7月15日），秋瑾因组织起义，事泄被捕，在绍兴轩亭口英勇就义。

徐氏姐妹托人打听绍兴情况，得知秋瑾亲属慑于清廷淫威，不敢领取秋瑾遗体，当地善堂草草收殓，本想移严家潭殡舍停厝，屋主得知是被杀头的革命党棺木，竟断然拒绝，只好停放在偏门头大校场近旁，柩上覆以草帘，难遮风雨。徐氏姐妹得此消息，泪湿满面，二人决心实现秋瑾"埋骨西泠"的生前之约。

绍兴知府贵福和浙江巡抚张曾敭杀害秋瑾后，派密探四处捕杀革命党人，以求斩草除根。徐自华压下幼女夭折之悲痛，冒着危险又去沪上找到吴芝瑛（吴当时正在病中，闻此大恸），二人密商再三，由徐氏姊妹在西湖西泠桥一带购地建墓，吴芝瑛出200银圆助葬。徐离沪后，吴在信中又提醒道：秋柩"能密运不使官场知之否？"务要"事前防泄漏也"。

翌年二月，徐自华悄悄打通几个关节，请出秋瑾之胞兄秋誉章协助。徐蕴华赶赴绍兴，扮成送葬的亲人，在大通学堂工友的帮助下，昏夜秉烛入文种山，偷出灵柩。运往江边时，忽遇夜巡之清警，蕴华哭诉说是亲姐之棺木，方平安将灵柩送到船上。日止夜行，船离鉴湖后再渡钱塘江，几经波折，才到杭州江干上岸，下葬于西泠桥畔，距苏小小墓地不远。

徐自华撰写《鉴湖女侠秋瑾墓表》，吴芝瑛亲笔写了"呜呼鉴湖女侠秋瑾之墓"的墓碑及墓志铭。门首是张辛甫写的对联："六月六日（秋瑾就义日），秋风秋雨。"清末三才女，就这样患难与共，生死相依。

秋瑾下葬不到两年，被清廷巡查御史常徽发觉，上奏平墓。秋誉章获悉，即刻雇人将秋瑾灵柩取出，运往湖南湘潭，在秋瑾夫家墓地暂放，徐自华避居上海租界。

辛亥革命成功后，孙中山任临时大总统，徐自华力主将秋瑾灵柩"还葬西湖"，以实现秋瑾遗愿。于是，由"秋社"发起，呈请国民政府批准，复将秋瑾灵柩从湖南运回西泠桥畔，在孤山重新建墓。"秋社"也正式公开成立，孙中山先生担任名誉社长，徐自华任社长。1935年，徐自华病故，葬于秋瑾孤山墓侧。

秋瑾被害之后80年里，她的尸骨被迁葬过10次：

首葬：由绍兴同善局草殓于城外卧龙山西北麓。

二葬：1907年10月，秋誉章秘密雇人移至常禧门外之荒地。

三葬：1908年2月，落葬于杭州西泠桥西畔。

四葬：1908年12月，被强令迁回绍兴严家潭暂放。

五葬：1909年11月，远迁于湖南湘潭昭山。

六葬：1912年夏，由湖南政府迁葬于长沙岳麓山烈士陵园。

七葬：1913年秋，还葬于西湖西泠桥原墓地。

八葬：1964年，阶级斗争升温，迁于西湖"边陲"之鸡笼山。

九葬：1965年，有关部门又悄悄地迁回西泠原地。一年后"文革"兴起，秋墓被平掉，尸骨迁往鸡笼山东边山脚下之陵园。

十葬：80年代，重新归葬于西湖西泠桥西畔，与苏小小墓地相对映。

我曾经多次经过西泠桥，面对秋瑾之墓，心情复杂，不由得记起1907年夏天的山阴县县令李钟岳。

上峰命令李钟岳处决秋瑾，他没去刑场。后天天沉默，拿着秋瑾的遗墨"秋风秋雨愁煞人"七字默默注视，每至涕下。每天看来看去，三个月后，悬梁自尽。

在这个世界上，秋瑾这样的女性凤毛麟角；其身后之墓葬几十年间及至10迁，则更进一步折射出中华民族在20世纪里的行进步伐是多么沉重，何等艰难。

历史进入20世纪，秋瑾这样的女性之花不再是一朵两朵，而是一簇簇的。中国女性之美与哺育她们的大地原本就是统一的。西湖名山秀水驰誉天下，它是以古代美女西施来命名的。艺术不能超越自然，而秋瑾32个春秋的生命被女伴们以近似于精卫填海的精神祭献于她生前所挚爱的自然山水，会使这名山秀水从气质上更为充实，更为完美，也更加瑰丽，这无疑是整个中华民族的一个骄傲。

性烈命薄秀贞女

上个世纪20年代末期,杨秀贞是上海烟花中的佼佼者,欲一睹其芳姿的男性不计其数。这倒不仅仅是因为她姿色出众,一笑百媚生,再笑倾人国,更重要的是她对黑暗腐朽的现实和尔虞我诈的当局十分厌恶,独处之际,便常常吟诵"朱门酒肉臭,路有冻死骨"以及"问君能有几多愁,恰似一江春水向东流"的诗词名句,似乎怀有出尘之思。

顾顺章是上海吴淞人,曾多次登台耍过杂技魔术,吃喝嫖赌之外,也善于钻营,在中共"六大"选举时当上了政治局候补委员,与关向应、刘少奇、毛泽东排在一起。当时的中共中央总书记是向忠发,顾知道总书记的嗜好,从中牵线,让向忠发结识了令上海滩的大亨、阔少们神魂颠倒的杨秀贞。

向忠发身材适中,浓眉大眼,风度翩翩,气度潇洒,这号人往往是个怜香惜玉的风流种子,加之顾顺章在牵线之时对杨秀贞又做了充分的渲染。向与杨结识之后,谈吐投机,一直谈到月斜楼台浑不知,特别是向忠发谈到马列主义和中国共产党人的理想时,杨秀贞简直像是进入了另一个似梦非梦的世界。嗣后,二人渐渐地推心置腹,订下了"不能同日生,但愿同日死"的白头之约。有一天,向忠发看到了杨秀贞写的三首绝

句,第三首是:

怜香千古数翚卿,收拾残红葬艳魂;
春雨何堪摧国色,今朝谁是惜花人?

向忠发读后感叹不已:好一个"收拾残红葬艳魂",这等佳句,列入唐诗中也能添风采。秀卿秀卿,真乃当今之才女也。以后,向与杨公开姘居,这位总书记几乎是独占花魁了。

向忠发外貌堂堂,脑子灵活,在中共中央最高领导的位子上处理大事却拿不定主见,一会儿听李立三的,一会儿又听瞿秋白的,过些天又听王明的。中共地下组织连遭破坏,不少革命志士血洒刑场,他却与杨秀贞云情雨意,颠鸾倒凤。政治局委员周恩来对其心态已有觉察,多次提出警告,他反而对总书记这个职务渐渐有了些厌倦之意……

国民党中统的当家人是蔡孟坚,江西萍乡人,虽才24岁,却是有名的反共专家。顾顺章因公从鄂皖返沪途经武汉时,被中共长江局的叛徒尤崇新发现,蔡孟坚迅速抓获了顾顺章。顾卖身求荣,致使中共高级领导人恽代英被捕,并于1931年4月29日被杀害;顾顺章带人追捕周恩来、瞿秋白落空,便设计侦察向忠发的下落。顾深知向的为人与心性,便又千方百计寻找杨秀贞这一条突然消失于上海滩的"幽线"。

杨秀贞转移之后,与任弼时的夫人陈琮瑛住在一起。1931年6月21日,向悄悄潜入杨秀贞处。二人恩爱一番之后,难分难舍,秀贞忍痛割爱,劝向先去江西中央苏区,她一定等他重回沪上。翌日清晨,向总书记即在静安寺落入中统特务手中。向忠发讲究的是"人生几何,对酒当歌"的人生哲学,一被捕就顺理成章地当了叛徒。由于他的出卖,中共工作人员张纪恩、张越霞被捕,陈琮瑛和杨秀贞自然也逃不出魔掌。

特务们提审杨秀贞时,她并非中共党员,但心底贴近广大民众,加之与向忠发相爱时受了马列主义熏陶,由衷地拥护共产党,尽管特务们对这个女子软硬兼施,酷刑相扼,她仍是守口如瓶,不言不语。特务头目对这个"臭婊子"实在恼火,便将向忠发提了出来,让他与杨秀贞当庭对质。

向忠发面对朝夕相偎的情人,见她披头散发,被酷刑折磨得鲜血淋漓,惨不忍睹,当即声音哽咽地规劝道:"秀贞,我的底细人家全知道了。以前我是误入歧途,才落得现在这个下场。小胳膊拧不过大腿,秀贞,识时务者为俊杰,我劝你……你就别再折磨自己了……"

杨秀贞心血汹涌,浑身颤抖,她圆睁杏眼,惨叫了一声,双手举起手中镣铐对着额头猛地一击,鲜血迸溅,顿时死去……

正在庐山开会的蒋介石听到上海方面的汇报,知道这个向忠发再也供不出什么重要的新线索了,便下令就地枪决。向忠发在被捕的第三天——6月24日被枪毙于上海龙华。行刑前,向忠发跪在地上号啕痛哭,连连磕头求饶,表示以后要效忠党国,而无情的子弹还是结束了他的生命。

听到向忠发被处决的消息后,周恩来感叹地说:"想不到,他的节操还不如一个妓女!"这位妓女,无疑是杨秀贞了。她只是一个名满沪上的妓女,连一个中共党员也不是。

行文至此,我忽然想到一个名叫"步非烟"的女性了。咸通中,参军武公业有个小妾,容止纤丽,不胜绮罗,好词章,善秦声,韵协丝竹,她就是步非烟。邻生赵象以诗诱之,非烟答以诗,赵象于是逾墙相从。后事露,公业诘责,非烟色动声颤,但云:"生得相亲,死亦何憾!"乃被笞死。

步非烟是为了爱情,活活被笞死的;杨秀贞是为了什么而亡呢,两相比照,很可以引人深思。步非烟也是一位才女,《全唐诗》中有其诗四首,《寄怀》为其中的一首:

画檐春燕须同宿,南浦双鸳肯独飞?
长恨桃源诸女伴,等闲花里送郎归。

含义很明白:真正的情人不应当轻易地分离。问题是,异性知己(情人)极为难逢,比如杨秀贞,在爱情上就是个上当受骗者,她是悔恨自己有眼无珠才愤而自裁的。

视死如归的张挹兰

1927年是中国历史上风雷激荡、波诡云谲的一年,中国最早的马克思主义者、共产党的创始人李大钊就是在这一年4月英勇就义的。与他一同就义的19人中有一位女性,名叫张挹兰。

张挹兰,1893年出生于湖南醴陵县西乡一个没落的书香之家,祖父是清末秀才,常教孙女读书认字,因祖母反对,挹兰就躲在小柴屋里偷偷自学。12岁时,挹兰就能借助字典阅读《橘颂》、《爱莲说》、《桃花源记》之类文义较深的古文了。17岁时,家里将挹兰嫁给了一个目不识丁的姓龙的自耕农。22岁那年,当地发生了一场瘟疫,夺去了挹兰心爱的小儿子,她精神上受到沉重打击。26岁那年,便前往北京求学。

当时,五四运动激起的反帝反封建思潮对青年人影响很大,正好妹夫的堂妹李欣淑不满自己的包办婚姻,也从长沙逃到了北京。李欣淑在湖南是个五四运动的积极分子,与毛泽东相识。李欣淑到京后,毛泽东曾到阜兰(挹兰之妹)家里看望过李欣淑,当着毛泽东的面,欣淑向挹兰介绍了他们在长沙发动学潮、同军阀政府斗争的情景,挹兰听时异常激动,十分钦佩青年同学的爱国精神。

经过半年多补习，挹兰考取了北京女子师大预科，住校攻读了一年。后与二弟张支松去苏门答腊首府棉兰的一所华侨小学任教，她准备在异国积攒点钱，赴欧美留学，将来实现教育救国的理想。姐弟二人到棉兰不久，因父亲病故，不得不重返北京。1922年，她考取了北京大学预科，上学之际当家庭教师，替人抄书，借此维持生计。因为成绩优异，获得美国教育家克兰夫人捐助的奖学金。每月15元的奖学金，使挹兰总算渡过了难关，1924年升入北大教育系学习。

十月革命的胜利加速了中国革命的进程，也推动了民主革命的先驱者孙中山的伟大转变。国民党"一大"后，在李大钊的帮助下，孙中山于1924年3月在北京翠花胡同建立了共产党领导下的国共合作组织——国民党北京执行部、北京特别市党部。1925年3月，孙中山逝世，4月，张挹兰参加了国民党，特别市党部进行改组时，她当选为执行委员。为进一步开展妇女运动，市党部办了妇女刊物《妇女之友》，张挹兰任主编。刊物先后发行12期，张挹兰所写的《妇女运动述略》、《新妇女的使命》刊于第八期、第九期。1927年3月，她接任市党部妇女部长的职务。原妇女部长刘清扬是早期的共产党员，很器重张挹兰，将她的情况反映给李大钊，建议吸收其加入中国共产党。

1927年春，北伐战争节节胜利，国民革命军直打到长江流域，帝国主义及其走狗利用蒋介石的势力，新旧军阀进一步勾结，准备共同扼杀中国革命。奉系军阀张作霖在北京城贴出了

"宣传赤化,主张共产,不分首从,一律死刑"的反动文告。4月6日,京师警察厅出动300多名宪兵、军警、特务,逮捕了李大钊、邓文辉、张挹兰等革命党人。敌人对张挹兰威胁利诱、严刑拷打,她一直守口如瓶,没吐露半点机密。

李大钊他们被捕,举国震惊,中共党组织、工人群众、知识分子、新闻界及各界进步人士千方百计进行营救。4月15日,《世界日报》刊登了市民李公侠致张学良的一封信,列举了10条宽赦李大钊的理由,其中第八条写道:"且李氏私德尚醇。如冬不衣皮袄,常年不乘洋车,尽散月入,以助贫苦学生,终日伏案面究各种学问……"迫于各界舆论的强大压力,张作霖一度动摇迟疑。但就在这时,已叛变革命的蒋介石亲自出面,推波助澜,给张作霖发来密电,要求处死李大钊。为了博得帝国主义支持,与蒋介石携手言欢,张作霖下令杀害李大钊等人。

4月28日上午10时,"特别法庭"突然开庭判决,对李大钊、张挹兰等20位革命者立即处以极刑,他们很快被押到了西交民巷京师看守所的绞刑架前,看守所中只有一台绞架,同时仅能执行二人,故自2时至5时,20人方处刑完毕。

首登绞架者,为李大钊,李神色未变,从容就义。李大钊就义前留下了遗照,目光和悦,泰然自若,宛如平日。李大钊第一个从容走上绞刑架,凶残卑鄙的敌人为了折磨李大钊,竟绞了他三次。

那天,穿得特别整洁、干净,乌发梳得很齐整的张挹兰不忍目睹李大钊第一个登上绞刑架,低下了头,刽子手误以为这阵势吓软了这个30多岁的弱女子，便走近她的身边，妄想动摇她。张挹兰忽地抬起头来，目光如同两柄利剑射向敌人……作为第20个殉难者，她昂首挺胸地走向绞刑架，执行警官伸手拦住她："你年纪轻轻，又是女流之辈，搞什么革命！现在这里只剩下你一个人了。只要你说一声今后不干了，就放你出去。他们全都死了，没有人会知道。"

"要我不革命，妄想！告诉你，正因为我是女子，所以我更为自己的死感到骄傲。跟着李大钊去殉我们的事业，是我最崇高的荣誉！"张挹兰毅然登上了绞刑架……

一般而言，女性对爱情是更为执着一些，而认定了真理的女性，对真理的执着比对爱情又更胜一筹。

1949年3月，当毛泽东回到阔别多年的北平城时，曾十分感慨地对身边的同志说："30年前，我为了寻求救国救民的真理而奔波。还不错，吃了不少苦头，在北平遇到了一个大好人，就是李大钊同志。在他的帮助下我才成了一个马列主义者。他是我真正的老师，没有他的指点和教导，我今天还不知道在哪里呢。"

这时节，倘是有人探问毛泽东："你还记得那位与李大钊一同就义的张挹兰么？"毛泽东立即会肯定地回答："当然记得喽！她是我的老乡，与我同龄，她是我们中华女儿的骄傲。"

不熄的爝火

《庄子》中说:"日月出矣,爝火不息,其于光也,不亦难乎!"鲁迅的光彩太辉煌了,后人便不大留意"其于光也,不亦难乎"的许广平。

一

许广平自号景宋,广东番禺人,1898年生,小鲁迅18岁。1925年女师大学潮,鲁迅坚决站在学生一边,而学生会的总干事便是许广平;翌年"三·一八"惨案,鲁与许共同声讨北洋军阀政府,鲁被通缉,辗转避难于日本医院、德国医院、法国医院,继而由许广平陪同离京南下;1927年广州"四·一五"大屠杀后,白色恐怖之中,二人同住白云楼;后至上海,鲁被通缉,许广平与之患难与共,几次离家避难;1932年"一·二八"战争中,鲁迅于枪林弹雨之中携妇将雏,逃离火线;至于文氓造谣,特务盯梢,文网捕禁,暗箭攻击,更是家常便饭,两人一直并肩携手,坚决斗争。直至鲁迅病故,许广平与鲁迅一同抗争了12个春秋。

许广平本是景仰、崇拜鲁迅的一个学生,况且鲁迅是已经有家室的人，最后下定以身相许决心的，只能是许广平。她看出了老师内心的苦痛纠葛，便说道："你敢说天地间就没有一个人矢忠尽诚对你吗，有一个人，你说可以自慰了……"

思想家、文学家的作品可与人久相神交，也可让女性着迷，但要与之结为终身伴侣，朝夕生活，则相当艰难。关于鲁与许的生活，鲁迅在给李秉中的信中答道："结婚之后，也有大苦，有大累，怨天尤人，往往不免。"也就是说，即使成为夫妻，理想与现实之间仍免不了纠葛与矛盾，冲突是必然存在的。难得的是，许与鲁虽然是夫妻关系，但仍是不自觉地依然保持着固有的师生关系，鲁迅的伟大与崇高，时常引起许广平不期然的景仰。美国记者史沫特莱在《鲁迅是一把宝剑》的文章中，这样记述她眼中的鲁与许：

> 无论是谁，凡知道他们的人——就知道他们的结合是建立在深深的爱和同志情谊之上的。他的夫人绝不是卧室里一件安适的家具，她乃是他的共同工作者。在某些地方她还是他的左右手。如果离开她，他的生命便不可想象。

二

1936年10月19日，积劳成疾的鲁迅与世长辞，享年56岁。1941年12月7日，日本飞机偷袭了美国的珍珠港。第二天，日军开进上海租界，"孤岛"沉没。12月15日凌晨5

时，天尚未亮，日本宪兵队十余人闯进霞飞坊（今淮海中路）许广平家，将许广平带走。

许广平被带进了北四川路过苏州河的日本宪兵队总部，关进了恶臭难闻的牢房里。起初，许广平想不透其间的原因，被审问之后，她才明白，日军占领租界后，急于知道中国文化人中抗日分子及其住址。他们认为许广平是名人，接触的人多，当然知道他们所需要的一切；另外，她是带着个孩子的女人，容易从她身上打开缺口。要侵吞中国，务必先要消灭这些抗日的文化人。一个民族的文化，永远是伏藏在这个民族灵魂深处的最难熄灭的火种。

被捕之前，为防万一，许广平已将朋友们的往来书信、地址及抗日团队的材料全部转移了。日本宪兵从带回的书刊里一无所获。他们便对许广平采取了四种手段：欺，有人已经交代了你们的抗日活动，你被人出卖了；吓，和你一起关着的囚徒被酷刑折磨得半死不活，你难道想学他们吗；哄，你招供了，马上放你，可以很快见到你的儿子；诱，你招供了，放你之后，还可以给你种种好处。四种手段，在许广平身上未起到丝毫作用。

第五天，日本军曹长变了脸，大喊一声，猛地抽她的耳光，随后对其头面各部轮流抽打，许广平被打得昏了过去。醒过来时，军曹长改用皮马靴狠踢她的大腿，同时叫过几个宪兵用皮鞭一齐抽打，然而，许广平面前的白纸仍然是白纸，她一个字也不写。许广平当时是这样的心情："没有尝过牢狱之苦的人是不容易理会到某些人为什么会变节，为什么会忍受不住痛苦的试炼。我不敢说我能忍受,因为我也还是人,是肉体,不是钢筋铁骨。"但她又进一步想到,自己"更应当尊敬那些死去活来了多少次的勇士,百折不挠的灵魂,在狱中死去11次又活转来的囚徒……"

在暴力未能奏效时,敌人又扒光她的衣服,把她吊了起来,用皮鞭抽打;鞭声稍停时大吼大叫:"你说不说,再不说就让你一丝不挂地到南京路上去走!"后来,他们又对许广平施行电刑,电流一次比一次强大,许广平一次接一次地昏死过去……敌人总以为女人在酷刑之下是脆弱的,许广平这时却牢记着丈夫在世时说过的话:"对付酷刑,要紧的是忍住最痛苦的一刹那,过了这一刹那人就昏迷,失掉知觉了。"那是在十年前左翼作家被惨杀,国民党追捕鲁迅之际,鲁迅对妻子谈到的对付酷刑的办法。对于丈夫,那些话是预备着赴汤蹈火的精神准备,而今对于妻子,却是血火之中的真实考验。度日如年,敌人将许广平关押审讯了76天,一无所获,无可奈何,只好释放。

许广平被释放不久,唐弢和郑振铎在许广平寓所附近的街头见到了她,从许的眼神可以看出,她不让他二人打招呼。而唐与郑却暗暗吃惊,这时的许广平才43岁呀,却满头白发,步履艰难,忽然间变成了龙钟老人。两个多月的摧残与折磨,不言而自明。

唐弢从许广平身上"找到了非凡的沉毅,找到了代表我们民族的刚正不阿的伟大的冷静"。郑振铎称许广平是"先驱者的大无畏的表现",尊其为"中华儿女们的最圣洁的精神的实型"，实不为过。

伟大的鲁迅先生身后应当有许广平这样的女性，也只能有许广平这样的女性。令人唏嘘的是，就在许广平被敌人折磨得死去活来的时候，鲁迅先生的二弟周作人，正任伪华北政务委员会教育总署督办，为虎作伥，是一位年近六旬的老汉奸。时至今日，60多年过去了，文坛上不少人还在不遗其力地推崇周作人，反讥鲁迅，及至弄不清许广平为何许人也。这难道不是一个民族的悲哀？

三

1966年"文革"开始后，当时的国家文物局局长王冶秋虑及鲁迅书信手稿的安全，向当时的文化部党组写报告，提出要把存放在北京鲁迅博物馆（以下简称鲁博）的鲁迅书信手稿调到文化部档案室保管。6月30日，文化部将1054封鲁迅书信手稿和《答徐懋庸并关于抗日统一战线问题》的手稿转移到文化部档案室。1968年1月，鲁博文物组长叶淑穗等获知戚本禹已锒铛入狱了，让她揪心的是戚本禹窃走的那批鲁迅手稿不知落入何处。出于对鲁迅的爱，馆里公推叶淑穗为代表与许广平联系，希望由许广平出面，向"中央文革"请示。

许广平一边自行设法将此事向中央报告，一边希望鲁博的群众直接给"中央文革"写信。鲁博的群众遵照许广平的意见，集体写了联名信，直送中南海西门"文革"接待站，焦急地等待答复，孰料始终杳无音讯。

1968年3月3日一早，患有冠心病的许广平给供职于中国社会科学院的老朋友董秋斯、凌山打电话，说她马上要来看他们，顺便"出来散散心"。9点钟，许广平由海婴和孙儿周令飞陪同，祖孙三代到了董秋斯家，刚入座，还没来得及呷一口茶，许广平便取出一封上呈党中央的信（草稿），内容是关于戚本禹盗窃鲁迅书信手稿一事，并要求追查其下落。许广平把信交给董秋斯看，想听听他的意见。在与凌山的交谈中，许广平不禁悲从中来，一激动，声音突然变得沙哑，心脏病急性发作。海婴见状，匆匆将许广平送往北京医院。当时正常的医疗秩序已全被破坏，处于瘫痪状态。尽管许广平是全国人大常委，仍未能幸免于临危被拒于医院门外的厄运。等到费尽口舌，办妥手续，再行抢救，为时已晚。

是日下午，周恩来到医院向许广平遗体告别，并慰问其家属。海婴将许广平要求查询鲁迅书信手稿的遗书交给周恩来。次日凌晨，周恩来到许广平家，当面向陈伯达、江青、姚文元等人读了许广平的遗书。当晚召开"中央文革"碰头会，派傅崇碧提审戚本禹，追查鲁迅书信手稿。后来查明，鲁迅书信手稿被江青藏在她的保密室里。原来江青知道鲁迅书信手稿中有涉及她30年代在上海的丑闻内容，怕传出去，想窃为己有。

许广平是为捍卫鲁迅先生的遗物而倒在严酷斗争的前沿阵地上的，终年70岁。鲁迅辞世是32年前，下葬之际，棺上覆盖着一面书有"民族魂"三字的白旗。而许广平之辞世，谁能想到却是这样一种情景。

穿越风云的灿亮星辰

宋美龄1897年生于家道殷实的传教士之家,和两个姐姐宋霭龄、宋庆龄是首批在西方接受教育的中国女性。1913~1917年,宋美龄在美国威斯理女子大学学习。尽管其言行像个十足的美国人,可于不经意间流露出来的东方古典气质,使她在校园中获得"东方的维纳斯"之誉。

1917年夏,她回到暌违十载的上海故园。1922年12月的一个晚上,她在基督教晚会上与蒋介石首次会面。宋美龄后来对人说:"他那对闪亮的眼睛告诉我:他是个英雄。相比之下,远比我二姐夫(孙中山)英俊。"1927年12月1日,蒋、宋正式结婚,新郎40岁,新娘30岁,天生佳偶,其结合被一语双关地称之为"(蒋)中(正)(宋)美(龄)合作"。这是一场轰动全球的婚礼,据悉,参加婚礼的有372位才华出众的上海名媛,还有来自世界各地的1700位尊贵宾客。蒋介石当天在报上发表了《我们的日子》,他说道:"我们结婚以后,革命事业必定更有进步。"肆意铺张的婚礼是一场政治亮相,向全世界宣布当时最有势力的蒋氏与最有财富的宋氏联姻,将携起手来"统一"中国并进行统治。

1928~1930年间,军阀混战中,宋美龄紧跟蒋介石,为丈夫出谋划策。在中原大战中，不负丈夫之重托，负任北上，成功地将韩复榘从冯玉祥麾下拉拢过来，使其叛冯而投蒋。

大战结束后，宋又随蒋奔赴江西"围剿"红军，从1930年年底到1935年，对红色根据地发动五次大规模的"围剿"。期间，宋甚至亲临前线，率领救护兵，救护、安慰国军的伤员。

1936年"双十二"事变，蒋介石被扣于西安，南京政府乱成一团。宋美龄勇敢、沉着，先派端纳给张学良送信进行沟通，继而说服想用飞机轰炸西安的何应钦，复又派其兄宋子文作为谈判特使赶赴西安。12月22日，当宋美龄亲赴西安见到丈夫时，蒋介石"感动悲咽，不可言状"，禁不住老泪纵横，宋美龄也抑制不住，眼泪夺眶而出……是她从虎口里救出了蒋介石。这是典型的"美人救英雄"。

抗日战争之大幕揭开后，在日军空袭的日日夜夜，宋美龄与广大官兵一样，战斗在最前线，多少次她都险些丧命于轰炸中。有一次，她冒着炮火乘坐一辆防弹车在前线巡视，轮胎爆气，车身转向而翻滚，她从弹开的门里甩出，肋骨折断，脊骨扭伤。而后五年里，其背部一直不适，腰椎部肌肉僵死。

组建中国空军是宋美龄至为风光的一笔，她白手起家，从美国得到120架飞机和"空中外籍兵团"。1938年，在著名的"4·29"空战中，中国空军重创日本飞机编队。宋美龄被人们称为"中国航空之母"。

蒋与宋结婚之前，蒋介石1921年正式迎娶过陈洁如。蒋与宋相爱时，于 1927 年 8 月，他将陈洁如支使到美国去了。14 年后，当陈洁如回到上海追寻旧情，蒋介石立即派人将陈护送到重庆，也许是"久别胜新婚"，加上蒋介石骨子里是风流的，便瞒住宋美龄，二人偷偷地再续前缘。冰雪聪明的宋美龄与蒋大吵一架后，只身飞往美国。

在蒋介石多次求和之下，宋美龄 1943 年 7 月返回重庆。这是另一幕"久别胜新婚"，陈洁如只好收拾行李，黯然去了香港。陈去宋来，蒋、宋又亲密了一阵。

英雄爱美人，是为天性，但他所爱的又绝非固定的某一个美人。"爱河饮尽犹饥渴"的蒋介石随后又与陈立夫的小侄女——陈小姐互生情愫。这位被称作"秘书"的陈小姐年轻貌美，更胜美龄一筹。宋美龄得知消息后，暗中派人摸清了陈小姐的底细，在某个夜晚，率领众亲信来了个突然袭击，"捉双在床"。1944 年 7 月，伤透了心的宋美龄含泪离家出走，选择了举目无亲的巴西，她要在那里独自舔舐这一年间留下的伤口。

当初决定要与蒋介石成亲时，二姐宋庆龄即坚决反对，她气愤地说："宁可看到妹妹死去，也不愿意让她嫁给一个已有妻妾且喜欢在外拈花惹草的荒唐男人。"20 多年过去了，到了巴西的宋美龄，不知会不会重新回味二姐之言。

宋美龄最安稳的日子，要算是 1950~1975 年在台湾生活的 25 年。蒋介石年逾花甲，又被共产党赶上了孤岛，无论从前是多么的"英雄"，时过境迁，终究是过眼云烟了。

1975 年 4 月 5 日，大陆的十年动乱尚未结束，蒋介石却走到了生命的终点，之前一个月，恰是宋美龄的78岁生日。

2003年10月24日，宋在美国辞世，享年106岁。在她的生命长途中，除了爱情上瑕瑜互见（为蒋所致）之外，地位、声誉、寿限作为综合指数，宋美龄或许都是空前绝后的。

还俗观音陆小曼

传说农历九月十九日是观音菩萨的生日,陆小曼恰好在1903年的这一天出生于上海,全家上下喜气洋洋,称这个女婴为"小观音"。

生于名门望族的陆小曼粉雕玉琢,莹澈秀雅,行动起来香风细细,自有一种弱柳扶风的柔美风姿。19岁那年,与无锡人王庚成婚。王庚曾入西点军校攻军事,与美国名将艾森豪威尔是同窗好友,他对陆小曼爱护有余,温婉却不足,每天只是为自己的仕途经济着想。胡适曾说:"陆小曼是北平一道不可不看的风景。"可王庚除了床笫摆布之外,没有工夫赏此风景。

1924年春,泰戈尔来华,陆小曼在这期间认识了风流倜傥的诗人徐志摩。徐与王庚都是梁启超的门下弟子,二人交情笃深,王因忙于仕途,便托付老同学徐志摩多陪陪自己的妻子。陆是佳人,徐为才子,王庚之托,简直无异于投怀送抱。郁达夫说道:"忠厚柔艳如陆小曼,热情诚挚若徐志摩,遇合在一道,自然要发放火花,烧成一片,哪里还顾得到纲常伦教!"果不其然,徐对陆爱得死去活来,他在情书中写道:"你激动了我的痴情,我说出来你不要怕,我有时真想拉你一同去死,去到绝对的死的寂寞里去实现完全的爱……"陆小曼在与王庚生活四年之后，1926年10月30日，又和31岁的徐志摩在北海公园举行了盛大的婚礼。

才子佳人的生活，外人想象中醉人而浪漫，实际却并非那么回事。陆小曼是个最会花钱的阔小姐，京、沪社交界的交际明星，养尊处优，花钱如天女散花，经常去"大西洋"、"一品香"吃大菜，偶尔还要抽几筒鸦片……徐志摩为博佳人欢心，常节俭自奉，百般迁就，生计自然捉襟见肘。他教课、编书、写稿，奔波于京、沪两地，忙乱之至，劳累不堪。1931年11月19日，他搭乘飞机赶赴北京，飞机在济南党家山触山爆炸。从结婚之日算起，徐与陆一块生活了五年。守寡时节，陆小曼才28岁。在万国殡仪馆举行的葬礼上，陆小曼的挽联是：

多少前尘惊噩梦，五载哀欢，匆匆永诀，天道复奚论，欲死未能因母老；

万千别恨向谁言，一身愁病，渺渺离魂，人间应不久，遗文编就答君心。

陆小曼是个才女，在她心地上播下艺术种子的应该是印度大诗人泰戈尔。1924年，她在泰戈尔前结识了徐志摩，1929年5月，泰戈尔赴美、日讲学时途经上海，又专门看望徐、陆夫妇，到他们家里做客。与印度老诗人数日间倾心交谈，让陆小曼终生难忘："我们用英语交谈，彼此一点也不拘束，谈文学、谈诗歌、谈生活。他的声音是那样好听，英语讲得婉转流利，我们三人常常谈到深夜不忍分开……泰戈尔对待我俩就像自己的儿女一样宠爱……"

丈夫死后，陆小曼受到触动，有了脱胎换骨式的转变。泰戈尔播下了种子，徐志摩之死则在她的心田里注入了水分，向来慵懒的小曼一更故辙，拼命地读书、编书、作画、写文章，她写过小说、旧体诗歌，翻译了不少外国文学作品。她熟谙昆曲、京剧，也能演皮黄，是有名的花旦，曾在京、沪名动一时，当时有"南唐瑛，北小曼"之说。

美术方面，她拜刘海粟为师，后又向陈半丁学习花鸟，贺天健亦曾教她作画。陆小曼喜欢沈周、倪云林的山水，经常与孙雪泥、吴湖帆、钱瘦铁、应野平等人切磋画技。小曼留下的百多幅作品，主要是山水画，风格清秀，凝润天成，其美韵一如其人。

1949年7月，陆小曼有两幅画入选新中国成立后第一次全国画展；1955年3月，又有两幅入选第二次全国画展；1956年，陈毅市长聘她为上海文史馆馆员；1958年，她被上海中国画院聘为专业画师；1959年，被全国美协评为"三八"红旗手，在美协画报上刊登了她的照片。对于其美人迟暮时的绘画成就，一些名家给予了很高的评价。孙雪泥的评价是：

腕底烟云笔底山，胸中丘壑意清闲；
道升画里无斤骨，天际真人想象间。

陆小曼身体欠佳，从20~60岁，病痛对她的折磨是常人无法想象的，徐志摩在《眉轩琐语》里多次提到陆小曼的病痛。

正因为陆小曼的异常痛苦,所以嗣后才有翁瑞午按摩治病及抽鸦片之事。

翁瑞午是著名的推拿医生王松山的学生。陆小曼有时昏厥,经他一推拿便能苏醒过来。小曼不堪其苦,翁瑞午只好向小曼推荐鸦片。时日既久,小曼染上了毒瘾,也摆脱不开鸦片的推荐者翁瑞午了。徐志摩死后,陆小曼精神上失去凭依,翁瑞午看她愁城难破,便要求与之同居,以便照料。陆小曼主动向翁瑞午"约法三章":不许翁抛弃发妻(发妻为旧时女性,离异后没有出路),不和翁正式结婚(她称自己对翁"只有感情,没有爱情"),彼此就这样保持不清不楚的暧昧关系。此情此景,让人们不能不回味陆小曼1934年清明节去海宁硖为徐志摩扫墓时写下的一首诗:

断肠人琴感未消,此心久已寄云峤;
年来更识荒寒味,写到湖山总寂寥。

如此"约法三章",在爱情上,陆小曼表示了对徐志摩的忠贞;在感情上,她觉得又不辜负翁瑞午其人。至于外人反对或是赞同的意见,陆小曼我行我素,一概置之不理。

1965年4月3日,一代才女、旷世美人陆小曼在上海华东医院逝世。既为神佛下界的观音菩萨,她或许知道自己应当适时地摆脱扰扰攘攘的万丈红尘。

情失所爱奔月去

1904年,常书鸿生于"天堂"杭州一个满族家庭。19岁那年,小姑从婆家带来一位美若天仙的姑娘陈芝秀,在省立工业专科学校任教的常书鸿对之一见钟情,他不顾家人反对,退掉父母已经定妥的婚约,与这位没有血缘关系的表妹结了婚。

婚后第三年(1926年),在朋友资助下,酷爱绘画的常书鸿考取留法庚子赔款奖学金,先后进入法国国立里昂美术专科学校、巴黎高等美术学院学习西方绘画。一年后,把陈芝秀也接到了法国。美丽的妻子飞到法国,为常书鸿的艺术生活增添了意想不到的色彩。常书鸿的成名作《裸妇》、《病妇》、《浴后梳妆》等都是以妻子为模特创作的。常书鸿连续四年捧得当时法国学院派最权威的画廊——巴黎"春季沙龙"金、银奖,在国际画坛上声名鹊起。在此期间,聪慧好学的陈芝秀也开始学习雕塑,这对来自东方的才子佳人,成了留法青年艺术家中最让人羡慕的一对。1931年,常与陈生下第一个孩子。孩子3岁时,常书鸿创作了油画《画家家庭》。

佛教壁画上的飞天是美丽的,它意味着人世间的花好月圆俱处于灵动的飞升状态,而这等境界,在尘世中又只能是短暂的。

1935年的一个冬日，在塞纳河畔的旧书摊上，常书鸿无意间发现了一本《敦煌图录》的画册，画册中大量的千佛洞壁画与彩塑图片让他震惊不已。千佛洞即莫高窟，始建于公元366年，随着丝绸之路的繁荣，在武则天时即有千余个洞窟。法国吉美博物馆以丰富的亚洲藏品著名，里边悬挂的一幅幅美艳绝伦的敦煌绢画，使常书鸿心中连连升腾起无以言表的痛楚。他在回忆录里这样写道："面对祖国如此悠久灿烂的文化历史，自责自己数典忘祖，真是惭愧之极。"此时，常书鸿突然做出了回国的决定，这让业已习惯了法国生活的陈芝秀很难接受，为夫妻感情之最终破裂埋下了伏线。

1936年秋，常书鸿总算说服妻子同行，回国担任国立北平艺术专科学校教授。一年后，抗日战争爆发，北平沦陷，学校在战乱中辗转南迁，常书鸿一家只好随校颠沛流离。

1940年，常书鸿被调到国立美术教育委员会工作，一家人来到战时陪都重庆，暂时结束了迁徙漂泊的生活。这时的常书鸿，依旧放不下魂牵梦绕的敦煌。1941年，国民政府监察院院长于右任赴敦煌考察后，建议成立敦煌艺术研究所。翌年8月，在徐悲鸿、梁思成大力推荐下，于右任正式聘请常书鸿为副所长，这项苦行僧般的工作公开后，陈芝秀与常书鸿发生争吵，结果，是常书鸿先去敦煌。

1943年春节刚过，常书鸿带领五名成员奔赴梦寐以求的敦煌。历经一个多月的长途跋涉，终于站在了莫高窟的面前。常书鸿后来这样记述：

宝藏被劫已经三四十年了，而这样一个伟大的艺术宝库却仍然得不到最低限度的保护和珍视。就在我们初到这里时，窟前还放牧着牛羊，洞窟中流沙堆积，脱落的壁画夹杂在断垣残壁中，随处皆是。

六个人第一顿饭连筷子也没有，就折来红柳条夹着面条往嘴里送……

1943年10月，常书鸿又将朝思暮想的妻儿从重庆接到敦煌。敦煌与法国的巨大落差，使得陈芝秀在心理上很不适应，而常书鸿却下决心在这儿待一辈子，持续的争吵，使家庭气氛寒冷如冰。恰在这时，艺术研究所新来了一位总务主任，此人与陈芝秀又恰好是同乡。常书鸿一心扑在事业上，而这位主任却对陈芝秀关怀备至，照顾有加。1945年春，陈芝秀以上兰州检查身体为由，离开了常书鸿及一对儿女，与那位同乡私奔而去。

知道了妻子出走的真相后，常书鸿焦急地在沙漠上骑马追赶，西北戈壁风沙漠漠，万里长空云絮如梭，常书鸿最终累倒在马下，幸好被人救起，经过三天抢救才保住了性命。生活、相守了20多年的恩爱夫妻，终归变成了陌路之人。

壁画与石刻上的飞天，看起来飞舞于长空，实际上是千秋不动；而人世间的爱情，特别是艺术家的爱情，也许是因为过于痴情，反而是千变万化，很难定格，也很难平静。

1947年9月，常书鸿与学生李承仙结婚，几十年里，与他人交谈时也不再提及陈芝秀。

敦煌如何比杭州，明湖旷漠两悠悠。
策马追月云吞灭，嫦娥惋惜陈芝秀。

与人私奔之后的陈芝秀在给儿女的一封信中写下过这么几个字："一失足成千古恨。"所谓的"失足"，很可能指自己当年的"私奔"之举。天底下"一失足成千古恨"的叹息多矣，那些最深沉凄婉的叹息声，常常发自爱河里横生的波澜之间。

慈悲与姻缘无涉

古诗文造诣深厚的国学教授孙传瑗视女儿孙韵君如掌上明珠,自谓"平生爱女胜爱男"。1929年,孙韵君毕业于安徽省第一女中,投考南京中央大学文学院,未果,遂至中大艺术系旁听。

孙韵君艺术感觉非常好,用笔坚实厚重,造型准确传神,第一次交上来的画作,就让徐悲鸿大为吃惊。自1930年2月开始,清丽秀美的孙韵君便成了徐悲鸿的女弟子,与此同时也就渐渐变成了徐怜惜爱慕的对象。在徐的画室里,她迷恋徐的画作的同时,还给徐当了模特,坐在窗边,丹青色旗袍上洒满了和煦的阳光……

这时的徐与蒋碧薇结婚多年,正处于感情疲倦期。独自在校,远离家人,朋友又少,孙韵君在其画室之际,彼此间便经常倾诉与聆听。钟情于艺术的孙韵君特别钦佩徐悲鸿这样的见解:"我们的艺术,最重要的就是以'真'为贵。什么是'真','真'就是生活中的美。艺术创作最难的,就是一个'真'字。求'真'难,不'真'易。打个比喻,我们画人难,画鬼就容易多了。"

徐悲鸿为孙韵君更名为孙多慈,徐悲而孙慈,合而为"大慈大悲"。徐对孙的评语是:"慈学画三月,智慧绝伦,敏妙之才,吾所罕见。"由此推断,徐对孙的感情,是由爱"才"迅速发展到爱"情"的。

1933年1月,徐远赴欧洲举办巡回画展,长达一年半的分别,让二人在书信中倾尽相思。徐归国之后,带几十个学生去天目山写生,孙多慈也在内。此时两人已无法控抑相互间的感情,写生途中,在僻静的山石背后,他吻了她。蒋碧薇很快闻知了此事,她冲进徐的画室,三两把撕了孙多慈的肖像,怒不可遏地要找孙多慈算账。徐悲鸿不知自己该怎么办。受到莫大伤害的孙多慈仓促地逃离了学校,回到安庆女中任教。在一幅画上,徐悲鸿写下了一首诗:

急雨狂风势不禁,放舟弃棹迁亭阴。
剥莲认识心中苦,独自沉沉味苦心。

1938年3月,为躲避战乱,孙多慈随家人辗转到长沙,在这里又见到三年未见的徐悲鸿。烽火乱世中,孙多慈双泪长流。

在岳麓书院外的古山亭上,孙多慈诉说了有人为她和许绍棣做媒之事,并说她已与许通信,也接受了许从浙南托人带来的一笔钱。她也承认自己并非是喜欢这个男人。下一步该怎么办,连她自己也不知道。

浙江临海人许绍棣生于1900年,夫人1936年病故,许在1928年后担任过数年国民党浙江省党部执行委员兼宣传部长,曾为党国之一方政要。

徐悲鸿提醒孙多慈："这个人我当年在上海见过，人并不很讨嫌，在北伐战争中还立过功，有些文人的风度。不过，他因在民国十七年行文通缉过鲁迅先生而为世人所垢病。你没有读过鲁迅、曹聚仁、郭沫若等人批判他的杂文与时评吗？"徐欲用这样的方式挽留自己的心上人，孙却摇头苦笑："你是知道的，我对政治斗争一向不感兴趣，我醉心的是美术，是色彩，是形象与意境……"孙多慈的话明显是有自己的倾向。

徐觉得是自己与蒋碧薇相持不下伤害着孙多慈。1938年7月31日在报纸上郑重登出启事，声明与蒋碧薇脱离关系。事后，托好友沈宜甲带着登有郑重声明的报纸去孙家拜访，委婉地提及徐与孙多慈的关系。不料想孙传瑗听后脸色大变，一口回绝："徐先生和我女儿是师生，要想打破这层关系，我是决不许可的。"

孙多慈性情温和，对父母百依百顺，况且也想摆脱社会上闹得沸沸扬扬的"师生恋"的无形压力，便于1940年披上婚纱，与比她年长12岁的许绍棣结了婚。徐悲鸿听到了这个结局，在致舒新城的信中哀叹：

> 慈之问题，只好从此了结（彼实在困难，我了解之至）。早识浮生若梦而难自醒，彼则失眠，故能常醒。弟有感而为诗：虎穴往往无虎子，坐看春尽花落时。平生几次梦中梦，魂定神清方自知……此则缘尽之明证矣！也好。

1953年,在台湾的中山堂看画展,孙多慈突然遇上了蒋碧薇。没想到,蒋这次带给她的竟是徐悲鸿在北京病逝的消息。五雷轰顶,孙多慈眼前一黑晕了过去……清醒过来后,她决定为徐悲鸿戴孝三年。其夫许绍棣觉得自己没必要与一个死去的人争风吃醋而影响本来就不怎么样的夫妻关系,便点头允许。

三年里,孙多慈素服素食,鲜有欢颜,在无限遗憾中回忆着当年的美好岁月。

1965年,孙多慈病故。1980年,许绍棣病死,与孙多慈的骨灰合葬于台湾阳明山。

蝴蝶是一朵会飞的花

20世纪上半叶，胡蝶从影后饰演过不同类型的角色，气质富丽华贵、娇媚风雅，很快成为电影界一颗耀眼的明星。1933年元旦，《明星日报》发起评选活动，2月28日晚上揭晓选举结果，胡蝶以绝对优势当选为电影皇后。

在她成为影后之际，婚事上却陷于人生初恋所形成的感情纠葛之中。1928年，胡蝶主演《秋扇怨》时，爱上了剧中的男主角林雪怀，两个人年貌相当，两情相悦，当年就结了婚。但林雪怀却不懂得珍惜胡蝶的心，加上各色人物的挑唆、怂恿，二人嗣后又陷入了长达一年的诉讼之中，胡蝶不得不先后八次出庭，直到1935年林雪怀病逝。这便是沪上尽人皆知的"雪蝶解约案"。

胡蝶聪慧，又胆小怕事，经此风波，更感到电影界名利场处处要小心谨慎。在心情最为灰暗的日子里，在洋行做生意的潘有声无微不至地关怀胡蝶。潘有声身材伟岸，有一股浓郁的读书人的优雅气质。1931年，胡与潘经人牵线而相识，二人每在一起，胡蝶便感受到一种难得的宁静与温馨。林雪怀1935年6月病故，胡蝶与潘有声11月23日即在上海九江路的一座教堂里举行了隆重的婚礼。

结婚以后，胡蝶逐渐淡出影坛，每年只接拍一两部影片。1937年淞沪抗战后，胡蝶与潘有声举家迁往香港以避战乱。1941年香港沦陷，日本人邀请胡蝶赴东京拍摄一部《胡蝶游东京》的纪录片，宣扬"中日亲善"。胡蝶一下又意识到继续留在香港的危险性。1942年，在东江游击队的帮助下，胡与潘几经辗转，终于抵达山城重庆。潘有声同重庆几个朋友开办了一家公司，从事茶叶、木材生意。

为了逃避与日本人合作，胡、潘从香港动身时，将胡蝶的许多演出服和金银首饰装了30个箱子，胡、潘先行，箱子随后押运。他二人尚在旅途中时，听说30个箱子被人打劫了。当时胡蝶真如五雷轰顶，因为那基本上是她的全部家当。为寻得原物，胡蝶托了几个朋友，其中一个便将蝴蝶介绍给戴笠。在当时的重庆，戴笠可算是一位权倾朝野的人物。

此时的戴笠，虽然强占了两大美女叶霞翟和余书恒，但他的目光依然投射在胡蝶身上。他不喜文学，可也在《明星日报》上发表诗歌，将心中的胡蝶描绘成"面晕浅春，缬眼流视，香姿玉色，神韵天然"的超级"天仙"。因为对胡蝶倾慕已久，如今又有人介绍，戴笠自然不会错过这一天赐良机。他要来了胡蝶失物的详单，自己掏钱，命人去国外照单采购。宝珠之类买回后，戴笠就佯装追回了一部分，要胡蝶来取。聪明的胡蝶当时也一定感觉到了，那些成色又好又新的珠宝不是自家的，可她还是欣然接受了。那时节，胡与潘感情很好，潘安慰胡：他会做好生意，养好这个家。可作为女人的胡蝶，虽也觉得安慰，终因贪恋珠宝，还是为戴笠留下了一线缝隙。

拿捏住美丽的胡蝶，首先得赶开潘有声。戴笠让潘到昆明去做生意，还给潘发了商人梦寐以求的专员委任状、滇缅公路通行证。潘有声无以抗拒，只好含泪离渝。

潘有声走后，胡蝶便开始了被"幽禁"两年的日子。戴笠让胡蝶住进自己在杨家山的公馆，胡蝶推托，嫌公馆窗户小，楼前景物不入眼，戴笠马上派人在杨家山重建别墅，而且从印度空运来她喜欢吃的水果（可能是从唐明皇为杨玉环弄荔枝学来的），又花销万元建了个大花园，自己陪胡蝶在花园里散步……不管胡蝶心里爱不爱戴笠，半推半就的同居生活是她不能不接受的严峻现实了。

有一次，潘有声从云南返回重庆找妻子，却怎么也找不着。戴笠听说潘返回重庆，派自己的秘书单独约见潘有声，说道："戴老板给你安排这么好的位置，你应该知足了。"潘有声无奈，便回到了云南。为躲避日本人的魔爪，想不到又落进了戴笠设下的网罗，这是潘有声与胡蝶无论如何也料想不到的。

抗战胜利后，国民党政府仍在南京，繁忙万分的戴笠又将胡蝶送回上海，并积极筹备在沪与其结婚。婚事筹备期间，潘有声来向胡蝶作最后告别。胡蝶表示："我的心永远属于你。姓戴的只能霸占我的身体，霸占不了我的心。"正在胡、潘悲叹二人缘分已尽的时候，老天爷为他俩睁了睁眼。1946年3月17日中午，戴笠所乘座机被暴雨中的雷电击中，其残骸在江宁板桥镇戴山山腰被发现，戴笠被烧得只剩下一条腿。这样，胡蝶又回到了潘有声的身边。两人急忙离开上海，定居香港。

1952年，潘有声病逝。1975年，胡蝶移居加拿大；1989年病逝，享年81岁。

俗谓红颜薄命。遥想当年，红遍上海滩的电影明星，精神分裂的不少，自杀的也不少，而受了那么大惊险的胡蝶居然能活过80岁，可真不易。卢梭有言："对女人来说，束缚是免不了的命运，如果她想摆脱这个束缚，那么遇到的将是更大的痛苦。"美丽的胡蝶，芬芳、自由，扇动双翅轻轻地飞，翩翩地舞，累了便觅一方绿阴静静地栖息下来，这或许正是她得以长寿的奥秘。

敢与蛇蝎相搏的少女

家住上海法租界吕班路万宜坊的郑苹如,秋波含笑,桃腮生春,令人见之忘俗。1937年7月的《良友画报》以其为封面女郎,因她身份特殊而未写其名,仅称"郑女士"。

郑之父郑钺是江苏高等法院二分院首席检察官,其母是日本人木村花子。由于父亲是法官,艳丽、秀媚的郑苹如也便格外地引人瞩目。郑钺与中统特务陈宝骅(陈立夫、陈果夫之堂弟)交往频繁,关系甚密,便举荐自己的女儿顺利地成为中统的情报员。由于她机智聪明,胆大心细,经过专门训练,迅速达到了特工的水准。

活跃的郑苹如喜欢交际,会一口流利的日语,身边总围绕着一大群追求者。通过母亲的关系,她又结交了一群日本在华的高级官佐。她从日方官佐处刺探到的最有价值的一份情报是1938年汪精卫投敌。之前,她两次知会重庆方面汪有异动,可国民党政府却未加重视,直到汪发表"艳电",重庆方面才意识到这个业余女特工的价值。

日本首相的儿子近卫文隆对郑苹如一见钟情,迅即坠入情网。郑苹如大胆地作出了一个绑架近卫文隆而迫使日本首相停战的设想,中统认为这一想法有点幼稚可笑。当郑将近卫文隆骗出而打算付诸行动时,她的中统上级吓了一大跳,急忙命令她在关键当口终止了这一极其危险的举动。

这个郑苹如,实在是莫可小量。1939年夏,她接受了一项绝密令:刺杀汪精卫政权特务机关之首脑丁默村。

通过日本宪兵队队长藤野的介绍,郑开始与丁接触。丁默村是特工首领,处于险象环生的环境中,样样提防,异常谨慎。而权势是男子的春药,加之郑苹如又媚丽非凡,经过数月之接触、体察,丁没有发现任何可疑之点,对郑便渐渐放心。有一天,郑终于将丁骗进了静安寺路西伯利亚皮货店。预先埋伏的两个中统特工正准备动手时,想不到丁默村突然在人群中撒开一大把钞票,拥挤混乱中像狐狸一样跑至屋外,冲进了装有保险钢板的小轿车落荒而逃,车身上中了十几枪,丁默村却毫发无损。惊魂甫定的丁逃回以后,立刻醒悟是问题出在郑苹如身上。这个女子是那样的从容、周密、耐心,不露一丝破绽,这必然是有组织、有筹划的特务工作了。

郑苹如功亏一篑,心里不甘,第三天又打电话给丁,以示慰问,且又柔情万般地重新进行约会。老奸巨猾的丁默村佯为敷衍,等郑遵约而至时,立刻将其扣留。在审讯时,郑承认了自己为重庆工作,在奉军统之命行事。为进一步追查有关线索,丁将郑交给原军统四大金刚之一的林之江盘问审理。

郑苹如自知凶多吉少,为争取最后一线生机,在被强行审讯的过程中,她对林之江眉挑目语,献尽殷勤,一再引诱林之江相偕私奔。林之江当然不是个坐怀不乱的柳下惠。他后来对朋友讲道:"这位千娇百媚的阶下囚柔弱无助的样儿,真撩得我心旌摇荡，曾几度为之意动，我是险些乱了步调。"

静待中的丁默村肚子里也在打着算盘：这个女人与自己做了这么长时间的露水夫妻，其温柔聪慧的确与别的女人不同，实在是令人留恋。如果趁此机会让林之江杀杀郑的气焰，我这里再将她收伏，继续作为玩物，有何不可呢？再者，将这个女人从阎王爷鼻根下捏回来，为我所用，让她成为自己特务工作得力的臂膀，那可就更好了。

大汉奸周佛海有一天在家中设宴，宴请的是汪系要员及其夫人们，席间，有人提起这桩轰动一时的刺杀案，太太们立即七嘴八舌，议论纷纷。她们中有几位事前曾到羁押郑苹如的地方看过，便咒骂郑苹如生得满身妖气，一看就是个女妖精、美女蛇；一旦放了她，简直是纵蛇入壑，放虎归山，别说是在座的各位太太的位子难保，就连在座的各位男人，脑袋也不稳。这次宴席散罢不久，枪杀的命令便下来了（此令是背着丁默村下达的）。好像要特意考验一下林之江，行刑命令要林之江亲自执行（莫非上面也得到了什么风声）。

林之江押着郑苹如上了一辆囚车，上车时告诉她是解送南京，不久即可开释。车行了远远的一程，戛地停下，林要郑下车。郑往外一看是一片旷地，立即明白这就是自己的最后归宿之地了。

郑苹如从容地下了车，向林之江要纸笔给父亲写了个条儿，将条儿递给林之后，缓缓地仰起头，向碧空痴痴地望了片刻，对林说道："这样好的天气，这样好的地方！白日晴天，红颜薄命，竟这样撒手西归！之江，你我到底有数日相聚之情,现在要同走,还来得及。要是你真的忍心,那么,开枪吧!但是,我求求你,不要毁坏了我自己一向所十分珍惜的容颜!"说罢,脸上还满是微笑……

一向杀人不眨眼的林之江手颤心悸,下不了手,他背过脸,向卫兵挥了挥手。他刚走出几步,身后的枪响了。林展开纸条,上面写着:"爸爸,我很好,请放心!女儿。"

是时,郑苹如25岁。为追悼她,郑振铎写道:"为了祖国,她不知几次出生入死,为了祖国,她壮烈地死去!比死在沙场上还要壮烈!"

名花莫临浊水照

张爱玲一生有过两次婚姻，第一次 3 年光景，第二次 11 年。两次姻缘皆为败局。

1944 年 8 月，太平洋战场上，美军攻占马德里群岛；中国战场上，长沙、衡阳会战结束，中共领导下的根据地对日军进行局部反攻。这个月天气正热，23 岁的张爱玲与 38 岁的胡兰成在上海结婚。

胡兰成是浙江嵊县人，1939 年任《中华日报》的主笔，汪伪政府任命他为宣传部次长、行政院法制局长。张爱玲当时被誉为沪上的四大才女之一（另三位为苏青、潘柳黛、关露），胡兰成欣赏她的才气，主动拜访时却吃了闭门羹，而张爱玲不知怎么想的，又决定前去回访胡兰成。对于第一次见面，胡兰成写道："……张爱玲顶天立地，世界都要起六种震动，使我的客厅今天变得不合适了。"二人交谈，不知不觉地过了 5 个小时。张爱玲实在幼稚，既不考虑胡兰成伪文人的政治身份，也不在意胡兰成业已结婚的事实，在其花言巧语面前，直觉得眼前这个男子才是自己期待已久的心上人。而胡对张的生活喜好，曾有这样的描述："她喝浓茶，吃油腻熟烂之物。她极少买东西，饭菜上头却不尖刻，又每天必吃点心，她调养自己像只红嘴绿鹦哥。有余钱她买衣料与脱脂花粉。"很明显,胡兰成与之成婚,也只是将小他15岁的张爱玲当成一只"红嘴绿鹦哥"罢了。张爱玲却自作多情,在奉送给胡的自己的照片背面写道:"见了他,她变得很低很低,低到尘埃里,但她心里是欢喜的,从尘埃里开出花来。"可以断定,面对胡兰成,是张爱玲自己积极主动地投怀送抱的。

1945年春天,战争行将进入尾声,胡兰成预感到前景不妙,有一天黄昏,在阳台上,望着西天的一抹晚霞,对张爱玲说道:"时局不好,我们真的是要大难临头各自飞了。"说走就走,在日本人池田的资助下,胡兰成于九月份去了武汉,开始在武汉、南京、上海之间周旋行走。

在武汉,他与汉阳医院一个17岁的小护士周训德像藤和树那样纠缠在一起,张爱玲对此一无所知,仍然情深意重地给他写信,小媳妇似地诉说生活琐事。

日本投降后,胡兰成又逃回浙江,住在诸暨斯家,与斯家庶母范秀美(大胡兰成两岁)又搅混成一体。久未见面的张爱玲竟一路寻夫赶到了温州(范秀美的娘家)。三人见面,让张爱玲感到胡与范分明是亲人,而自己反倒像个"第三者"了……20几天过去,离开温州时,天下着雨,胡兰成送她,她觉得那雨是天使落下的泪,泪雨纷飞,已经冲刷掉了她的"倾城之恋"。才女在爱情上的痴呆,与才子政治上的愚蠢,简直是同一比例,旗鼓相当。在返回上海的船上,张爱玲哭泣了一路。是为鬼迷心窍。

1947年6月,胡收到了张的诀别信:"你不要来找我,即或写信来,我亦是不看的了。"一个情愫独专的才女,怎么可以忍受这等数女配一夫的格局呢。胡兰成也是为时所称的才子,这里且看看他写给炎樱(爱玲的好友)的信吧:

> 爱玲是美貌佳人红灯坐,而你如映在她窗纸上的梅花,我今惟托梅花以陈辞。佛经里有阿修罗,采四天下花,于海酿酒不成,我有时也如此惊怅自失。又《聊斋》里香玉泫然曰:妾昔花之神,故凝;今是花之魂,故虚。君日以一杯水溉其根株,妾当得适。明年此时报君恩。年来我变得不像往常,亦惟冀爱玲以一杯水溉其根株耳,然又如何可言耶?

张在胡心目中的位置昭然自明,难怪她对胡表白:"我将只是萎谢了。"

临水照花,因为胡兰成这盆水太为肮脏而致使花色失形,对张爱玲而言,属大悲剧。

1952年,张爱玲离开上海,去了香港,1955年秋天,她踏上去维多利亚港湾的海轮,移民美国。美国的麦克道威尔文艺营(该组织向一些有才华的艺术家免费提供创作条件)及时收留了落魄而至的张爱玲。

在文艺营自由活动时,张爱玲认识了一个叫赖雅的老头儿,比张年长29岁,赖雅是德国移民的后裔,在哈佛大学攻读硕士学位,毕业后在麻省理工大学任教。此人知识渊博,口才出众,天生是一个流浪者,遇到文采飞扬、庄重脱俗的张爱玲,便动了心。接触两个月后,这一对不同国籍的老少作家结合了,异国老牛也爱撇嫩草,老牛65岁,嫩草36岁。

二人之结合,是有点儿传奇色彩,但因经济上窘迫,生活压力大,又使得彼此之爱力不从心。成家不久,1956年的秋天,回到麦克道威尔艺术营,赖雅中风了。自此以后,赖雅的病一直反反复复。1967年,张爱玲47岁时,赖雅病故。嗣后,张爱玲又孤独地生活了28年,才在纽约的公寓里离开了这个世界。

张爱玲童年时代亲历封建旧家庭的衰败过程,青年时期又体验到战争与动乱的恐怖,逐渐形成了悲观的人生态度,而个人婚姻上的两盘败局,似乎是个人悲观气质的深化和外延。有人说,张爱玲是为自己一个人燃烧,又烧得至为炽烈的一炉香,燃尽之后,沉香中所弥漫开来的是苦涩而又难言的气味。有人深深思索,也有人为之唏嘘。在这个世界上,任何人都有局限性。张爱玲尽管聪明,却也看不见笼罩自身的虚无,也看不见势必吞没自身的无穷。

后　记

"人类世界是妇女的世界。"重男轻女吗？这可是泰戈尔说的。

本书里记述的，只是中国历史知名女性群体里很少的部分，更多的正派、聪慧的女子，是大地上隐蔽着的珍宝，她们没能在身后留下痕迹，只是因为别人没有去寻找她们。

男女之间，彼此接近是天经地义的。而女人的一生，更近于一部爱情的历史。总体忖度，庸俗的、物质性的东西是天下男人所追逐的，这就决定着男性对女性的接近侧重于外相与表征，是简单肤浅的；而女性则崇尚灵魂之类玄妙的东西，对异性的接近必然是沉潜复杂的、深邃神秘的（世间诸多情爱悲喜剧的形成，皆源于斯）。正因为爱情之于男性，仅是其生命途程里的一段插曲，本书对于所涉及的男性，便取的是不事深究、一笔带过的方式。

值得留意的是，女性心底里固然是埋藏着人类原始的美德，可这美德在变迁的环境里也是会发生异化的。在江河山野间，她们像春风与鲜花一样的纯洁、温馨、善良；一旦步入风云政坛，染指权柄，则可能变得极度的卑鄙、残狠、险恶。本书里提及的个别女性，可让读者自另一角度窥知一斑。

男人经历沧桑，见惯世间伪恶丑之后，在精神上愈益成熟，也便愈为赏识女性之美，尊崇女性之真。古今中外各个艺术领域，不约而同，昭示女性美质的比重远居于男性之上。纵然是无意为之，也难掩其内蕴的光芒。且不论域外，在我们的文学巨匠曹雪芹、鲁迅、孙犁的笔底，也能透露出此中消息。为什么中外艺术家将挚爱之心血逾外地付之于尘世上的年轻女性呢？究其原委，不就是由于她们对真善美的固守与追求更为执着、更为坚韧么！然而，我们社会上广为流传的所谓的四大美女，也还是俗套的编排。

> 卞氏小乔梅之魂，
> 萧绰红玉驱战云；
> 清照严蕊霜篱菊，
> 秋瑾小娥真女神。

上述八位，较之秦淮八艳，怎么样呢？

女人，不论古今中外的人们怎样去研究、探讨，她们将永远是一个猜不透的谜底。笔者晚年闲静，红尘意远，消磨于书堆，在这里将得到的点点滴滴聚集成书，只是为后来的有心人提示线索、提供些许相关的资料而已。